Heinrich Kramer
Der Hexenhammer

SEVERUS Verlag

ISBN: 978-3-95801-236-3

Druck: SEVERUS Verlag, 2015

Der SEVERUS Verlag ist ein Imprint der Diplomica Verlag GmbH.
Bibliografische Information der Deutschen Nationalbibliothek:
Die Deutsche Nationalbibliothek verzeichnet diese Publikation in der Deutschen Nationalbibliografie; detaillierte bibliografische Daten sind im Internet über http://dnb.d-nb.de abrufbar.

http://www.severus-verlag.de
Printed in Germany

Heinrich Kramer

Der Hexenhammer

Zweiter Teil

SEVERUS

Jakob Sprenger – Heinrich Institoris

Der Hexenhammer. Zweiter Teil

(Malleus maleficarum)

Die verschiedenen Arten und Wirkungen der Hexerei und wie solche wieder behoben werden können

Aus dem Lateinischen übertragen und eingeleitet von

J. W. R. Schmidt

1906

Inhalt

Des Hexenhammers zweiter Teil ... 7

Erste Frage: Wem der Hexer nicht schaden könne? ... 9

Kapitel 1 ... 23

Über die verschiedenen Weisen, wie die Dämonen durch die Hexen die Unschuldigen zur Vermehrung jener Ruchlosigkeit an sich ziehen und verlocken

Kapitel 2 ... 29

Von der Art, das gotteslästerliche Hexenhandwerk zu betreiben

Kapitel 3 ... 41

Von der Art, wie die Hexen von Ort zu Ort fahren

Kapitel 4 ... 51

Über die Art, wie sie sich den Incubi unterwerfen

Kapitel 5 ... 64

Über die Art im allgemeinen, wie die Hexen durch die Sakramente der Kirche ihre Taten vollbringen; auch über die Art, wie sie die Zeugungskraft zu hemmen pflegen oder auch andere Mängel an allen Kreaturen bewirken, mit Ausnahme der Himmelskörper

Kapitel 6 ... 70

Über die Art, wie sie die Zeugungskraft zu hemmen pflegen

Kapitel 7 ... 73

Über die Art, wie sie die männlichen Glieder wegzuhexen pflegen

Kapitel 8 ... 81

Über die Art, wie sie die Menschen in Tiergestalten verwandeln

Kapitel 9 ... 86

Wie die Dämonen in den Leibern und Köpfen stecken, ohne sie zu verletzen, wenn sie die gauklerischen Verwandlungen vornehmen

Kapitel 10 ... 95

Über die Art, wie die Dämonen bisweilen durch Hexenkünste die Menschen leibhaftig besitzen

Kapitel 11 107

Über die Weise, wie sie jede Art von Krankheit anhexen können; und zwar im allgemeinen von den schwereren

Kapitel 12 115

Über die Art, wie sie andere ähnliche Krankheiten, insonderheit den Menschen, anzutun pflegen

Kapitel 13 121

Über die Art, wie die Hexenhebammen noch größere Schädigungen antun, indem sie die Kinder entweder töten oder sie den Dämonen weihen

Kapitel 14 131

Es folgt über die Art, wie die Hexen den Haustieren verschiedenen Schaden antun

Kapitel 15 137

Über die Art, wie sie Hagelschlag und Gewitter zu erregen und auch Blitze auf Menschen und Haustiere zu schleudern pflegen

Kapitel 16 143

Über die drei Arten, wie Männer und nicht Weiber mit Hexenwerken infiziert befunden werden, in drei Abschnitten, und zwar zuletzt von den hexenden Bogenschützen

Zweite Hauptfrage dieses zweiten Teiles, über die Arten, Behexungen zu beheben oder zu heilen, unter Vorausschickung einer Schwierigkeit. 157

Kapitel I 173

Kirchliches Mittel gegen die Incubi und Succubi

Kapitel II 181

Heilmittel für diejenigen, welche an der Zeugungskraft behext werden

Kapitel III 187

Heilmittel für die mit ungewöhnlicher Liebe oder ungewöhnlichem Haß Behexten

Kapitel IV 193

Heilmittel für die, denen durch Gaukelkunst die männlichen Glieder genommen werden; auch wenn Menschen bisweilen in Tiergestalten verwandelt werden

Kapitel V 197

Heilmittel für die infolge von Behexung besessen Gemachten

Kapitel VI 206

Heilmittel in Form von erlaubten Exorzismen gegen alle beliebigen von Hexen angetanen Krankheiten, und von der Art, Behexte zu exorzisieren

Kapitel VII 227

Heilmittel gegen Hagelschlag und bei behexten Haustieren

Kapitel VIII 235

Gewisse geheime Mittel gegen gewisse geheime Anfechtungen seitens der Dämonen

Des Hexenhammers zweiter Teil

handelt von den Arten der Bexehung und wie man solche heben könne. Er enthält nur zwei Hauptfragen, die jedoch in vielen Kapiteln behandelt werden.

Erste Frage: Wem der Hexer nicht schaden könne?

Der zweite Teil dieses Werkes, der Hauptteil, weil er von der Art handelt, wie die Hexen bei der Verübung ihrer Hexentaten zu Werke gehen, ist in achtzehn Kapitel geteilt, mit nur zwei Schwierigkeiten, von denen die eine am Anfange steht, nämlich wer nicht behext werden könne, also über die Präservativmittel; die andere steht am Ende und handelt über die Heilmittel für die Behexungen, wodurch Behexte geheilt werden können; da nach dem Philosophen, Phys. 4, das Entfernende und Hindernde zusammenfallen und Ursachen per accidens sind, so daß man hierin das ganze Fundament dieser schauderhaften Ketzerei hat.

Auf zwei Punkte ist besonders einzugehen: erstens über den Eintritt der Hexen (in's Handwerk) und ihre gotteslästerliche Profession; zweitens auf den weiteren Vorschritt zum Handeln und auf ihre erschreckliche Beobachtung; drittens über die heilsamen Gegenmittel gegen ihre Hexereien und die Präservativmittel. Und weil wir jetzt an einem moralischen Stoffe arbeiten, weshalb es nicht nötig ist, auf die verschiedenen Argumente und Erklärungen durchaus einzugehen, da das, was in den Kapiteln folgt, durch die vorhergehenden Fragen genügend erörtert, ist, deshalb bitten wir den Leser in Gott, daß er nicht in allen Dingen eine Erläuterung verlange, wo eine hinreichende Glaubwürdigkeit genügt, durch einfache Aufführung dessen, was als wahr feststeht, sei es nun durch eigne Erfahrung mit Auge oder Ohr, sei es durch die Berichte Glaubwürdiger.

Betreffs des ersten Punktes wird zweierlei hauptsächlich berührt werden, erstens, die verschiedenen Arten, den Dämon anzulocken; zweitens, die verschiedenen Weisen, ihre Ketzerei zu betreiben. Betreffs des zweiten aber werden der Reihe nach sechs Punkte berührt werden, bezüglich des Vollführens der Hexereien und der Heilungen: erstens von dem, was die Hexen für sich und ihren Leib tun; zweitens von dem, was sie gegen andere Leute vollführen, drittens gegen Tiere und viertens von den Schädigungen der Feldfrüchte: fünftens von der Hexerei der Männer allein, d. h. von den Hexereien, mit denen sich blos Männer und keine Weiber befassen, sechstens folgt die Frage über die Hebung der Hexerei, und wie die Behexten zu heilen. Es ist aber die erste Frage in achtzehn Kapitel eingeteilt, da die Hexen auf so viel verschiedene und mannigfaltige Arten ihre Gebräuche handhaben.

Ob jemand durch die guten Engel so geschützt werden könne, daß er von den Hexen auf keine der unten angeführten Weisen behext werden könne? Und es scheint, nein, deshalb, weil im Voraufgehenden erklärt ist, daß auch die Unschuldigen und Schuldlosen und Gerechten öfters von Dämonen getroffen würden, wie Job, und viele unschuldige Kinder, die man behext sieht, samt vielen anderen Gerechten, wenn auch nicht so wie die Sünder, weil jene nicht zum Verderben ihrer Seelen getroffen werden, wenn auch an den Gütern des Glückes und des Lebens.

Entgegen ist das Geständnis der Hexen, daß sie nämlich nicht alle verletzen können, sondern nur die, welche, wie sie durch Winke der Dämonen erfahren, der göttlichen Hilfe verlustig gegangen sind.

Antwort: Drei Arten von Menschen sind von Gott so begnadet, daß ihnen jenes scheußliche Geschlecht mit seinen Hexereien nichts anhaben kann: und zwar sind es erstens diejenigen, welche die öffentliche Gerichtsbarkeit gegen die Hexen üben oder durch irgend ein öffentliches Amt gegen sie wirken, zweitens, die nach den gehaltenen und heiligen Bräuchen, wie durch Besprengen mit Weihwasser, durch das Nehmen des geheiligten Salzes oder durch die am Tage der Reinigung geweihten Kerzen und durch den erlaubten Gebrauch der am Palmensonntage geweihten Zweige sich schützen, (womit die Kirche exorzisiert), um die Macht des Dämonen zu schwächen, worüber noch gehandelt wird; drittens diejenigen, welche durch die heiligen Engel auf verschiedene und unzählige Arten begnadet sind.

Betreffs des ersten Punktes wird ein Grund angegeben und als Bestätigung viele Taten und Geschehnisse. Weil nämlich alle Gewalt von Gott ist und das Schwert nach dem Apostel zur Rache der Bösen und zur Vergeltung der Guten, so ist es kein Wunder, daß dann die Dämonen durch Engelsgewalt abgehalten werden, wenn die Gerichtsbarkeit zur Rache an jenem erschrecklichen Verbrechen geübt wird. – Es bemerken hierzu die Doktoren, daß die Macht des Dämonen auf fünf

Weisen ganz oder teilweise gehemmt wird: erstens durch das Ziel, das seiner Macht von Gott gesetzt ist, worüber Job 1. und 2. handelt; ferner beweist das jener Mann, von dem man bei Nider, Formicarius liest, den jemand angerufen hatte, daß er seinen Feind tötete oder am Leibe schädigte oder durch Blitzschlag vernichtete: »Als ich«, so gestand er dem Richter, »den Dämon angerufen, damit ich es mit seiner Hilfe vollbrächte, antwortete er mir, daß er nichts davon tun könne: »Er hat«, sagte er mir, »guten Glauben und schützt sich fleißig mit dem Zeichen des Kreuzes; deshalb kann ich ihn nicht an seinem Leibe, sondern, wenn Du willst, am elften Teile seiner Früchte auf dem Felde schaden«.

Zweitens wird der Dämon gehindert durch ein äußerliches Hindernis, wie bei der Eselin des Bileam, Num. 22. Drittens durch ein äußerlich geschehendes mögliches Wunder. So bei den Leuten, die durch besondere Gnade geschützt sind; über diese dritte Art von Menschen, die nicht behext werden können, weiter unten; viertens durch Gottes Ratschluß, der es speziell so anordnet durch die Hinderung durch einen guten Engel, wie bei Asmodeus, der die Verlobten der Jungfrau Sara tötete, aber nicht den Tobias; fünftens bisweilen durch eigene Vorsicht, weil manchmal der Teufel nicht schädigen will, damit etwas Schlimmeres daraus folgt, wie wenn er Exkommunizierte beängstigen könnte, (wie er auch den exkommunizierten Korinther beängstigte, Kor. 5.), so tut er es doch nicht, damit er den Glauben der Kirche an die Macht der Schlüssel schwäche. Daher können wir entsprechend sagen, daß, wenn die Dämonen auch nicht von der göttlichen Macht abgehalten werden, wenn die öffentliche Gerechtigkeit geübt wird, sie doch oft ihre Hand oder ihren Schirm von den Hexen freiwillig nehmen, weil sie entweder deren Bekehrung fürchten, oder ihre Verdammnis wünschen und beschleunigen.

Das wird auch mit Taten und Geschehnissen bewiesen. Der erwähnte Doktor berichtet, daß die Hexen, wie durch Erzählung und Erfahrung bekannt, das Zeugnis abgeben, daß sofort alle Hexenkunst erlahmt, sobald sie durch Beamte der staatlichen Gerichtsbarkeit gefangen genommen werden. Es war ein Richter, mit Namen Petrus, der auch schon oben erwähnt ist. Als er einen gewissen Hexer, Stadlin mit

Namen, durch seine Diener gefangen nehmen lassen wollte, befiel ihre Hände solches Zittern, und in ihre Nasen drang ein so übler Gestank, daß sie schon zu zweifeln begannen, ob sie auf den Zauberer loszugehen wagen sollten. Da befahl ihnen der Richter: »Geht nur ruhig auf den Elenden los, weil er, berührt von der öffentlichen Justiz, sofort alle Kräfte seiner Bosheit verlieren wird«. Dies bewies denn auch das Ende der Geschichte: denn er ward gefangen und eingeäschert wegen sehr vieler Hexentaten, die hier und dort eingestreut und den verschiedenen Stoffen angepaßt sind.

Aber noch viele andere Geschehnisse, die uns Inquisitoren in Ausführung des Amtes der Inquisition zustießen, gibt es, die, wenn wir sie erzählen dürften, gewiß den Leser zur Bewunderung fortreißen würden. Aber weil Eigenlob stinkt, frommt es mehr, das stillschweigend zu übergehen, als den Vorwurf eitler Ruhmsucht auf uns zu laden: nur das wollen wir jedoch berichten, was so bekannt geworden ist, daß es sich nicht verheimlichen läßt.

Als nämlich in der Stadt Ravensburg die einzuäschernden Hexen von den Ratsherren gefragt wurden, warum sie uns Inquisitoren gewisse Hexereien nicht ebenso wie anderen Leuten zugefügt hätten, antworteten sie, sie hätten es öfters versucht, aber es nicht vermocht. Und als jene nach der Ursache fragten, antworteten sie, sie wüßten es nicht, nur seien sie so von den Dämonen informiert worden. Denn wie oft sie zur Tages- und Nachtzeit uns befehdet, können wir nicht erzählen: wie sie uns bald als Affen, bald als Hunde oder Ziegen mit ihrem Geschrei und Angriffen beunruhigten, wenn wir nachts zu wenn auch noch so inbrünstigem Gebete aufstanden, wo sie draußen am Fenster des Raumes, welches doch in solcher Höhe angebracht war, daß man nur mit ganz langen Leitern hätte ankommen können, mit kräftigstem Streiche, der gleichsam direkt nach dem Kopfe geführt wurde, Hiebe mit dem Laken führten, mit dem der Kopf bedeckt war: so fanden wir sie auch, wenn wir aufstanden, als ob sie solche durch Hexenkunst unserem Haupte beibringen wollten. Aber dank sei dem Höchsten, der in seiner Liebe, ohne unser Verdienst, uns als öffentliche, unwürdige Diener der Gerechtigkeit des Glaubens aufbewahrt hat.

Betreffs des zweiten Punktes ist der Grund an sich klar. Denn mit solchen Dingen wird von der Kirche exorzisiert, und überhaupt sind sie die wirksamsten Mittel, um sich vor den Angriffen der Hexen zu bewahren. Wenn einer fragt, auf welche Weise man sich schützen müsse, so ist zu sprechen erstens von dem, was ohne Anführung von heiligen Worten geschieht, und dann von den heiligen Formeln selbst. Betreffs des ersteren nämlich ist es erlaubt, jede ehrliche Stelle an Mensch und Tier unter Anrufung der allerheiligsten Dreieinigkeit und mit dem Gebete des Herrn zur Rettung von Mensch und Vieh mit Weihwasser zu besprengen. So nämlich heißt es im Exorzismus, daß, wohin es gesprengt wird, diese Stelle von aller Unreinigkeit frei werde, befreit sei von der Schuld und dort nicht bleibe ein verderblicher Geist etc. Denn Menschen und Tiere rettet der Herr, ein jedes nach seinem Maße, wie der Prophet sagt.

Zweitens, wie das erste Mittel (das Besprengen) aus Notwendigkeit geschieht, so ist das zweite, nämlich eine geweihte Kerze anzünden, ein Besprengen gemäß der Kongruenz, indem das Beleuchten der Wohnräume mit solcher Kerze (dem Besprengen mit Weihwasser entspricht).

Drittens nützt es sehr viel, gewisse Kräuter anzuwenden oder zu räuchern, auch an geheimem Orte mit jenen gewöhnlichen Mitteln zusammen zu tun.

So nämlich traf es sich in demselben Jahre, wo dies Buch begonnen ward, in der Stadt Speyer, daß eine fromme Frau mit einer als Hexe Verdächtigen nach Weiberart einen Streit hatte. In der Nacht, da sie ihren kleinen Säugling in die Wiege legen wollte und im Herzen erwog, was sie am Tage mit der Hexe vorgehabt hatte, fürchtete sie Gefahr für ihr Kind. Sie legte daher zu dem Knaben geweihte Kräuter, besprengte ihn mit Weihwasser, gab ihm ein wenig geweihtes Salz in den Mund, schützte ihn mit dem Zeichen des Kreuzes und band die Wiege sorgfältig fest. Und siehe da, um Mitternacht hörte sie das Kind schreien; und als sie, wie gewohnt, nach dem Knaben fassen und die Wiege, die in gleicher Höhe mit dem Bette stand, bewegen wollte, bewegte sie zwar die Wiege, konnte aber den Knaben nicht greifen, weil er fort war. Zitternd und laut klagend über den Verlust des Kindes brannte die Ärmste ein Licht an und fand das Kleine weinend unter dem Bette in einem Winkel, doch unverletzt. Daraus kann man abnehmen, wie groß die Macht in den Exorzismen der Kirche liegt gegen die Nachstellungen des Teufels. Ferner leuchtet freilich auch ein die Gnade und Weisheit des allmächtigen Gottes, die sich Von Ende zu Ende mächtig zeigt; sie schaltet gnädig auch über den Hexereien jener ganz verworfenen Menschen und Dämonen, so daß, wo sie den Glauben zu mindern und zu schwächen suchen, sie ihn in vieler Herzen kräftigen und fester Wurzel fassen lassen. Ja, sehr viel Nutzen kommt den Gläubigen aus solchen Übeln, da so der Glaube durch die Bosheit der Dämonen gestärkt, das Mitleid Gottes ersichtlich wird und seine Macht sich offenbart, die Menschen getrieben werden, auf ihrer Hut zu sein und entbrennen, Christi Leiden und die Gebräuche der Kirche zu verehren.

In jenen Tagen ward auch der Schulze eines Dorfes mit Namen Wiesenthal mit schweren Schmerzen und Qualen des Körpers behext, was ihn traf durch Hexentat, worüber er aber nicht von anderen Hexen, sondern durch eigene Erfahrung belehrt ward. Er sagte nämlich, daß er sich an jedem einzelnen Sonntage durch Salznehmen und Weihwasser schütze; und weil er das an einem Tage über einer Hochzeitsfeier versäumt hatte, ward er an demselben Tage behext.

Wie steht es endlich mit jenem Manne in Ravensburg, da er vom Teufel in der Gestalt eines Weibes zum Beischlafe gereizt ward? Er war gar sehr in Angst, und da der Teufel nicht ablassen wollte, kam ihm das in den Sinn, daß er sich mit Salz schützen müsse, wie er es in der Predigt gehört hatte. Als er daher beim Eintritt in die Stube geweihtes Salz genommen hatte, sah ihn das Weib mit wilden Blicken an und verschwand plötzlich, da einer von den Teufeln sie darüber eilig aufgeklärt hatte. Hier war der Teufel im Bildnisse einer Hexe oder mit leiblicher Gegenwart einer Hexe dagewesen, da er mit Zulassung Gottes beides tun kann.

Aber auch jene drei Kameraden, die auf einem Wege spazieren gingen; zwei von ihnen wurden vom Blitze erschlagen, der dritte aber hörte voller Angst Stimmen in der Luft: »Laßt uns ihn auch töten«;

und eine andere Stimme antwortete: »Wir können nicht, weil er heute das Wort ward Fleisch' gehört hat«. Er merkte, daß er deshalb gerettet wurde, weil er die Messe gehört hatte und am Schlusse das Evangelium Johannis: »Im Anfange war das Wort«.

Aber auch durch jene einem Körper beigegebenen heiligen Worte (wehrt man den Dämonen), weil sie wunderbare Präservative sind, wenn nur sieben Bedingungen dabei beobachtet werden. Davon wird auch Meldung geschehen in der letzten Frage dieses zweiten Teiles, weil dort von den Heilmitteln, wie hier von den Präservativmitteln gehandelt wird; und solche heilige Worte dienen nicht nur zum Schutze, sondern auch zum Heilen der Behexten.

Als wirksamste Präservative für Orte, Menschen und Tiere dienen die Worte des Siegestitels unseres Heilandes, wenn sie nämlich an vier Teilen des Ortes in Kreuzesform geschrieben werden: Jesus † Nazarenus † Rex † Judaeorum †; oder auch mit Hinzufügung des Namens der Jungfrau Maria oder der Evangelisten oder der Worte des Johannes: »Das Wort ward Fleisch.« –

Die dritte Art (Menschen), die von den Dämonen nicht verletzt werden kann, ist sehr alleinstehend, als geschützt durch besonderen, inneren und äußeren, Schutz der Engel: innerlich durch Einfluß der Gnade, äußerlich durch Beschützung seitens der himmlischen Kräfte, d. h. seitens der Motoren der Himmelskörper. Und dies Geschlecht der Menschen wird in zwei Arten von Auserwählten geschieden: weil sie entweder geschützt werden gegen alle Weisen der Hexerei, so daß sie in nichts geschädigt werden können, oder daß sie besonders bezüglich der Zeugungskraft von den guten Engeln selbst ebenso keusch gemacht werden, wie böse Geister durch die Hexenkünste bezüglich der einen Frau entflammen oder bezüglich der anderen erkalten lassen. Die erste Behauptung, von dem inneren und äußeren Schutze bezüglich der Gnade und den Einflüssen der Himmelskörper, wird so erklärt. Mag Gott nämlich auch an sich Gnade in unser Herz fließen lassen, weil keiner Kreatur die Macht zu solcher Einflößung zukommen kann nach dem Worte: »Gnade und Ruhm wird der Herr geben«, so kann doch, wie S. Thomas an einer Stelle sagt, Sent. 3, wenn Gott eine ganz besondere Gnade einflößen will, ein guter Engel vermittelnd mitwirken; und das ist es, was Dionysius de div. nom. 4, sagen will: »Dies ist das unwandelbar feststehende Gesetz der Gottheit, daß das Niedrigste von dem Höchsten durch Mittelglieder bewirkt wird,« so daß wir alles Gute, was aus der Quelle aller Gutheit in uns hineinfließt, ganz durch den Dienst der guten Engel haben. Wir wollen dafür Gründe und Beispiele geben. Denn mag zur Empfängnis des göttlichen Wortes in der allerseligsten Jungfrau, durch die der Gott Mensch wurde, allein die göttliche Kraft wirksam gewesen sein, so ward doch durch den Dienst des Engels der Sinn der Jungfrau vermittelst der Begrüßung und vermittelst der Stärkung und Belehrung des Verstandes sehr erregt und zum Guten vorbereitet. Der Grund ist: Die Meinung des erwähnten Doktors ist, daß im Menschen dreierlei sei, wie wir sehen, nämlich Wille, Verstand und andere innere und äußere Kräfte, die den körperlichen Gliedern und Organen angeheftet sind. Auf den ersten wirkt Gott allein ein, weil »das Herz des Königs in der Hand Gottes ist«; durch Disponieren wirkt der gute Engel, insofern er den Verstand zur Erkenntnis des Wahren und Guten mehr erleuchtet, so daß auf das Zweite sowohl Gott als der gute Engel durch Erleuchten einwirken können; und drittens dem Körper kann ein guter Engel zum Guten helfen, ein böser Engel mit Zulassung Gottes böse Eindrücke geben. Doch liegt es in der Macht des menschlichen Willens, solche Einflößungen anzunehmen oder zurückzuweisen, wie sie denn auch der Mensch unter Anrufung der Gnade Gottes stets zurückweisen kann.

Auch betreffs der äußeren Wache, die durch die Motoren der Welten von Gott mitgeteilt wird, ist die gemeinsame und ganz übereinstimmende Überlieferung sowohl der heiligen Schrift als auch der Naturphilosophie, daß alle Himmelskörper durch die Macht der Engel bewegt werden und Motore der Welten heißen; und sie werden von Christus und der Kirche Himmelskräfte genannt; und folglich wird alles Körperliche dieser Welt von Himmelseinflüssen gelenkt, wie der Philosoph, Metaph. 1. bezeugt. Deshalb können wir auch sagen; da Gott über seine Auserlesenen besondere Vorsehung walten läßt, so mag er sie zwar auch manchen Übeln dieses Lebens, nämlich Prüfungen unterwerfen, aber einige bewahrt er doch so, daß sie in nichts geschädigt werden können; und dies Geschenk empfangen sie entweder von den guten Engeln selbst, die von Gott als Wächter beordert sind, oder von den Einflüssen der Himmelskörper, oder von den Motoren der Welten selbst.

Da ist noch anzumerken, daß, wenn auch manche gegen alle Hexenwerke geschützt sind, andere aber gegen einige und nicht gegen alle, es doch manche gibt, die ein guter Engel besonders an der Zeugungskraft so keusch macht, daß sie auf keine Weise daran vom Bösen behext werden können. Aber hierüber zu schreiben scheint einesteils überflüssig, andernteils freilich auch notwendig, weil die, welche an der Zeugungskraft behext werden, von der Engelwache deshalb verlassen sind, weil sie entweder immer in Todsünde leben oder mit allzu heftiger Gier nach solchen Unflätereien jagen. Daher ist auch im ersten Teile des Werkes festgestellt, daß Gott eher erlaubt, jene Kraft zu behexen, wenn nicht allein wegen der Scheußlichkeit (des Zeugungsaktes), so doch auch darum, weil die Verderbtheit des ersten Vaters durch die Erbsünde dabei auf das ganze Geschlecht der Menschen übergeht.

*

Doch reden wir ein wenig darüber, wie ein guter Engel bisweilen gerechte und heilige Männer begnadet, und zwar besonders an der Zeugungskraft. Denn so geschah es mit dem Abte S. Serenus, von dem Cassianus berichtet, in seinen Collat. patr., und zwar coll. abb. Sereni 1. »Dieser,« sagt er, »war um die innere Keuschheit des Herzens und der Seele bei Tag und Nacht mit Gebeten, Fasten und Wachen unermüdlich besorgt und sah endlich, daß er durch die göttliche Gnade alle Flammen der fleischlichen Lust in sich gelöscht hatte. Von noch größerem Eifer für die Keuschheit angespornt, bat er, nachdem er die genannten Mittel gebraucht, danach den Allgütigen, Allmächtigen, daß die Keuschheit des inneren Menschen auch an seinem Leibe durch Gottes Geschenk sich zeigte. Da kam der Engel Gottes in nächtlicher Vision zu ihm, und indem er gleichsam seinen Leib öffnete und aus seinen Eingeweiden ein feuriges Fleischstück herausholte, sagte er, indem er alle inneren Teile wieder an ihren Ort brachte: »Siehe, hier ist der Stachel deines Fleisches abgeschnitten; wisse, daß du mit dem heutigen Tage beständige Keuschheit des Fleisches erlangt hast nach deinem Gebete, da du batest, du möchtest nicht einmal durch die natürliche Bewegung, die auch bei den Kleinen und Säuglingen erregt wird, gepeinigt sein«.

So erzählt auch S. Gregor. dial. 1. von dem Abte S. Equitius: »Als diesen zur Zeit seiner Jugend der scharfe Kampf mit den Lockungen des Fleisches ermüdete, machten ihn eben diese seine Ängstigungen bei der Versuchung lässig zum Gebete; und da er durch fortwährende Bitten ein Heilmittel vom Allmächtigen erflehte, sah er in einer Nacht, wie ein Engel neben ihm stand und ihn zum Eunuchen machte; und bei dessen Erscheinung dünkte es ihn, daß er alle Bewegung aus den Genitalien abschnitt; und seit der Zeit war er der Versuchung so ledig, als ob er gar kein Geschlecht im Leibe hätte. Siehe, welcher Segen des Keuschmachens! Weil et nun auf seine Tugend mit Gottes Hilfe Vertrauen hatte, leitete er später die Frauen, wie er früher die Männer geleitet hatte.

In den Lebensbeschreibungen der heiligen Väter, die der hochreligiöse S. Heraclides in dem Buche, das er Paradisus nennt, gesammelt hat, erwähnt er einen heiligen Vater und Mönch, den er Helias nennt. Dieser vereinigte aus Erbarmen dreihundert Frauen im Kloster und war ihr Leiter. Aber nach zwei Jahren, als er schon 35 Jahre zählte, ward er vom Fleische versucht und floh in die Wüste, wo er zwei Tage fastete, betete und sprach: »Herr mein Gott, töte mich, oder befreie mich von dieser Versuchung.« Am Abend also überfiel ihn der Schlaf, und er sah drei Engel zu sich kommen, die ihn fragten, warum er aus dem Kloster der Jungfrauen geflohen wäre; und als er aus Ehrfurcht nicht zu antworten wagte, sagten die Engel: »Wenn du befreit werden wirst, willst du dann zurückkehren und die Sorge um die Frauen übernehmen?« Er antwortete: »Gern.« Da nahmen sie den Eid darauf entgegen, den sie gefordert hatten und machten ihn zum Eunuchen. Denn der eine Engel schien ihm die Hände, der zweite die Füße, der dritte seine Testikeln abzuschneiden: nicht daß es wirklich so war, sondern es schien so zu sein; und als sie fragten, ob er das Heilmittel wirken spürte, antwortete er, er sei sehr erleichtert. Daher kehrte er am fünften Tage zu den trauernden Frauen zurück, und die vierzig Jahre, die er noch lebte, spürte er auch nicht einen Funken der alten Versuchung.

Nicht minder lesen wir, daß den heiligen Thomas, den Doktor unseres Ordens, eine solche Gnade zuteil ward, der, von seinen Verwandten wegen seines Eintritts in den genannten Orden eingekerkert, fleischlich versucht ward, daß er durch eine Hure verführt würde, die von seinen Verwandten in prächtigem Anzuge und Schmucke zu ihm geschickt ward. Als der Doktor sie erblickte, lief er zum wirklichen Feuer, ergriff einen Feuerbrand und jagte die Verführerin zur feuerigen Lust zum Gefängnisse hinaus. Dann fiel er sofort auf die Kniee zum Gebete um das Geschenk der Keuschheit und schlief ein. Da erschienen ihm zwei Engel, die zu ihm sagten: »Siehe, wir gürten dich nach Gottes Willen mit dem Gürtel der Keuschheit, der durch keine spätere Versuchung gelöst werden kann; und was durch menschliche Tugend, durch Verdienst nicht erreicht wird, das wird von Gott als Geschenk gebracht.« Er fühlte also das Gürten, d. h. die Berührung durch den Gürtel und wachte mit einem Schrei auf. Da fühlte er sich mit dem Geschenk solcher Keuschheit begabt, daß er von eben dieser Zeit an vor jeder Üppigkeit zurückschrak, so daß er ohne Zwang mit den Frauen nicht einmal reden konnte, sondern vollkommene Keuschheit besaß. – Dies aus Nider‘s Formicarius.

Mit Ausnahme also dieser drei Arten von Menschen ist niemand vor den Hexen sicher, daß er nicht nach den achtzehn unten beschriebenen Arten behext oder zur Hexerei verführt und verleitet werde, worüber zuerst der Reihe nach zu handeln ist. Damit später um so klarer gelehrt werden könne, durch welche Mittel die Behexten zu befreien seien, und damit desto klarer die achtzehn Arten selbst ersichtlich werden, sollen sie in ebenso vielen Kapiteln behandelt werden, so daß erstens betreffs des Eintrittes der Hexen die verschiedenen Arten klar gemacht werden, auf welche die Hexen selbst unschuldige Mägdlein zur Vergrößerung jener Ruchlosigkeit anlocken; zweitens von der Art ihrer gotteslästerlichen Profession, wo auch eine bestimmte Erklärung der dem Teufel selbst zu leistenden Huldigung gegeben wird; drittens von der Art, wie sie örtlich, mit dem Körper oder im Geiste, ausfahren; viertens, wie sie sich den Incubi unterwerfen; fünftens, im allgemeinen von der Art, wie sie durch die Sakramente der Kirche ihre Hexenwerke üben, und im besonderen von der Art, wie sie ohne

Himmelskörper jedwede Kreatur mit Zulassung Gottes zu behexen pflegen; sechstens von der Art, wie sie die Zeugungskraft zu vernichten pflegen; siebentens von der Art, wie sie die männlichen Glieder durch Gaukelkunst wegzuhexen pflegen; achtens von der Art, wie sie die Menschen in Tiergestalten zu verwandeln pflegen; neuntens von der Art, wie die Dämonen in den Köpfen stecken können, ohne sie zu verletzen, wenn sie solche gauklerische Verwandlungen bewirken; zehntens von der Art, wie die Dämonen durch das Werk der Hexen die Menschen bisweilen substanziell bewohnen; elftens, wie sie jede Art von Krankheiten zu senden pflegen, im allgemeinen; zwölftens über einige Krankheiten im besonderen; dreizehntens von der Art, wie die Hexenhebammen den größten Schaden verursachen, indem sie die Kinder entweder töten oder den Dämonen weihen und angeloben; vierzehntens, von der Art, wie sie den Tieren verschiedenen Schaden zufügen; fünfzehntens, von der Art, wie sie Hagel und Stürme zu erregen und Blitze auf Menschen und Tiere zu schleudern pflegen; sechzehntens, siebzehntens und achtzehntens von den drei Arten, wie nur Männer und nicht Weiber Hexerei treiben. Dann folgt die Frage über die Arten, derlei Hexereien zu heben.

Glaube niemand, eine gründliche Kenntnis hiervon zu gewinnen, weil hier die verschiedenen Arten betreffs der verschiedenen Behexungen aufgezählt werden. Denn das ist nur mäßig nützlich, ja, vielleicht könnte es sogar schaden: denn nicht werden hier die verbotenen Bücher der Nigromantie aufgeführt, da diese Art von Aberglaube nicht in Büchern oder von Gelehrten, sondern durchaus nur von Unwissenden geübt wird: er hat aber einunddasselbe Fundament (wie die Hexenkunst): wenn das nicht ausdrücklich erwähnt oder geübt wird, dann kann unmöglich einer als Hexer Hexereien ausführen wollen.

Es werden aber hier die Arten nur oberflächlich aufgeführt, damit die Werke jener nicht unglaublich scheinen, wie es bisher zur größten Schmach des Glaubens und zur Mehrung der Hexen selbst geschehen ist. – Wenn jemand nach dem Voraufgehenden, da gesagt ist, einige würden durch die Einflüsse der Himmelskörper bewahrt, so daß sie auf keine Weise behext werden können, auch jenen Einflüssen zuschreiben wollte, wenn welche behext werden, gleichsam als ob darin eine gewisse Notwendigkeit wäre, vor den Hexen zu bewahren oder Behexung zu bewirken, so würde ein solcher in verschiedener Hinsicht nicht recht den Sinn der Doktoren erfassen: erstens, weil es nämlich dreierlei gibt, was von den drei himmlischen Ursachen gelenkt werden kann, nämlich die Handlungen des Willens, die Handlung des Verstandes und das Körperliche; und zwar wird das erstere, wie oben festgestellt ist, von Gott allein, unmittelbar gelenkt; das zweite von einem Engel, das dritte von einem Himmelskörper: mag es auch davon nur gelenkt, nicht gezwungen werden.

Zweitens, weil nämlich aus dem Gesagten ersichtlich, daß die Entscheidungen und Wollungen unmittelbar von Gott gelenkt werden, nach dem Apostelworte: »Gott ist es, der in uns das Wollen und Tun lenkt, nach seinem guten Willen«, und die menschliche Erkenntnis des Verstandes von Gott durch Vermittlung der Engel geordnet wird, deshalb wird auch alles Körperliche, mag es innerlich sein wie Tugend und Wissen, erworben durch innere körperliche Kräfte, mag es äußerlich sein, wie Gesundheit und Krankheiten, von Himmelskörpern durch Vermittlung der Engel verwaltet. Dies berührt auch Dionysius, dediv. nom. 4.: daß die Himmelskörper die Ursache dessen sind, was in dieser Welt geschieht; doch ist das zu verstehen bezüglich der natürlichen Gesundungen und Erkrankungen. Da aber jene Krankheiten wegen der Macht des Dämons, die jene mit Zulassung Gottes bewirkt, übernatürlich sind, deshalb können wir nicht sagen, daß es aus dem Einflüsse der Himmelskörper geschehe, daß jemand behext wird, wie man wohl sagen kann, daß es aus dem Einflüsse der Himmelskörper geschehe, daß jemand nicht behext wird.

Wenn gesagt wird, daß das Gegenteil dabei zu geschehen habe, und wie Gesetztes bei Gesetztem, so Entgegengesetztes bei Entgegengesetztem, so wird geantwortet, daß, wenn jemand vor solchen übernatürlichen Krankheiten durch die Kraft der Himmelskörper bewahrt wird, dies nicht durch die Kraft der Himmelskörper unmittelbar geschieht, sondern durch die Kraft des Engels, welcher jenen Einfluß verstärken kann, daß ein Feind mit seinen Hexereien nicht über ihn hinaus kann; und diese Engelskraft kann von einem Motoren des Himmelskörpers abgeleitet werden: wie wenn jemand im Augenblicke sterben müßte, da seine Zeit abgelaufen, so kann doch Gott, der immer durch Mittelursachen derlei tut, in seiner Macht eine Veränderung bewirken, indem er die erhaltende Kraft anstatt der vernichtenden der Natur und ihrem Einflüsse sendet. So dürfen wir auch von dem, der behext werden kann, sagen, daß er auch auf solche Weise vor Hexerei bewahrt bleibt; oder es geschieht eine solche Bewahrung von einem zur Bewachung beorderten Engel, was auch die vorzüglichste unter allen Wachen ist.

Wenn es Jeremias XXII heißt: »Schreibet diesen Mann für einen Unfruchtbaren, dem es sein Lebtag nicht gelingt,« so wird dies von den Entscheidungen des Willens verstanden, in denen der eine Mensch Glück hat, der andere nicht; was auch aus den Einflüssen der Himmelskörper geschehen kann. Zum Beispiel: Einer neigt infolge des Eindrucks der Himmelskörper zu gewissen nutzbringenden Entscheidungen, als Eintritt in eine Religion u. dergl.; und wenn sein Verstand vom Lichte des Engels erleuchtet wird, solches zu tun, und sein Wille infolge von göttlicher Einwirkung dahin neigt, solches zu erreichen, so heißt es von dem, er habe gutes Glück; oder auch, wenn jemand zu einer Kunst neigt, oder einer nützlichen, praktischen Beschäftigung. Dagegen wird einer übel beglückt heißen, wenn aus höheren Ursachen seine Wahl zu Entgegengesetztem neigt.

Über diese Ansichten und viele andere spricht S. Thomas, Summa c. gentil. 3. und an vielen anderen Stellen, wie der Unterschied sei, wenn man sagte, einer sei wohl oder schlecht geboren, wohl oder schlecht beglückt, wohl oder schlecht bewacht: weil nach der vom Himmelskörper zurückgelassenen Disposition einer wohl oder schlecht geboren und so auch beglückt heißt; nachdem er aber vom Engel erleuchtet wird, heißt er wohl und nicht schlecht bewacht, falls er den Erleuchtungen folgt; aber nachdem er von Gott zu Gutem erleuchtet wird und dem nachjagt, heißt er wohl geleitet. Doch diese Entscheidungen haben hier keine Stelle, weil wir über sie selbst nicht so handeln, wie über die Bewahrung vor Behexungen. Da genügt es für jetzt, zu den Zeremonien der Hexen zu verschreiten, die sie üben, und zwar zuerst, auf welche Weisen sie Unschuldige zu ihrer Ruchlosigkeit verlocken.

Kapitel 1

Über die verschiedenen Weisen, wie die Dämonen durch die Hexen die Unschuldigen zur Vermehrung jener Ruchlosigkeit an sich ziehen und verlocken

Es sind aber vor allem drei Arten, auf welche die Dämonen durch die Hexen die Unschuldigen zu Falle bringen, und durch welche beständig jene Ruchlosigkeit vermehrt wird: die erste ist, durch den Verdruß über lästige zeitliche Schädigungen; wie denn S. Gregorius sagt: »Der Teufel versucht häufig, daß endlich der Verdruß obsiege«. Doch verstehe, innerhalb der Kräfte des Versuchten; und bezüglich der göttlichen Zulassung erkläre, daß Gott zuläßt, daß die Menschen nicht in Feigheit erstarren. In diesem Sinne heißt es Richter II: »Diese Völker hat Gott nicht vernichtet, daß er Israel in ihnen belehre«, und es wird dabei von den benachbarten Kananäern, Jebusiten etc. gesprochen. Ebenso läßt er zu, daß die Hussiten und andere Ketzer nicht vernichtet werden können: daher treffen auch die Dämonen durch die Hexen die Nachbarn und Unschuldigen mit solchen zeitlichen Schädigungen, daß sie gleichsam gezwungen werden, zuerst die Hexen um Rat zu fragen und sich schließlich ihren Plänen zu unterwerfen, wie die Erfahrung uns oft gezeigt hat. Wir kennen in der Diözese Augsburg einen Wirt, dem innerhalb eines Jahres vierundvierzig Pferde nach einander behext wurden. Voll Verdruß befragte seine Frau die Hexen, und nach deren Rate, der keineswegs heilbringend war, bewahrte sie die später gekauften Pferde (jener war nämlich Fuhrmann) vor Behexung.

Wie viele Weiber endlich haben uns bei der Waltung des Amtes der Inquisition nicht geklagt, daß, wenn sie wegen Schädigungen der Kühe durch Hinderung des Milchens, und anderer Tiere verdächtige Hexen gefragt, auch die angebotenen Mittel genommen hätten, wenn sie nur etwas dem einen Geist hätten versprechen wollen; und wenn jene fragten, was denn zu versprechen sei, antworteten sie, das sei nur wenig, wenn sie nur den Lehren jenes Meisters zustimmten betreffs gewisser Beobachtungen zur Zeit des Gottesdienstes in der Kirche oder bei dem Beichten vor den Priestern etwas verschwiegen. Hier ist anzumerken, wie auch oben gesagt ist, daß jener Tausendkünstler mit Kleinem und Wenigem anfängt, daß sie z. B. im Augenblick der Erhebung des Leibes Christi auf die Erde spucken oder die Augen schließen, oder auch einige unnütze Worte sagen müssen, wie wir denn von einer Hexe, die noch lebt, da sie vom weltlichen Arme verteidigt wird, wissen, daß, wenn der Priester während des Meßopfers die Gemeinde mit den Worten: »Der Herr sei mit Euch« grüßt, sie immer dabei mit einem gemeinen Ausdrucke sagt: »Kehr mir die Zung im Arß umb;« oder sie müssen bei der Beichte nach geschehener Absolution derlei vorbringen, niemals aufrichtig beichten, besonders nicht die Todsünden, und werden so allmählich zur vollständigsten Ableugnung des Glaubens und gotteslästerlicher Beichte gebracht.

Diese Art, wie auch noch manche ähnliche, wird von den Hexen gegenüber ehrbaren Matronen beobachtet, die weniger den Fleischeslüsten ergeben, sondern mehr auf geistlichen Vorteil erpicht sind. Gegen Jungfrauen, die mehr der Eitelkeit und der Lust des Leibes ergeben sind, gebrauchen sie ein anderes Mittel, nämlich fleischliches Verlangen und heimliche Triebe.

Hier ist anzumerken, daß, wie das Streben und die Neigung des Teufels nach Versuchung der Guten größer ist als nach der der Bösen –, mag er auch bezüglich der Versuchten in Wahrheit mehr Böse als Gute versuchen, weil sich nämlich in den Bösen mehr Geschicklichkeit findet, die Versuchung des Dämons aufzunehmen, als es bei den Guten der Fall ist – daß also der Teufel auch mehr die heiligen Jungfrauen und Mädchen zu verführen sucht, wofür es Gründe und Beispiele aus der Erfahrung gibt. Denn da er die Bösen schon besitzt, nicht so aber die Guten, so versucht er mehr die Gerechten in seine Gewalt zu bringen, die er (noch) nicht hat, als die Bösen, die er besitzt, so wie auch ein weltlicher Fürst eher gegen den sich erhebt, der ihm mehr von seinem Rechte nimmt, als gegen jeden anderen Mann, der ihm nicht widersteht.

Erfahrungsbeispiele: In der Stadt Ravensburg erzählte von zwei (nachher) Eingeäscherten (wie auch weiter unten berührt wird, wo über die Art gehandelt wird, wie sie Stürme erregen), die eine, eine Bademutter, unter anderen Geständnissen auch, daß sie vom Teufel viel Drangsal ausgestanden hätte, weil sie eine fromme Jungfrau, die Tochter eines sehr reichen Mannes, (den zu nennen, nicht nötig ist, da sie selbst durch Gottes Gnade schon erlöst ist, auf daß die Bosheit ihr Herz nicht vergiften möchte), verführen sollte, dergestalt, daß sie sie an einem Festtage einlüde, wo dann der Teufel in der Gestalt eines Jünglings mit ihr seine Unterredungen haben könnte. Jene fügte hinzu, obgleich sie das sehr oft versucht hätte, so hätte doch die Jungfrau, so oft sie von ihr angeredet worden, sich mit dem Zeichen des Kreuzes geschützt; und dies geschah sicherlich, wie niemand bezweifelt, auf Antrieb eines heiligen Engels, um die Werke des Teufels zu vernichten.

Eine andere Jungfrau, die in der Diöcese Straßburg lebt, beichtete einem von uns und sagte, daß an einem Sonntage, während sie im Hause ihres Vaters ihre gewöhnliche Arbeit beschickte, eine alte Vettel aus jener Stadt sie zu besuchen kam und nach manchem törichten Geschwätz endlich meinte, wenn es ihr gefiele, wolle sie sie an einen Ort bringen, wo Jünglinge wären, die kein Mensch in der Stadt kennte. »Und als ich«, sagte die Jungfrau, »zugestimmt und ihr nachfolgend an das Haus gekommen war, meinte die Vettel: »Siehe, hier die Treppe wollen wir hinaufgehen nach der Kammer oben, wo die Jünglinge sind; aber hüte dich und schütze dich nicht mit dem Zeichen des Kreuzes«. Und als ich das versprochen hatte und sie voranging, schützte ich mich doch heimlich mit dem Zeichen des Kreuzes, während ich ihr die Treppe hinauf folgte. Daher kam es, daß, als wir zusammen oben auf der obersten Stufe und vor der Kammer standen, die Vettel mit furchtbaren Blicken und voll wütenden Zornes sich umkehrend und mich anblickend sagte: »Ha, verflucht sollst du sein! Warum hast du dich mit dem Zeichen des Kreuzes geschützt? ›Weg von hier, im Namen des Teufels!‹ und so kam ich ungeschädigt wieder nach meiner Wohnung.«

Daraus kann man entnehmen, mit welcher Schlauheit jener alte Feind sich auf die Versuchung der Seelen stürzt. Die erwähnte, nachher eingeäscherte Bademutter sagte aus, auf diese Weise sei sie selbst von einer anderen Vettel verführt worden, ihre Genossin jedoch auf eine andere Art: Diese hätte nämlich unterwegs den Dämon in menschlicher Gestalt getroffen, da sie selbst die Absicht gehabt, ihren Geliebten zu besuchen, um mit ihm zu buhlen; und als sie von dem Incubus erkannt und gefragt worden war, ob sie ihn erkenne, und sie antwortete, sie kenne ihn durchaus nicht, da erwiderte jener: »Ich bin der Teufel, und wenn du willst, werde ich nach deinem Willen immer bereit sein und werde dich in keiner Not verlassen«. Als sie dazu ja gesagt, sann sie achtzehn Jahre lang, bis an ihr Lebensende, auf solche teuflische Unflätereien und zwar mit gänzlicher Ableugnung des Glaubens. –

Die dritte Art des Verlockens und Verführens geschieht durch das Mittel der Traurigkeit und der Armut. Denn gefallene Jungfrauen, die von ihren Liebhabern verlassen sind, denen sie unter dem Eheversprechen sich preisgegeben, wenden sich, da sie alles Vertrauen verloren und überall nur Schmach und Schande sehen, an den Schutz des Teufels, entweder in der Absicht sich zu rächen, indem sie ihren (ehemaligen) Liebhaber oder die, mit der er sich verbunden hat, behexen, oder um sonst mit allen Unflätereien sich zu befassen und zu hexen. Und wie die Zahl solcher Jungfrauen, wie leider die Erfahrung lehrt, Unzahl ist, so auch die der Hexen, die aus ihnen hervorgehen. Nur weniges aus vielem wollen wir berichten.

Es ist ein Ort in der Diözese Brixen, wo ein junger Mann über sein Weib, das ihm behext war, einen solchen Fall aussagte: »Ich liebte in der Jugend«, so sagte er, »ein Mädchen und sie bestand fest darauf, daß ich sie ehelichte; ich aber verschmähte sie und heiratete eine andere, aus einer anderen Herrschaft; ich wollte ihr jedoch aus Freundschaft gefällig sein und lud sie zur Hochzeit. Sie kam, und während die anderen ehrbaren Frauen alle ihre Gaben und Geschenke darbrachten, erhob sie, die geladen war, die Hand und sagte, so daß die umstehenen Frauen es hören konnten, zu meinem Weibe: ›Du wirst nach diesem Tage nur noch wenige gesunde Stunden haben‹. Und als meine Frau, die jene nicht kannte, weil sie, wie gesagt, aus einer anderen Herrschaft geheiratet war, erschrocken die Anwesenden fragte, wer sie denn sei, die ihr derartige Drohungen entgegengeworfen hätte, sagten die anderen, sie sei eine Herumstreicherin und ein verwahrlostes Frauenzimmer. Nichts desto weniger aber erfolgte das, was sie vorausgesagt und in dieser Ordnung. Denn einige Tage darauf war meine Frau so behext und an allen Gliedern so geschwächt, daß sich auch heute noch, nach mehr als zehn Jahren, an ihrem Leibe die Behexung zeigt«.

Wenn das, was nur in der einen Stadt jener Diöcese an Hexerei gefunden ward, vorzubringen wäre, würde man ein ganzes Buch schreiben müssen: es ist aber gesammelt und aufgezeichnet von dem Bischof von Brixen, ganz erstaunliche und unerhörte Geschichten, wie derselbe es bezeugen kann.

Nicht mit Stillschweigen zu übergehen ist, wie wir glauben, folgende ganz erstaunliche und unerhörte Geschichte. Ein erlauchter Graf von Westerich, in der Nachbarschaft der Diözese Straßburg, heiratete eine Jungfrau aus gleich hohem Geschlecht, die er jedoch nach der Hochzeitsfeier bis ins dritte Jahr fleischlich nicht erkennen konnte, da er durch Hexenwerk gehindert ward, wie das Ende der Geschichte bewies. Er war voller Angst, wußte nicht, was er tun sollte und rief inbrünstig die Heiligen Gottes an. Da traf es sich, daß er nach der Stadt Metz zur Ausführung einiger Geschäfte kam, und als er dort durch die Gassen und Straßen, von Dienern und Familie umgeben einherschritt, kam ihm eine Frau entgegen, die vor jenen (drei) Jahren seine Beischläferin gewesen war. Als er sie sah und gar nicht an die ihm angetane Hexerei dachte, redete er sie von ungefähr freundlich aus alter Freundschaft an, und fragte sie, wie es ihr ginge, und ob sie gesund sei. Als sie des Grafen Liebenswürdigkeit sah, forschte sie ebenso eifrig nach des Grafen Gesundheit und Wohlergehen, und als er antwortete, es ginge ihm gut und er habe mit allen Dingen Glück, da schwieg sie bestürzt eine Weile. Der Graf, der sie bestürzt sah, sprach weiter mit ihr mit freundlichen Worten und wollte sie zu einer Unterredung bringen. Jene forschte nach dem Befinden seines Weibes und bekam eine ähnliche Antwort: es stände in allem gut mit ihr. Darauf fragte sie, ob sie Kinder geboren habe? worauf der Graf antwortete: »Drei Knaben sind mir geboren worden, jedes Jahr einer«. Da ward jene noch bestürzter und schwieg eine Weile. Dann fragte der Graf: »Sage mir doch, Liebste, warum du so eifrig darnach forschest; ich zweifle nicht, daß du mir zu meinem Glücke gratulierst«. Und jene: »Ja, ich gratuliere; aber verflucht sei die Vettel, die sich erbot, Euren Leib behexen zu wollen, daß Ihr des Beischlafs mit Eurer Frau nimmermehr pflegen könntet. Zum Zeichen dessen enthält der Brunnen, der in mitten Eures Hofes steht, auf dem Grunde einen Topf mit gewissen Hexenmitteln, der deshalb dorthin gelegt wurde, daß, so lange er dort läge, Ihr impotent sein solltet; aber siehe, alles ist vergebens, worüber ich mich freue etc.« Ohne Verzug ließ der Graf, sobald er nach Hause gekommen war, den Brunnen ausschöpfen und fand den Topf; und nachdem alles verbrannt war, gewann er plötzlich die verlorene Kraft wieder. Daher lud die Gräfin von neuem jedwede adligen Frauen zur neuen Hochzeit ein und sagte, jetzt sei sie in Wahrheit die Herrin des Schlosses und der Herrschaft, während sie so lange Jungfrau geblieben sei.

Das Schloß und die Herrschaft namentlich zu nennen frommt nicht, wegen der hohen Stellung des Grafen. Das rät schon die rechte Weise; es soll auch nur das Wesen der Tat gezeigt werden, um solche Schändlichkeit zu brandmarken.

–

Daraus ergeben sich die verschiedenen Arten, die von den Hexen zur Mehrung ihres Unglaubens versucht werden. Denn das erwähnte Weib hatte, weil von der Gattin des Grafen verstoßen, diese Hexerei dem Grafen angetan, nach der Unterweisung einer anderen Hexe: so folgen aus solchem Grunde unzählige Hexentaten.

Kapitel 2

Von der Art, das gotteslästerliche Hexenhandwerk zu betreiben

Die Art aber, ihr gotteslästerliches Handwerk auf Grund eines ausdrücklichen Treuepaktes mit den Dämonen zu betreiben, ist verschieden, da auch die Hexen verschieden bei der Ausübung ihrer Hexereien zu Werke gehen. Um dies zu verstehen, ist zuerst zu bemerken: Wie die Hexen in dreifacher Art auftreten, wie im ersten Teile des Werkes festgestellt ist, nämlich solche, die schädigen, aber nicht heilen können, solche, die heilen, aber auf grund eines besonderen Paktes mit dem Teufel nicht schädigen, und solche die schädigen und heilen: ebenso gibt es auch unter den Schädigenden eine erste Klasse, in welcher alle die Hexen sind, welche alle übrigen Hexereien auszuführen vermögen, welche die anderen nur zum Teil vollbringen. Wo also ihre Weise beschrieben wird, ist zugleich Klarheit geschaffen über die anderen Arten. Es gehören aber dahin diejenigen, die gegen die Neigung der menschlichen Natur, ja aller Tiere, die Kinder der eigenen Art verschlingen und zu verzehren pflegen.

Und das ist die schlimmste Sorte, was Hexenwerk betrifft. Sie sind es nämlich, die sich auch mit unzähligen anderen Schädigungen befassen: sie nämlich schicken Hagelschlag, böse Stürme und Gewitter, verursachen Unfruchtbarkeit an Menschen und Tieren, bringen auch die Kinder, die sie nicht verschlingen, den Dämonen dar, wie oben steht, oder töten sie sonst. Doch dies trifft nur die Kinder, die nicht durch das Naß der Taufe wiedergeboren sind; wenn sie jedoch, wie sich zeigen wird, auch wiedergeborene verschlingen, dann geschieht das nur mit Zulassung Gottes. Sie verstehen auch Kinder, die am Wasser spazieren gehen, ohne daß es einer sieht, vor den Augen der Eltern in das Wasser zu werfen; die Rosse unter den Reitern scheu zu machen, von Ort zu Ort durch die Luft zu fliegen, körperlich oder nur in der Vorstellung, die Geister der Richter und Vorsitzenden zu bezaubern, daß diese ihnen nicht schaden können; sich und anderen auf der Folter Verschwiegenheit zu bewirken; die Hände derer, die sie fangen wollen, und ihre Herzen mit gewaltigem Zittern zu treffen; das anderen Verborgene zu offenbaren; auch die Zukunft vorherzusagen nach des Teufels Unterweisung, was jedoch auch eine natürliche Ursache haben kann (siehe die Frage: ob die Dämonen de Zukunft vorauswissen können? Sent. 2. dist 12.); Abwesendes wie gegenwärtig zu sehen, den Sinn der Menschen zu ungewöhnlicher Liebe und Haß zu wandeln; bisweilen, wenn sie wollen, durch Blitzschlag, gewisse Menschen oder auch Tiere zu töten; die Zeugungskraft oder auch die Fähigkeit das Beilager zu halten wegzunehmen; Frühgeburten zu bewirken; die Kinder im Mutterleib durch bloße äußerliche Berührung zu töten; bisweilen Menschen und Tiere durch den bloßen Blick, ohne Berührung zu behexen, und den Tod zu bewirken; die eigenen Kinder den Dämonen zu weihen: kurz, können, wie vorbemerkt, alles Verderbliche, was andere Hexen nur zum Teil bereiten können, ausführen, falls Gottes Gerechtigkeit derlei zuläßt. Das wissen die in jene oberste Klasse gehörigen Hexen auszuführen, aber nicht umgekehrt. Das jedoch ist allen gemeinsam, daß sie mit dem Dämon fleischliche Unflätereien treiben.

Aus ihrer Art, ihr Hexenhandwerk zu betreiben, soweit sie der ersten Klasse angehören, kann jeder leicht die Art der anderen Hexen entnehmen.

Solche Hexen aber gab es unlängst vor dreißig Jahren in der Nachbarschaft von Savoyen nach der Berner Herrschaft zu, wie Nider in seinem Formicarius erzählt; jetzt aber in der Lombardei, nach der Herrschaft des Herzogs von Österreich zu, wo der Inquisitor von Como, wie im vorigen Teile gesagt ist, in einem Jahre einundvierzig Hexen einäschern ließ, und zwar war das das Jahr des Herrn etc. 85; er ist auch jetzt noch immer eifrigst mit Inquirieren beschäftigt.

Die Art aber des Bündnisses mit dem Teufel ist eine doppelte: einmal feierlich, mit ebenso feierlichem Gelübde, dann privatim, was zu jeder Zeit und Stunde mit dem Dämon geschehen kann. Die erste, feierliche Art geschieht, wenn die Hexen an einem festgesetzten Tage nach einem bestimmten Sammelplatze kommen, wo sie den Teufel in angenommener Menschengestalt sehen; und während er sie zur

Treue gegen sich ermahnt, gegen zeitliches Glück und langes Leben, empfehlen ihm die Anwesenden die aufzunehmende Novize. Findet der Dämon, daß die Novize oder der Schüler geneigt ist, den Glauben und den allerchristlichsten Kult zu verleugnen und die dicke Frau, (so nennen sie die allerheiligste Jungfrau Maria) und die Sakramente nie mehr zu verehren, dann streckt der Dämon die Hand aus; und ebenso die Novize oder der Schüler; und diese versprechen mit Handschlag, dies zu halten. Nachdem der Dämon diese Versprechungen empfangen hat, fügt er sofort hinzu: »Das genügt noch nicht«; und wenn der Schüler fragt, was denn noch weiter zu tun sei, fordert der Dämon noch die Huldigung, die darin besteht, daß (die Novize oder der Schüler) mit Leib und Seele, für alle Zeit ihm angehöre und nach Kräften auch andere, beiderlei Geschlechts, zu gewinnen suchen wolle. Endlich fügt er noch hinzu, sie sollten sich Salben aus den Knochen und Gliedern von Kindern, und zwar besonders von solchen, die durch das Bad der Taufe wiedergeboren sind, bereiten, wodurch sie alle ihre Wünsche mit seinem Beistande erfüllt sehen würden.

Von dieser Art haben wir Inquisitoren – und die Erfahrung ist Zeuge – vernommen in der Stadt Breisach, in der Diözese Basel, indem wir darüber vollständig von einer jungen, aber bekehrten Hexe unterrichtet wurden, deren Tante in der Diözese Straßburg eingeäschert worden war; sie fügte auch hinzu, daß die Art, wie ihre Tante sie zuerst zu verführen versucht hatte, folgende war. An einem Tage nämlich hatte sie mit ihr die Treppe hinauf zu gehen und in die Kammer zu treten. Hier erblickte sie fünfzehn junge Männer in grünen Kleidern, so wie die Reiter zu gehen pflegen; und die Tante sagte zu ihr: »Wähle dir einen von diesen Jünglingen aus, und wen du willst, den will ich dir geben, und er wird dich zur Braut machen«! und als jene sagte, sie wolle gar keinen, ward sie arg von der Tante geschlagen, willigte darum ein und schloß das Bündnis auf die angegebene Weise. Sie sagte aus, daß sie öfters in der Nacht über weite Strecken mit ihnen geflogen sei, ja sogar von Straßburg nach Köln.

Das ist übrigens diejenige, bei deren Erwähnung im ersten Teile wir versprachen, wir wollten darlegen, ob die Hexen wahr und körperlich von den Dämonen von Ort zu Ort getragen würden: und zwar wegen der Worte des Kanons Episcopi XXVI, 5, wo der Text meint, es geschehe nur in der Einbildung, während sie jedoch bisweilen wirklich und körperlich ausfahren. Denn als jene Hexe gefragt ward, ob sie nur in der Einbildung und Phantasie, von den Dämonen getäuscht, ausführen, antwortete sie, auf beide Weisen, wie denn auch der wahre Sachverhalt ist, wie weiter unten über die Weise, örtlich auszufahren, erklärt werden wird.

Sie sagte auch, daß der größte Schaden bereitet würde von den Hebammen, weil sie meist die Kinder zu töten oder den Dämonen preiszugeben hätten. Sie sei von ihrer Tante furchtbar geschlagen worden, weil sie einen versteckten Topf öffnete, in dem sie viele Köpfe von Kindern fand. Und noch vielerlei berichtete sie. nachdem sie, wie billig, einen Eid geleistet, daß sie die Wahrheit aussagen wollte. Ihren Berichten über die Art des Bündnisschließens wird unbedenklich Glauben geschenkt, auch um dessentwillen, was der erwähnte Johannes Nider, jener hervorragende Gelehrte, der sich noch zu unseren Zeiten durch wunderbare Werke hervorgetan, in seinem Formicarius erwähnt, und zwar nach dem Berichte eines Inquisitors der Diözese der Äduer (?) der in eben dieser Diözese viele der Hexerei Angeklagte inquirierte und einäschern ließ. Er sagt nämlich: »Aus dem Munde des erwähnten Inquisitors habe ich erfahren, daß im Herzogtum Lausanne einige Hexen die eigenen Kinder gekocht und gegessen hatten‘ Die Art aber, solche Kunst zu lernen, war, wie er sagt, die, daß die Hexen in eine festgesetzte Versammlung kamen und durch ihre Macht den Dämon wahrhaftig in der angenommenen Gestalt eines Menschen erblickten. Ihm hatte der Schüler notwendig das Versprechen zu geben, das Christentum zu verleugnen, niemals das Abendmahl anzubeten und das Kreuz mit Füßen zu treten, wo er es heimlich tun könnte.

Es folgt ein anderes Beispiel von demselben. Es ging allgemein das Gerücht, wie der Richter Petrus in Boltingen berichtet, daß im Berner Lande dreizehn Kinder von Hexen verzehrt worden seien, weshalb auch die öffentliche Gerechtigkeit ziemlich hart gegen solche Meuchelmörder verfahren sollte. Als nun Petrus eine gefangene Hexe fragte, auf welche Weise sie die Kinder verzehrten, antwortete sie: »Die Weise ist die folgende: Besonders stellten wir den noch nicht getauften Kindern nach, aber auch den getauften, besonders wenn sie nicht mit dem Zeichen des Kreuzes oder durch Gebete geschützt werden. (Leser, merke, daß sie auf Betreiben des Teufels deshalb besonders den Ungetauften nachstellen, damit sie nicht getauft werden.) Diese töten wir, wenn sie in der Wiege oder an der Seite der Eltern liegen, durch unsere Zeremonien; und während man glaubt, daß sie erdrückt oder sonst aus einem Grunde gestorben sind, stehlen wir sie heimlich aus der Gruft und kochen sie in einem Kessel, bis nach Ausscheidung der Knochen das ganze Fleisch fast trinkbar flüssig wird. Aus der festen Masse machen wir Salben, um unsere Wünsche, Künste und Fahrten bequem ausführen zu können, die flüssige Masse aber füllen wir in eine bauchige Flasche; wer hiervon unter Hinzufügung etlicher Zeremonien trinkt, wird sofort Mitwisser und Meister unserer Sekte«.

Es folgt mit Bezug hierauf noch eine andere, deutlichere und klarere Weise. Ein junger Mann nämlich, der samt seinem Weibe, einer Hexe, gefangen worden war und getrennt von ihr in einem besonderen Turme verwahrt wurde, sagte vor dem Berner Gerichte aus: »Wenn ich für meine Taten Verzeihung erlangen könnte, würde ich alles, was ich von der Hexerei weiß, gern offenbaren, denn ich sehe, daß ich werde sterben müssen«. Und als er von den Anwesenden Gelehrten gehört hatte, er könne jedwede Verzeihung erlangen, wenn er wahrhafte Reue empfände, da ging er freudig in den Tod und berichtete von den Arten der ersten Befleckung. Er sprach: »Die Ordnung, in der auch ich verführt bin, ist die folgende: Zuerst muß der zukünftige Schüler am Sonntage, bevor das Weihwasser geweiht wird, mit den Meistern in die Kirche gehen und dort vor ihnen Christum, den Glauben, die Taufe, und die allgemeine Kirche verleugnen. Darauf muß er dem Magisterulus, d. h. dem kleinen Magister, (denn so und nicht anders nennen sie den Dämon) die Huldigung darbringen. (Hier ist zu bemerken, daß diese Art mit den anderen, erwähnten übereinstimmt). Es hindert nicht. daß der Dämon, wenn ihm die Huldigung dargebracht wird, bisweilen zugegen ist, zuweilen aber auch nicht: denn in dem Falle handelt er listig, indem er die Disposition des zukünftigen Schülers wohl bemerkt, der vielleicht, als Novize, bei jenes Anwesenheit, aus Furcht zurücktreten möchte, während der Dämon andererseits meint, daß er durch seine Bekannten und Freunde sich leichter bewegen lassen könnte. Darum nennen sie ihn auch dann, wenn er abwesend ist, kleiner Magister damit (der Novize) nur eine kleine Meinung von dem Magister bekomme und daher weniger erschrocken sei. – Endlich trinkt er aus der obenerwähnten Bauchflasche, worauf er sofort im Inneren fühlt, wie er die Bilder unserer Kunst betreffs der Hauptriten dieser Sekte erfaßt und bewahrt. Auf diese Weise bin ich verführt worden und auch mein Weib, die, wie ich glaube, so verstockt ist, daß sie lieber den Feuertod aushält, als die kleinste Wahrheit eingestehen will. Aber ach! wir sind beide schuldig!« – Wie der junge Mann ausgesagt, so fand sich alles in voller Wahrheit bestätigt: den vorher bußfertigen Mann sah man in großer Zerknirschung sterben; seine Frau aber wollte, wiewohl von Zeugen überführt, die Wahrheit durchaus nicht gestehen, auch auf der Folter nicht; auch nicht im Angesichte des Todes; sondern als der Henker den Scheiterhaufen angebrannt hatte, fluchte sie ihm mit häßlichen Worten und ward so eingeäschert. Darin besteht also die feierliche Art, das Teufelsbündnis zu schließen: die andere, die private, geschieht auf verschiedene Weisen. Bisweilen nämlich tritt der Dämon zu solchen Männern oder Weibern, die in eine körperliche oder zeitliche Bedrängnis geraten sind; manchmal tut er das sichtbar, manchmal redet er durch Mittelspersonen: und wenn sie nach seinem Rate handeln wollten, verspricht er, würde alles nach Wunsch und Lust gehen. Von kleinen Anfängen geht er jedoch aus, wie im ersten Kapitel gesagt ist, dass er sie allmählich zu Größerem führe. – Hier könnten noch mancherlei Taten und Vollbringungen aufgezählt werden, die wir bei der Inquisition gefunden haben, aber weil dieser Stoff keine Schwierigkeiten bietet, müssen wir uns der Kürze befleißigen und zur nächsten Erklärung kommen.

*

Zur Erklärung der zu leistenden Huldigung ist noch einiges vorzubringen.

Darüber aber, daß der Teufel eine Huldigung empfängt, ist noch einiges zu bemerken, nämlich weshalb und wie verschieden er das tut.

Erstens: Mag nämlich der Teufel dies hauptsächlich tun, um die göttliche Majestät noch mehr zu beleidigen, indem er eine dieser zugehörige Kreatur für sich in Anspruch nimmt, und zwar zur größeren Sicherheit, daß sie einst verdammt werde, wonach er am meisten trachtet, so haben wir doch oft gefunden, daß er diese Huldigung zugleich mit dem Gelöbnis nur für eine gewisse Reihe von Jahren angenommen und bisweilen nur das Gelöbnis, die Huldigung aber auf bestimmte Jahre aufgeschoben habe.

Wir dürfen sagen, daß das Gelöbnis in gänzlicher oder aber teilweiser Ableugnung des Glaubens besteht; in gänzlicher Ableugnung, wenn, wie oben gesagt ist, der Glaube vollständig abgeleugnet wird; in teilweiser, wenn auf Grund des Paktes (die Hexe) gewisse Zeremonien gegen die Satzungen der Kirche zu beobachten hat, z. B. am Sonntage fasten, am Freitage Fleisch essen, bestimmte Verbrechen bei der Beichte verheimlichen und dergl. Die Huldigung aber besteht, wie wir sagen können, in der Übergabe von Leib und Seele.

Weshalb aber derlei getan werde, dafür können wir vier Ursachen von seiten des Dämons angeben. Wenn nämlich, wie im ersten Teile des Werkes erklärt wird, (bei der zweiten Hauptfrage, ob die Dämonen die Herzen der Menschen zu Haß und Liebe verwandeln könnten,) es sich zeigte, daß er nicht in das Innere des Herzens dringen kann, da dies Gott allein zusteht, jener aber durch Vermutungen zu ihrer Kenntnisnahme gelangt, wie bald weiter unten klar werden wird, so macht sich jener schlaue Feind, wenn er merkt, daß eine Novize, die er angreift, sich nur schwer überreden läßt, mit freundlichen Worten an sie heran und verlangt nur wenig, um sie dann allmählich zu Größerem zu verleiten.

Die zweite Ursache: Da nämlich unter denen, die den Glauben ableugnen, eine Verschiedenheit anzunehmen ist, indem die einen mit dem Munde, die anderen aber mit Mund und Herz ableugnen, so gibt der Teufel, um zu erproben, ob sie sich ihm mit dem Herzen ebenso wie mit dem Munde gelobten, eine bestimmte Reihe von Jahren, damit er in dieser Zeit nach Worten und Taten prüfe.

Die dritte Ursache: Wenn er nämlich in diesem Zeitraume erkennt, daß sie zur Ausführung irgend einer Tat nicht recht willfährig ist und ihm nur mit dem Munde, aber nicht mit dem Herzen anhängt, und vermutet, daß die göttliche Barmherzigkeit ihr durch die Wache eines guten Engels förderlich sein werde, die der Dämon aus vielerlei erkennen kann, dann versucht er, sie fallen zu lassen und mit zeitlichem Kummer heimzusuchen, um entweder so oder aus ihrer Verzweiflung Gewinn ziehen zu können.

Die Wahrheit des Gesagten ist klar. Denn wenn man nach dem Grunde fragt, woher es komme, daß gewisse Hexen, unter jedweden, auch den furchtbarsten Folterqualen, auch nicht die geringste Wahrheit eingestehen; item, woher es komme, daß wenn der Zwang Gottes durch Vermittlung eines heiligen Engels nicht dazukommt, daß die Hexe gezwungen werde, die Wahrheit zu gestehen und das Verbrechen der Verschwiegenheit zu meiden, daß dann durch die Hilfe des Dämons geschieht, was auch immer sich ereignet: Verschwiegenheit oder Geständnis der Taten. Das erste geschieht bei denen, die wie er weiß mit Herz und Mund den Glauben abgeleugnet und ebenso die Huldigung geleistet haben; deren Beharrlichkeit ist er sicher, während er umgekehrt andere im Stich lassen wird, ohne sie zu schützen, darum, daß er weiß, daß solche ihm nur sehr wenig nutzen.

Die Erfahrung hat uns oft belehrt und aus den Geständnissen aller derer, die wir haben einäschern lassen, ist es klar geworden, daß sie selbst zur Begehung von Hexentaten nicht willig gewesen waren; und das sagten sie nicht in der Hoffnung, loszukommen, da sich die Wahrheit aus den Schlägen und Prügeln abnehmen ließ, die sie von den Dämonen bekamen, wenn sie ihnen nicht auf den Wink gehorsam waren; hatten sie doch sehr oft geschwollene, bläulich angelaufene Gesichter.

Ebenso, daß sie nach der Ablegung des durch die Folter erpreßten Geständnisses der Verbrechen immer ihr Leben durch einen Strick endigen wollen, das wird als wahr hingestellt durch unsere Praxis. Denn immer werden nach erfolgtem Geständnis der Verbrechen von Stunde zu Stunde Wächter abgeschickt, die darüber wachen. Man fand die Hexen dann bisweilen infolge der Lässigkeit der Wachen an einem Riemen oder am Kleide aufgehängt. Dies bewirkte wie gesagt der Feind, damit sie nicht durch Zerknirschung oder sakramentalische Beichte Verzeihung erlangen möchten, und die er nicht hatte verlocken können, mit dem Herzen (sich ihm zu weihen), so daß sie leicht bei Gott hätten Verzeihung finden können, so sucht er sie endlich durch Verwirrung des Geistes und schrecklichen Tod in die Verzweiflung zu stürzen. Freilich ist in Frömmigkeit anzunehmen, daß sie mit Gottes Gnade durch wahre Zerknirschung und aufrichtige Beichte auch Verzeihung erlangt hätten, wo sie nicht freiwillig jenen Unflätereien angehangen.

Danach ist klar, was in den Diözesen von Straßburg und Konstanz, und zwar in Hagenau und Ravensburg vor kaum drei Jahren geschehen ist. Nämlich in der ersten Stadt hing sich eine (Hexe) an einem schlechten und zerreißlichen Kleide auf. Eine andere, mit Namen Waltpurgis, war wegen der Hexerei der Verschwiegenheit wundersam berühmt, indem sie andere Weiber unterwies, wie sie sich solche Verschwiegenheit dadurch verschaffen mußten, daß sie einen Knaben, und zwar einen erstgeborenen, im Ofen kochten. – Diese Taten und Geschehnisse sind noch ganz neu; und ebenso ist es mit den in der zweiten Stadt Eingeäscherten, von denen hin und wieder gelegentlich die Rede sein soll.

Es gibt noch eine vierte Ursache, warum die Dämonen bei gewissen Hexen die Huldigung aufschieben, bei anderen aber nicht: darum nämlich, weil sie die Lebensdauer des Menschen leichter als die Astronomen erkennen und ihnen eher das Ziel des Lebens vorschreiben oder das natürliche Ende durch einen Zufall, auf die Weise, wie oben gesagt, beschleunigen können.

Dies wird kurz erklärt durch die Taten und Vollbringungen der Hexen, wobei zunächst der Scharfsinn des Dämonen in solchen Dingen hergeleitet wird. Denn weil nach Augustinus De natura daemonum sieben Ursachen angegeben werden, deshalb schließen auch die Dämonen ziemlich gut auf die Zukunft; nicht als ob sie dieselbe bestimmt wissen könnten: erstens, weil sie stark sind bezüglich der Handlung ihres Verstandes durch ihren natürlichen Scharfsinn; daher sie auch ohne Untersuchung wissen, die doch bei uns etwas Notwendiges ist. Zweitens, weil sie wegen langer Erfahrung und durch Eingebung höherer Geister mehr wissen als wir. Daher wird aus Isidorus von den Gelehrten oft angeführt, daß die Dämonen durch dreifachen Scharfsinn stark sind: durch natürlichen Scharfsinn, lange Erfahrung und Eingebung höherer Geister. Drittens, wegen der Schnelligkeit ihrer Bewegung, so daß sie mit wunderbarer Schnelligkeit im Westen weissagen können, was im Osten zu geschehen hat. Viertens, wie sie durch ihre Macht mit Zulassung Gottes Krankheiten bringen, die Luft vergiften und Hungersnot verursachen können, so können sie das auch vorhersagen. Fünftens, weil sie aus Anzeichen genauer den Tod vorhersagen können, als der Arzt, der den Urin sieht und den Puls (befühlt). Denn wie dieser aus Anzeichen auf etwas im Kranken schließt, was der gemeine Mann nicht beachtet, so findet auch der Dämon das, was kein Mensch von Natur sieht. Sechstens, weil sie aus den Anzeichen, die von der Seele des Menschen ausgehen, schlauer als (selbst) ein kluger Mann auf das schließen, was in der Seele ist oder sein wird. Sie wissen nämlich, welche Instinkte wahrscheinlich folgen werden, und folglich welche Taten. Siebentes, weil sie die Taten der Propheten und ihre Schriften besser kennen als die Menschen, und von ihnen vieles in der Zukunft abhängt; deshalb können sie daraus vieles von der Zukunft vorhersagen. – Das wird auch berührt XXIV, 4, Sciendum. Daher ist es kein Wunder, wenn der Dämon die natürliche Lebenszeit der Menschen wissen kann, mag es anders sein mit einem zufälligen Ende, welches (z. B.) durch Einäscherung einträte, die der Dämon am Ende ja bezweckt, wenn er, wie gesagt, die Hexen nicht willig findet und nun ihre Umkehr und Besserung fürchtet, während er andere, die er willig weiß, auch bis zum natürlichen Ende, bis zum Tode verteidigt.

Nun wollen wir noch in beider Beziehung Beispiele und Geschehnisse anführen, die von uns gefunden worden sind.

In der Diözese Basel nämlich gab es in einem Dorfe am Rheine mit Namen Oberweiler einen gut beleumundeten Leutepriester, mit der Ansicht oder vielmehr dem Irrtume, es gebe keine Hexerei in der Welt, sondern nur in der Meinung der Menschen, die derlei Taten schlechten Weibsstücken zuschrieben. Ihn wollte Gott dermaßen von seinem Irrtume heilen, daß auch noch andere Wege der Dämonen, den Hexen die Lebensdauer vorzuschreiben, ans Licht kämen. Denn als er einmal in Geschäften eilig über die Brücke schritt, kam ihm zum Unglück ein altes Weib entgegen, der er am Brückenkopf keinen Platz machen wollte, daß sie hinüberginge; sondern er schritt großspurig einher und stieß zufällig die Alte in den Dreck, weshalb sie empört in Schmähreden ausbrach und ihm zurief: »Warte, Pfaff, du sollst nicht ungestraft hinübergehen«. Mochte er auch die Worte nur wenig beachten, so fühlte er doch in der Nacht, als er aufstehen wollte, unterhalb des Gürtels, daß er behext war, so daß er sich fortan immer von einigen Männern führen lassen mußte, wenn er die Kirche besuchen wollte. So blieb er drei Jahre unter der häuslichen Pflege seiner leiblichen Mutter. Als nach dieser Zeit jene Alte erkrankte, die er auch wegen der schmähenden Worte, mit denen sie ihm gedroht, immer im Verdacht gehabt hatte, sie müßte ihn behext haben, so traf es sich, daß sie in ihrer Krankheit zu ihm schickte, um zu beichten. Obwohl der Priester grob sagte, sie solle dem Teufel, ihrem Meister, beichten, so ging er doch auf die Bitten seiner Mutter, mit den Armen auf zwei Bauern gestützt, nach ihrem Hause und setzte sich zu Häuptern des Bettes, in welchem die Hexe lag. Die beiden Bauern wollten von außen am Fenster horchen, ob sie die dem Leutpriester angetane Hexerei beichtete. Die Stube war nämlich zu ebener Erde. Nun traf es sich, daß, wenn jene auch während der Beichte mit keinem Worte ihre Hexentat erwähnte, sie doch nach Vollendung der Beichte sagte: »Weißt du auch, Pfaff, wer dich behext hat?« Und als er mit freundlichem Tone sagte, er wüßte es nicht, fuhr sie fort: »Du hast mich im Verdachte, und mit Recht; wisse, ich habe dich behext (aus dem und dem Grunde, wie oben gesagt ist)«. Als nun jener um Befreiung bat, sagte sie: »Siehe, die gesetzte Zeit ist gekommen, und ich habe zu sterben; doch ich will es so einrichten, daß du wenige Tage nach meinem Tode geheilt wirst«. Und so geschah es. Sie starb an dem vom Teufel bestimmten Tage, und der Priester fand sich dreißig Tage danach in der Nacht aus einem Kranken wieder gesund geworden. – Der Priester heißt Pfaff Häßlin, jetzt in der Diözese Straßburg.

Ähnliches ereignete sich in der Diözese Basel, auf dem Gute Buchel, nahe bei der Stadt Gewyll. Ein Weib, das endlich gefangen und eingeäschert worden, hatte sechs Jahre lang einen Incubus im Bette gehabt, sogar an der Seite ihres schlafenden Mannes; und zwar dreimal in der Woche, am Sonntag, Dienstag, und Freitag, oder anderen noch heiligeren Zeiten. Sie hatte aber dem Teufel ihre Huldigung so dargebracht, daß sie ihm nach sieben Jahren mit Leib und Seele anheimgefallen wäre. In seiner Liebe rettete sie Gott jedoch: denn im sechsten Jahre eingefangen und dem Feuer übergeben, hat sie ein wahres und ganzes Geständnis abgelegt und wird wohl von Gott Verzeihung erlangt haben, denn sie ging gar willig in den Tod mit den Worten, daß, wenn sie auch loskommen könnte, sie doch lieber den Tod wünschte, wenn sie nur der Macht des Dämons entginge.

Kapitel 3

Von der Art, wie die Hexen von Ort zu Ort fahren

Nun ist aber von den Zeremonien und Arten zu sprechen, wie sie bei ihren Taten zu Werke gehen; und zwar zuerst von dem, was sie für sich und die eigene Person tun; und weil körperlich von Ort zu Ort zu fahren wie auch fleischliche Unflätereien mit den Incubi zu treiben zu ihren Handlungen gehört, so werden wir über diese Einzelheiten einiges herleiten, und zwar zunächst von ihrer körperlichen Ausfahrt. Hier ist zu bemerken, daß dieses Ausfahren eine Schwierigkeit bietet, wie öfters gesagt ist, wegen einer Stelle der Schrift, nämlich XXIV, 5, Episcopi: ex concil. Acquir.: »Es ist nicht zuzulassen, daß verbrecherische Weiber, die sich dem Satan ganz und gar ergeben, durch Täuschung der Dämonen und ihre Wahnvorstellungen irregeleitet glauben und erklären, daß sie zu nächtlicher Stunde mit der Diana, einer Heidengöttin, oder mit der Herodias und unzählig vielen Weibern auf gewissen Tieren ritten und weite Länderstrecken im Schweigen der tiefen Nacht durchmessen, ihr auch wie ihrer Herrin in allem gehorchen« etc. Deshalb müssen die Priester Gottes dem Volke predigen, sie wüßten, daß alles dies falsch sei, und nicht vom göttlichen, sondern vom bösen Geiste solche Wahngebilde dem Geiste der Rechtgläubigen vorgespiegelt würden; wenn es aber doch richtig ist, (so ist zu sagen): Satan selbst verwandelt sich in jene Gestalten und Körper verschiedener Personen und führt die Seele, die er gefangen hält, im Schlafe vermittelst Gaukelei durch irgendwelche abgelegene Gegenden etc.

Und in diesem Sinne werden bisweilen von manchen öffentlich Beispiele gepredigt, wie von S. Germanus und noch einem anderen Manne, der seine Tochter dabei beobachtete, daß derlei unmöglich geschehen könnte: und vorlauter Weise wird dies angewandt auf die Hexen und ihre Werke, so daß also auch ihre verschiedenen Taten bei Schädigung der Menschen, der Tiere und der Feldfrüchte ihnen nicht zuzuschreiben seien, darum, daß sie bei der Schädigung der Kreaturen ebenso in der Vorstellung getäuscht würden, wie bei ihren Ausfahrten.

Da diese Meinung schon in der ersten Frage als ketzerisch zurückgewiesen ist, weil sie ebenso gegen die göttliche Zulassung betreffs der Macht des Teufels, die sich noch auf Größeres als dies erstrecken kann, streitet, als gegen den Sinn der heiligen Schrift; und zum unermeßlichen Schaden der heiligen Kirche dient, da schon seit vielen Jahren (die Hexen) wegen dieser verderblichen Meinung ungestraft geblieben sind, indem dieselbe dem weltlichen Arme die Macht nahm, sie zu strafen; daher sie auch ins Ungeheure angewachsen sind, so daß es jetzt nicht mehr möglich ist, sie auszurotten: daher möge der eifrige Leser erwägen, was dort zur Vernichtung jener Meinung aufgestellt ist, und für jetzt soll er hören, wie sie ausfahren, und auf welche Weisen das möglich ist, samt den Antworten auf Beispiele, die von ihnen vorgebracht werden.

Daß sie also körperlich ausfahren können, wird auf verschiedene Weisen gezeigt, und zwar zuerst aus anderen Werken der Zauberer. Denn könnten sie nicht ausfahren, so geschähe es, weil Gott nicht erlaubte, oder weil der Teufel das nicht vermöchte, weil es der Kreatur widerstrebte. Das Erste nicht, weil, wenn Größeres, so auch Kleineres mit Zulassung Gottes geschehen kann: aber Größeres ist, wie an Knaben, so an Erwachsenen sehr oft geschehen, was sich an den Gerechten und in der Gnade Stehenden zeigt. Denn wenn gefragt wird, ob die Vertauschungen von Kindern mit Hilfe der Dämonen geschehen und ob die Dämonen einen Menschen, auch wider seinen Willen, von Ort zu Ort schaffen können, so wird auf das erstere mit ja geantwortet. Denn auch Guilelmus Parisiensis sagt im letzten Teile Deuniverso, die Vertauschungen der Kinder könnten in der Weise geschehen, daß mit Zulassung Gottes der Dämon eine Vertauschung des Kindes vornehmen oder auch eine Fortbewegung bewirken kann. Solche Kinder heulen auch immer gar erbärmlich, und wenn auch vier oder fünf Mütter nicht ausreichten zum säugen, so nehmen sie doch niemals zu, sind aber ungewöhnlich schwer. Den Müttern gegenüber ist wegen des großen Schreckens, den sie davon haben könnten, derlei weder zu bestätigen noch zu verneinen, sondern sie sind anzuweisen, daß sie die Urteile der Gelehrten aufsuchen. Es erlaubt nämlich Gott derlei wegen der Sünden der Eltern, wenn z. B. manchmal die Männer ihre schwangeren Frauen verfluchen, indem sie sagen: »Ich wollte, daß du den Teufel trügst« und dergl. Ebenso bringen oft ungebärdige Weiber derlei vor; aber auch von anderen, selbst gerechten Leuten finden sich sehr viele Beispiele. So berichtet Vincentius, Spec. hist. XXVI, 43, nach der Erzählung des Petrus Damianus, von dem fünfjährigen Sohne eines sehr angesehenen Mannes, welcher Knabe, damals zum Mönche gemacht, nachts aus dem Kloster in eine verschlossene Mühle gebracht ward. Hier am anderen Morgen gefunden und gefragt, sagte er, er sei durch welche zu einem großen Gelage gebracht und aufgefordert worden, zu essen; darauf sei er von oben herab in die Mühle gebracht worden.

Wie ist es endlich mit den Zauberern, die nach der gewöhnlichen Bezeichnung von uns Nigromantiker genannt werden, und die manchmal von den Dämonen nach weit entfernten Ländern getragen werden? Die auch andere bisweilen eben dazu überreden, sie auch mit sich auf dem Pferde reiten lassen, welches jedoch kein wirkliches Pferd ist, sondern der Teufel in solcher Gestalt, und sie warnen zu sprechen und sich mit dem Zeichen des Kreuzes zu schützen?

Wenn wir auch zwei sind, die wir dieses Werk hier schreiben, so hat doch wenigstens einer von uns sehr häufig solche Leute gesehen und gefunden. Denn ein damaliger Schüler, der jetzt noch als Priester in der Diözese Freising leben soll, pflegt zu erzählen, er sei einmal körperlich vom Dämon durch die Lüfte getragen und in ferne Gegenden geschafft worden. Es lebt noch ein anderer Priester in Oberdorf, einem Dorfe nahe bei Landshut, der, damals dessen Kamerad, mit eigenen Augen jene Ausfahrt sah, wie er mit ausgestreckten Armen in die Lüfte flog, schreiend, aber doch nicht heulend. Die Ursache davon war folgende, wie er selbst erzählte. An einem Tage trafen sich viele Schüler zu einem Biergelage und kamen alle dahin überein, daß der, welcher Bier herbeischaffte, nichts auszulegen haben sollte. Und während so einer von ihnen hinaus gehen wollte, um Bier zu holen, erblickte er, als er die Tür öffnete, vor derselben einen dichten Nebel; er erschrack, kehrte um und teilte jenen unter Angabe des Grundes mit, warum er keinen Trunk bringen wollte. Da rief jener, der damals durch die Luft getragen ward, unwillig: »Und wenn der Teufel da wäre, wollte ich doch Bier bringen«. Und so ging er hinaus und ward vor aller Augen durch die Luft entführt. –

Freilich aber muß man zugeben: es ist wahr, daß nicht nur Wachenden, sondern auch Schlafenden derlei zustoßen kann, daß sie nämlich im Schlafe örtlich und körperlich durch die Lüfte ausfahren. Es zeigt sich klar an den Leuten, die über die Ziegeldächer der Häuser und sehr hoher Gebäude im Schlafe wandeln; nichts kann ihnen entgegenstehen bei ihrem Wandeln in die Höhe wie in die Tiefe: und wenn sie von anderen Umstehenden bei ihrem Namen gerufen werden, stürzen sie sofort zur Erde, wie niedergeschmettert.

Manche meinen, dies alles geschehe durch die Macht der Dämonen, und nicht ohne Grund. Denn die Dämonen sind unter sich sehr verschieden, die einen aus einem niederen Engelschor, die außer der Strafe der Verdammnis, die sie ewig erdulden, mit kleinen Strafen belegt sind, gleichsam für kleinere Vergehen; sie können auch niemand schädigen, wenigstens nicht schwer, sondern grundsätzlich nur gewöhnliche Neckereien ausführen, während andere Incubi und Succubi sind, die zur Nachtzeit die Menschen strafen, oder sie mit der Sünde der Üppigkeit beflecken. Daher kein Wunder, wenn sie auch mit solchen Scherzen sich befassen.

Die Wahrheit kann aus den Worten des Cassianus, coll. 1 hergeleitet werden, wo er sagt, es gebe so viel unreine Geister, als Neigungen im Menschen, was ohne Zweifel zu billigen ist. Denn es ist bekannt, daß einige von ihnen, die das Volk auch Heiden nennt, wir aber Trollen, die in Norwegen häufig sind, oder Schrettel, Neckgeister und Kobolde sind, indem sie bestimmte Plätze und Straßen stetig besetzen und die Vorübergehenden zwar keineswegs unter Qualen verletzen können, aber mit Necken und Foppen sich begnügen und sie mehr ermüden als schädigen; andere Dämonen aber bringen die Nächte mit nur die

Menschen schädigenden Incubationen hin; andere wieder sind so der Tollheit und Raserei geweiht, daß sie nicht zufrieden sind, die Leiber derer, die sie bewohnen, durch fürchterliches Zerren zu quälen, sondern sich beeilen, auch auf die Vorübergehenden von oben sich zu stürzen und sie mit dem jämmerlichsten Tode zu treffen. Er will sagen, daß sie nicht nur die Leiber bewohnen, sondern auch furchtbar quälen, wie solche im Evangelium, Matthaeus VIII beschrieben werden.

Daraus können wir schließen: erstens, daß man nicht sagen darf, die Hexen führen nicht örtlich aus darum, weil es Gott nicht zuließe; denn wenn er zuläßt bei Gerechten und Unschuldigen, oder auch bei Zauberern, wie sollte er es nicht bei solchen, die sich ganz dem Teufel ergeben haben? Und um mit heiliger Scheu zu reden: hob nicht der Teufel unseren Heiland hoch und entführte ihn und stellte ihn hierhin und dorthin, wie das Evangelium bestätigt?

Zweitens gilt es nicht, wenn die Gegner behaupten, der Teufel könne derlei nicht tun: denn er hat. wie im obigen sich zeigte, so gewaltige, natürliche Macht, die alles Körperliche übertrifft, daß ihr keine Erdenmacht verglichen werden kann, nach dem Worte: »Es ist keine Macht auf Erden etc.« Im Gegenteil hat Luzifer eine gar gewaltige Kraft oder Macht, wie sie größer auch unter den guten Engeln im Himmel nicht existiert. Denn wie er alle Engel an natürlichen Gaben übertraf und nicht diese, sondern nur die Gnadengüter durch den Sündenfall verringert worden sind, deshalb bleiben sie auch bis heute noch in ihm, wenn auch verdunkelt und gebunden. Daher die Glosse über jene Stelle: »Es gibt keine Macht auf Erden etc.« sagt: »Und wenn er alles überwindet, den Verdiensten der Heiligen unterliegt er doch«.

Es gilt auch nicht, wenn jemand zweierlei einwirft, erstens, daß die Seele des Menschen ihm widerstehen könne, und daß die Schrift von Einem, im Singular, nämlich Luzifer, zu sprechen scheint, da sie im Singular redet; und weil dieser es war, der Christum in der Wüste versuchte und auch den ersten Menschen verführte, jetzt aber gebunden ist, und die anderen Dämonen nicht solche Kraft haben, da er alle übertrifft, deshalb können die anderen schlechte Menschen nicht örtlich durch die Lüfte tragen.

Die Einwände gelten nichts. Erstens wollen wir von den Engeln sprechen. Der geringste Engel übertrifft alle menschlichen Kräfte ganz unvergleichlich. Die Gründe dafür ergeben sich aus vielem: erstens, weil geistige Kraft stärker ist als körperliche, so wie die Kraft eines Engels oder auch der Seele stärker ist als körperliche Kraft. Zweitens, bezüglich der Seele: da jede Form durch die Materie individualisiert und dadurch bestimmt wird, wie die Seele jetzt existiert, die immateriellen Formen aber absolut und intellektuell sind, weshalb sie auch eine absolute und viel allgemeinere Kraft haben, deshalb kann eine gebundene Seele ihren Körper nicht so bald örtlich bewegen noch in die Höhe heben; wohl aber würde sie es mit Zulassung Gottes können, wenn sie gesondert wäre. Dies alles nun vermag ein ganz immaterieller Geist, wie es die Engel, gute wie böse sind, a fortiori. So trug denn auch ein guter Engel den Habakuk in einem Augenblicke von Judäa nach Chaldäa. Aus diesem Grunde wird auch geschlossen, daß diejenigen Leute, welche nachts im Schlafe über hohe Gebäude gehen, nicht von den eigenen Seelen getrieben werden, noch durch den Einfluß der Himmelskörper, sondern von einer höheren Macht, wie oben klar geworden. – Drittens: So wie eine körperliche Natur dazu geschaffen ist, von einer geistigen Natur unmittelbar bewegt zu werden bezüglich des Ortes, einmal weil die örtliche Bewegung die erste unter den Bewegungen ist, Phys. VIII, dann auch weil sie die vollkommenste unter allen körperlichen Bewegungen ist, wie der Philosoph ebendaselbst mit dem Grunde beweist, weil ein örtlich Bewegliches mit Bezug darauf nicht in der Gewalt von etwas Innerlichem, sondern nur von etwas Äußerlichem ist, weshalb auch nicht bloß von den heiligen Vätern, sondern auch von den Philosophen geschlossen wird, da die höchsten Körper, (ergänze himmlische) von geistigen, gesonderten Substanzen bewegt werden, die ihrer Natur und ihrem Willen nach gut sind; endlich auch, weil wir sehen, daß die Seele zuerst und hauptsächlich den Körper durch örtliche Bewegung bewegt: – daher muß man sagen, daß das Wesen des menschlichen Körpers weder bezüglich des Körpers, noch bezüglich der Seele selbst hindern kann, daß beides mit Zulassung Gottes von Ort zu Ort plötzlich bewegt werde, und zwar von einer geistigen, nach Willen und Natur guten Substanz, wenn Gute und in der Gnade Lebende fortbewegt werden; oder von einer der Natur, nicht aber dem Willen nach guten Substanz, wenn Böse fortbewegt werden. Wer Lust hat, sehe nach S. Thomas I, 90, drei Artikel daselbst oder auch die Untersuchungen de Sent. II, 7., von der Macht der Dämonen über die körperlichen Handlungen.

Die Art aber des Ausfahrens ist diese: Wie sich nämlich aus dem Vorhergehenden ergeben hat, haben sie sich eine Salbe aus den gekochten Gliedern von Kindern, besonders solcher, die vor der Taufe von ihnen getötet worden sind, zubereiten und nach der Anleitung des Dämons damit irgend einen Sitz oder ein Stück Holz zu bestreichen, worauf sie sich sofort in die Luft erheben, und zwar am Tage und in der Nacht, sichtbar wie auch unsichtbar, wenn sie es wollen, nach dem, daß der Dämon und zwar durch das Hindernis eines Körpers einen anderen Körper verbergen kann, wie im ersten Teile dieses Werkes, über die gauklerische Vorspiegelung der Dämonenwerke gezeigt worden ist. Aber mag auch der Dämon derartiges meist durch eine solche Salbe zu dem Zwecke vollbringen, die Kinder der Gnade der Taufe und der Erlösung zu berauben, so hat man doch auch oft gesehen, daß er ohne dies handelte, wo sie denn auf Tieren, die jedoch keine wahren Tiere, sondern Dämonen in deren Gestalt waren, die Hexen trugen; oder sie fahren bisweilen ohne jede äußerliche Beihilfe, nur durch die unsichtbar wirkende Kraft der Dämonen aus.

*

Erzählung einer sichtbaren Ausfahrt am Tage.

In der Stadt Waldshut am Rhein, in der Diözese Konstanz, lebte eine Hexe, die den Einwohnern sehr verhaßt war und auch zu einer Hochzeitsfeier nicht eingeladen wurde, während doch fast alle Einwohner derselben beiwohnten. Voll Zorn und Rachbegierde ruft sie den Dämon an und sagt ihm dem Grund ihrer Traurigkeit, bittet auch, daß er einen Hagel erregen und alle Leute im Hochzeitszuge damit treffen möchte. Jener sagte zu, hob sie hoch und führte sie vor den Augen einiger Hirten durch die Luft hinweg, zu einem Berge nahe der Stadt. Da ihr, wie sie später gestand, das Wasser fehlte, um es in eine Grube zu gießen, (welches Mittel sie, wie sich zeigen wird, beobachten, wenn sie Hagel erregen), da ließ sie selbst in die Grube, die sie gemacht hatte, ihren Urin an Stelle des Wassers hinein und rührte das nach der gewöhnlichen Sitte in Gegenwart des Dämons mit dem Finger um. Dann warf der Dämon die feuchte Masse plötzlich in die Luft und schickte einen Hagelschlag mit gewaltigen Schloßen, aber bloß über die Hochzeitler und Städter. Als diese dadurch auseinander gejagt waren und sich dann gegenseitig über die Ursache besprachen, kehrte die Hexe nach der Stadt zurück, weshalb der Verdacht noch mehr bestärkt ward. Als aber jene Hirten berichtet, was sie gesehen hatten, da wuchs der Verdacht gegen die Verbrecherin gewaltig. Sie ward also verhaftet und gestand, daß sie jene Tat deshalb verübt hätte, weil sie nicht eingeladen worden war. Wegen vieler anderen Hexentaten, die sie vollbracht hatte, ward sie eingeäschert. –

Weil das Gerede der Leute von solchen Ausfahrten fortwährend auch zu den gewöhnlichen Leuten dringt, so frommt es nicht, hier noch mehr von solchen Ereignissen zum Beweise einzufügen. Dies allein möge genügen gegen die, welche solche körperlichen Ausfahrten entweder ganz leugnen oder doch zu behaupten versuchen, sie geschähen nur in der Einbildung und Phantasie. Wenn sie schlechterdings in ihrem Irrtume gelassen würden, so wäre das ja gering, ja, nicht der Rede wert, wenn ihr Irrtum nur nicht dem Glauben zur Schande gereichte. Aber man sehe doch nur zu, wie sie, nicht zufrieden mit diesem Irrtume, sich nicht scheuen, auch noch andere vorzubringen und laut zu predigen, zur Mehrung der Hexen und zur Schädigung des Glaubens, indem sie lehren, daß alle Hexentaten, die jenen doch mit Recht, als den Werkzeugen der Dämonen, wahr und wirklich zugeschrieben werden, ihnen als Unschuldigen nur als vorgestellt und eingebildet, zuzuschreiben seien, sowie auch die Ausfahrten als nur in der Phantasie lebende. Darum sind auch die Hexen zur großen Schmach für den Schöpfer mehrfach ungestraft geblieben, so daß sie sich bereits gar erschrecklich vermehrt haben.

Auch die am Anfang angeführten Argumente können ihnen nichts nützen. Denn wenn sie an erster Stelle das Kapitel Episcopi XXVI, 5. anführen, wo gelehrt wird, daß (die Hexen) nur in der Phantasie und Einbildung ausfahren, wer ist da so unklug, daß er schließen wollte, daß sie nicht auch körperlich ausfahren könnten?! Denn wie könnte aus dem Schlusse jenes Kanon, wo festgestellt wird, daß, wer glaubt, ein Mensch könnte in einen besseren oder schlechteren Zustand verwandelt, oder in eine andere Gestalt umgeändert werden, niedriger zu erachten sei als ein Heide und Ungläubiger – wie könnte daraus einer schließen, daß die Menschen nicht durch gauklerische Vorspiegelung in Tiere verwandelt werden, oder auch aus dem gesunden in den kranken, als aus dem besseren in den schlechteren Zustand gebracht werden könnten?! Ein solcher Mensch, der so an der Schale der Worte des Kanon sich abmühte, würde mit seiner Ansicht durchaus gegen den Geist aller heiligen Doktoren, ja auch gegen den Geist und Sinn der Heiligen Schrift sein.

Daraus ergibt sich vielfach das Gegenteil, wie aus der genannten Stelle an sehr vielen Punkten im ersten Teile dieses Werkes gezeigt ist. Man muß also den Kern dieser Worte betrachten. In dem Sinne ist in der ersten Frage des ersten Teiles gesprochen, und zwar bei der Lösung des zweiten Irrtums unter den drei, die dort zurückgewiesen werden, daß den Priestern vielerlei an die Hand gegeben wird, dem Volke zu predigen. Sie fahren nämlich sowohl körperlich als auch nur in der Phantasie aus, wie aus ihren eigenen Geständnissen ersichtlich, nicht nur derer, die eingeäschert worden, sondern auch anderer, die bußfertig zum Glauben zurückgekehrt sind.

Hierher gehört jene (Hexe) aus Breisach, die, von uns befragt, ob sie nur in der Phantasie und Vorstellung, oder aber auch körperlich ausfahren könnten, antwortete, »auf beide Arten«. Wenn sie nämlich in einem Falle nicht körperlich ausfahren, aber doch wissen möchten, was in der betreffenden Versammlung von ihren Genossinnen verhandelt würde, dann würde von ihnen die Weise beobachtet, daß sich die Hexe im Namen aller Teufel auf die linke Seite schlafen legte: dann führe etwas wie ein bläulicher Dampf aus ihrem Munde, und alles sähe sie ganz deutlich, was dort verhandelt würde. Wenn sie aber körperlich ausfahren wollten, wäre es nötig, die oben erwähnte Weise zu beobachten.

Ferner, in dem Falle, daß jener Kanon ganz ohne jede Erklärung, den nackten Worten nach, zu verstehen wäre, wer möchte so dumm sein, daß er deshalb alle ihre Hexentaten und Schädigungen nur Wahngebilde und in der Vorstellung bestehend nennte, da sich allen das Gegenteil ganz klar und sinnfällig zeigt? Besonders deshalb, weil es mehrere Arten des Aberglaubens, nämlich vierzehn gibt, darunter die Art der Hexen in Bezug auf Schandtaten und Schädigungen den höchsten Stand einnimmt, die Art der Pythonen den niedersten, wozu die gehören, welche nur in der Phantasie ausfahren.

Endlich genügen auch die Beispiele aus der Legende von S. Germanus und anderen durchaus nicht, weil es den Dämonen wohl möglich war, sich selbst an die Seite des schlafenden Mannes zu legen, (während inzwischen die Suche nach den Weibern geschah), als wenn sie mit den Männern den Beischlaf ausübten. Zur Ehre des Heiligen wird jedoch gesagt, daß dies nicht geschehen sei; und der Fall wird nur angeführt, damit das Gegenteil von dem, was in der Legende gesagt wird, für nicht unmöglich gehalten werde.

In ähnlicher Weise kann man auf alle beliebigen anderen Einwände antworten, weil, wie man findet, daß einige nur in der Einbildung ausgefahren seien, so in den Schriften der Gelehrten geschrieben steht, daß manche auch körperlich ausfuhren. Wer Lust hat, Thomas Brabantinus in seinem Buche de apibus nachzulesen, wird sowohl über die nur eingebildete, wie auch über die körperliche Ausfahrt der Menschen wunderbares finden.

Kapitel 4

Über die Art, wie sie sich den Incubi unterwerfen

Aber bezüglich der Weise, wie die Hexen sich den Incubi unterwerfen, ist sechserlei zu betrachten: erstens betreffs des Dämons und des von ihm angenommenen Leibes, aus welchem Elemente er gebildet sei; zweitens betreffs der Handlung selbst, ob sie immer mit Ergießung des von einem anderen empfangenen Samens geschehe; drittens betreffs der Zeit und des Ortes, ob es lieber an dem einen als an dem anderen geschehe; viertens, ob der Dämon bei dem Akte dem Weibe sichtbar sei, und ob nur die von den Dämonen besucht werden, die aus solchen Unflätereien stammen; fünftens, ob auch die, welche von den Hebammen im Augenblicke der Geburt den Dämonen preisgegeben werden; sechstens, ob hierbei der Liebesgenuß gering oder heftig sei.

Zuerst also von dem Stoffe und der Eigenschaft des angenommenen Körpers. Da ist zu sagen, daß er einen luftförmigen Körper annimmt, und daß er gewissermaßen erdig ist, indem er durch Verdichtung die Eigenschaft der Erde bekommt, was so erklärt wird. Weil nämlich die Luft an sich nicht formbar ist, außer nach der Form eines anderen Körpers, in den sie eingeschlossen ist, weshalb sie auch gar nicht durch eigne Grenzen begrenzt wird, sondern nur durch fremde, und ein Teil der Luft an den andern sich fest anschließt, so kann der Dämon also einen luftförmigen Körper nicht ohne weiteres annehmen. In Ansehung aber, daß die Luft sehr veränderlich und beliebig zu gestalten ist, wofür als Beweis anzuführen, daß Leute, welche einen vom Dämon angenommenen Leib mit dem Schwerte zu spalten oder zu durchbohren suchten, es nicht konnten, weil die Teile der zertrennten Luft sich sofort von neuem anschließen: so ist klar, daß die Luft an sich ein wohl passender Stoff ist; aber weil sie nicht geformt werden kann, wenn ihr nicht etwas anderes, Erdiges zugefügt wird, so ist es nötig, daß sie auf irgend eine Art verdichtet wird, und so der Eigenschaft der Erde nahekommt, mit Wahrung jedoch des Wesens der wahren Luft. Eine solche

Verdichtung können die Dämonen und die gesonderten Seelen durch die Dämpfe bewirken, die aus der Erde hervorgeholt sind, indem sie sie durch ihre örtliche Bewegung zusammenballen und formen; in ihnen bleiben sie gleichsam nur als Motoren, nicht als Bildner (?), sie flößen so den Körpern förmlich Leben ein, weil es so von der Seele in den verbundenen Körper fließt. Sie sind aber in ihren so angenommenen und geformten Körpern, wie die Schiffer im Schiffe, welches der Wind treibt.

Wenn nun gefragt wird, wie der vom Dämon angenommene Körper bezüglich des Stoffes beschaffen sei, so ist zu sagen, daß anders zu reden ist hinsichtlich des Anfanges der Annahme und anders bezüglich des Endes: denn am Anfang ist es Luft, die der Eigenschaft der Erde nahekommt. Dies alles aber vermögen die Dämonen mit Zulassung Gottes, infolge ihrer Natur, da eine geistige Natur höher ist als eine körperliche Natur; daher hat sie ihm auch bezüglich der örtlichen Bewegung notwendig zu gehorchen, nicht aber bezüglich der Annahme natürlicher akzidenzieller und substanzieller Formen, außer bei einigen kleinen Kreaturen, und zwar dies letztere durch Beihilfe eines anderen Agens, wie oben gesagt ist. Durch örtliche Bewegung aber wird keine Form fortbewegt; daher können sie sie so auf den Wink nur leiten unter bestimmten Umständen.

Wenn darnach jemand beiläufig fragte, was zu halten sei, wenn ein guter oder böser Engel irgend eine Tat des Lebens durch wahre, natürliche und nicht luftförmige Körper vollbrächte, wie bei Bileam‘s Eselin, durch welche ein Engel sprach, und ferner, wenn die Dämonen in besessenen Leibern ihr Wesen treiben, so ist zu sagen, daß jene Körper nicht »angenommen« genannt werden, sondern »in Besitz genommen«. Man lese die Worte des Doktors II dist. 8, ob die Engel Körper annehmen?

Doch bleiben wir bei der Sache.

Die Dämonen sprechen in den angenommenen Körpern mit den Hexen, sehen, hören, essen, zeugen: wie ist dies zu verstehen? Und das ist der zweite Teil dieser ersten Schwierigkeit. – Es ist zum ersten zu sagen, daß zum wahren Sprechen drei Dinge gehören: nämlich eine Lunge mit Einziehung der Luft, die nicht nur zur Stimmebildung, sondern auch zur Kühlung des Herzens nötig ist, weshalb auch die Stummen die Atmung nötig haben. Zweitens gehört dazu, daß (das Sprechen) durch den Stoß eines Körpers in der Luft gebildet werde: so wie wenn jemand mit einem Stück Holz die Luft oder eine Glocke erschüttert, er dann einen lauten oder leisen Klang hervorbringt. Denn die Materie, die an sich nicht tönend ist, gibt, wenn sie von einem tönenden Instrumente gestoßen wird, einen Ton, je nach der Größe des Körpers; er wird in die Luft aufgenommen und vervielfältigt bis zu den Ohren des Hörenden; ist dieser weit entfernt, so muß er augenscheinlich näher kommen. – Drittens ist nötig, die Stimme; und man kann sagen, daß »Ton« bei unbeseelten Körpern bei beseelten »Stimme« heißt: hier gibt es eine Zunge, die die eingeatmete und wieder ausgestoßene Luft in dem von Gott gegründeten Instrument und Gefäße, das natürliches Leben hat, stößt, was bei der Glocke nicht ist; darum heißt hier Ton, was dort Stimme heißt. – Dieser dritte Punkt kann durch den zweiten ausgelegt werden; und ich habe es deshalb so niedergeschrieben, damit die Prediger einen Fingerzeig hätten, es dem Volke klar zu machen. – Viertens ist nötig, daß der, welcher die Stimme bildet, seinen Gedanken einem anderen durch die Stimme ausdrücken will; und damit der ihn verstehe, deshalb bildet er die Stimme, d. h. er artikuliert im Munde der Reihe nach, indem er die Zunge an die Zähne stößt, die Lippen schließt und öffnet und die im Munde gestoßene Luft nach der äußeren Luft ausschickt, so daß die Stimme, vervielfältigt, nach und nach zu den Ohren des Hörenden gelangt, der dann den Gedanken des anderen erfaßt.

Zur Sache. – Die Dämonen entraten der Lunge, wie der Zunge, doch können sie eine künstliche zeigen, nach der Eigenart des Körpers, wie auch Zähne und Lippen: daher können sie nicht wirklich und eigentlich sprechen. Aber weil sie Verstand haben, so stoßen sie, wenn sie einen Gedanken ausdrücken wollen, nicht durch Stimme, sondern durch Töne, die eine gewisse Ähnlichkeit mit Stimmen haben, nicht wie bei den Menschen, die eingeatmete und eingenommene Luft, sondern die im angenommenen Körper eingeschlossene Luft und schicken sie artikulierend an die äußere Luft, bis zu den Ohren des Hörenden. Daß ohne aufgenommene und eingeatmete Luft etwas

Ähnliches wie eine Stimme entstehen könne, zeigt sich an gewissen Tieren, die nicht atmen, und an bestimmten Instrumenten, die eine Stimme haben sollen, wie der Philosoph, de anima II sagt. Halex (?) nämlich gibt, wenn er aus dem Wasser gezogen wird, plötzlich einen Ton von sich und stirbt.

Das kann an das Folgende, bis zur Zeugungskraft, ausschließlich jedoch des betreffs der guten Engel Gesagten angefügt werden, falls jemand auf das Sprechen der Dämonen in besessenen Leibern näher eingehen will: dabei nämlich bedienen sie sich der körperlichen Werkzeuge des wahren besessenen Leibes. Denn sie schlüpfen in denselben, wohl zu merken, innerhalb der Grenzen der körperlichen Quantität, nicht der Wesenheit, weder des Körpers noch der Seele: man unterscheide nämlich zwischen Substanz und Qualität oder Accidens. Doch das gehört nicht zur Sache. Wer aber will, der sehe nach bei S. Thomas, Sent. II, 8, 5. –

Über ihr Sehen und Hören ist ebenso zu sagen: weil es ein doppeltes Sehen gibt; ein geistiges und körperliches, und das erstere das zweite unendlich übertrifft, einmal, weil es (alles) durchdringt, dann auch, weil es durch die Größe der Entfernung nicht gemindert wird, nach der Kraft des Lichtes, welches ihm dient –: darum ist zu sagen, daß ein Engel, sei es nun ein guter, sei es ein schlechter, auf keine Weise durch die Augen des angenommenen Körpers sieht, noch ihm etwas Körperliches dient, wie ihm doch beim Sprechen die Luft und die Stoßung der Luft zur Erzeugung des Tones und weiter zur Vervielfältigung bis zu den Ohren des Hörenden dient. Daher sind ihre Augen nur gemalte Augen. Sie zeigen sich aber gern den Menschen unter solcher Gestalt, daß sie ihnen durch solche Werke ihre Eigenschaften, die sie von Natur haben, und die Kunst, geistig zu sprechen, offenbarten. Daher sind auch den heiligen Vätern oft nach Gottes Verordnung und mit seiner Zulassung heilige Engel erschienen. – Den bösen Menschen offenbaren sie sich, damit dieselben ihre Eigenschaften kennen lernen und sich ihnen zugesellen, hier zur Schuld und dort zur Strafe. Daher sagt auch Dionysius, Coelest. Hierarch. am Ende: »Aus allen Teilen des menschlichen Körpers lehrte der Engel seine Eigenschaften erwägen«. Schließlich sagen wir: Da das körperliche Sehen die Handlung eines lebenden Körpers vermittelst eines körperlichen Werkzeuges ist, deren die Dämonen an sich entbehren, so haben sie in den angenommenen Körpern wie ähnliche Glieder, so auch ähnliche Handlungen.

Ähnlich können wir sprechen von dem Hören des Dämonen, das viel höher ist als das körperliche, weil der Dämon den Gedanken des Geistes und die Sprache der Seele genauer erkennen kann als der Mensch, der den Gedanken nur ausdrücken hört durch Worte. Siehe S. Thomas, Sent. II, 8. Wenn nämlich der geheime Wille des Menschen in seiner Miene gelesen wird, und aus der Bewegung des Herzens und der Art des Pulsschlages von den Ärzten die Leidenschaft der Seele erkannt werden, um so mehr doch von den Dämonen.

Was aber das Essen betrifft, so müssen wir sagen, daß zum vollständigen Begriffe des Essens vier Dinge gehören: Zerteilung der Speise im Munde und Beförderung in den Körper; dann die Kraft des Körpers, der fähig ist zu verdauen, und viertens, die geeigneten Nahrungsstoffe dem Körper zuzuführen und das Überflüssige auszuscheiden. Alle Engel können beim Essen in den angenommenen Körpern das erstere und zweite tun, das dritte und vierte aber nicht, sondern an Stelle der verteilenden und ausscheidenden Kraft steht eine andere, durch welche die Speise sofort in die vorliegende Materie aufgelöst wird.

Auch Christus hatte wirkliches Essen, indem er die nährende und teilende Kraft besaß, aber er verbrauchte die Speise nicht für seinen Leib, da diese Kräfte, wie auch der Leib verklärt waren; darum ward auch die Speise im Körper sofort aufgesaugt, wie wenn man Wasser ins Feuer gösse.

*

Wie in der Jetztzeit die Hexen mit den Incubi fleischliche Handlungen verüben und wie sie dadurch vermehrt werden.

Bezüglich der fleischlichen Handlungen aber, die sie mit den Hexen als Incubi in angenommenen Körpern verüben, worüber als eine Hauptsache gehandelt wird, ist nach dem Vorausgeschickten keine Schwierigkeit vorhanden, es müßte denn jemand zweifeln, ob die gegenwärtigen Hexen auf solche Unflätereien erpicht sind, und ob die Hexen aus diesen Unflätereien hervorgegangen sind.

Zur Beantwortung dieser beiden Zweifel und zwar des ersten müssen wir sagen: was alles von den früheren Hexen, ungefähr 1400 Jahre vor der Fleischwerdung des Herrn, geschehen ist, ob sie nämlich schon in jener Zeit auf solche Unflätereien erpicht waren, wie die jetzigen Hexen – das ist unbekannt, und zwar deshalb, weil die Geschichte niemals berichtet, was jetzt die Erfahrung gelehrt hat. Daß es immer Zauberer gegeben und durch ihre schändlichen Werke sehr viel Schaden den Menschen, Tieren und Feldfrüchten erwachsen ist, ebenso daß es auch Incubi und Succubi gegeben hat, kann niemand bezweifeln, der die Geschichte eifrig studiert, da die Überlieferungen der Kanones und heiligen Väter sehr vieles über jene aus vielen Jahrhunderten zur Nachwelt gebracht und überliefert haben; mag auch der Unterschied bestehen, daß die Incubi in den entlegeneren Zeiten den Weibern gegen ihren Willen nachgestellt haben, wie Nider in seinem Formicarius und Thomas Brabantinus in seinem Buch de univers. bono oder auch de apibus sehr viel davon berichtet.

Mit dieser Feststellung aber, daß die heutigen Hexen mit solchen teuflischen Unflätereien besudelt seien, stimmt nicht nur unsere Meinung überein, sondern auch die offenen Zeugnisse der Hexen selbst, die alles das glaublich gemacht haben; daß sie sich nämlich nicht mehr, wie früher, unfreiwillig, sondern freiwillig und zum Vergnügen in einer so scheußlichen Sache elender Knechtschaft unterwerfen. Wie viele nämlich von uns in den verschiedenen Diözesen dem weltlichen Arme zur Bestrafung überlassen sind, besonders in der von Konstanz und in der Stadt Ravensburg, haben viele Jahre an solchen Unflätereien gehangen, einige vom zwanzigsten, andere vom zwölften, noch andere vom dreißigsten Jahre an, und zwar immer mit ganzer oder teilweiser Verleugnung des Glaubens: Zeugen sind alle dortigen Bürger. Denn ohne die geheim Bußfertigen, die wieder gläubig geworden, sind in fünf Jahren nicht weniger als 48 dem Feuer überliefert worden. Doch war diesen nicht so geglaubt, als denen Glaube geschenkt wurde, die reuig umgekehrt waren. Alle stimmten aber darin überein, daß sie solche Unflätereien betreiben mußten zur Mehrung dieser Schandrotte. Hierüber wird auch absonderlich im zweiten Teile des Werkes gehandelt werden, wo ihre einzelnen Taten beschrieben werden: abgesehen davon, was unser Kollege, der Inquisitor von Como, in der Grafschaft Burbia vollbrachte, der im Zeitraume eines Jahres, 1485, 41 Hexen verbrennen ließ; und alle sagten offen, daß sie solchen Unflätereien nachgegangen seien. Es steht also fest, sei es durch eigene Erfahrung mit Ohr und Auge, sei es durch den Glauben an die Erzählungen würdiger Männer.

Bezüglich des zweiten Punktes, wo die Schwierigkeit entsteht, ob die Hexen aus diesen Unflätereien ihren Ursprung genommen, können wir nach Augustinus sagen, daß es schlechterdings wahr sei, daß alle abergläubischen Künste aus der pestbringenden Gemeinschaft der Menschen und Dämonen ihren Ursprung genommen haben. So sagt er nämlich de doctrin. christ. I und zwar steht es 26, qu. 2.: »Alle derartigen Künste eines ungereimten oder schädlichen Aberglaubens, aus einer Art pestbringender Gemeinschaft der Menschen und Dämonen und gleichsam ruchlosem und hinterlistigem Freundschaftsbündnis entstanden, sind durchaus zu bekämpfen«. Danach ist es offenbar, daß, wie es verschiedene Arten des Aberglaubens oder der Zauberkunst gibt, so auch ihre Bündnisse verschieden sind; und wie die Art der Hexen unter den vierzehn Arten jener Kunst die schlechteste ist, weil sie nicht auf einen schweigenden, sondern einen ausdrücklichen Pakt sich stützt, ja noch mehr, weil die Hexen durch Verleugnung des Glaubens den Dämonen selbst Götzen Verehrung darzubringen haben, so haben sie auch in dem Verkehr mit ihnen die scheußlichste Gemeinschaft, nach der Art der Weiber, die immer an Eitlem sich erfreuen. – Man sehe ferner S. Thomas, Sent. II, 4, 4, bei der Lösung eines Arguments, wo erfragt, ob die auf diese Weise von solchen Dämonen Gezeugten stärkere Kraft besäßen, als die anderen Menschen, und antwortet, dies sei mit ja zu beantworten, nicht nur nach dem Texte der Schrift, Genesis VI, »Diese wurden Gewaltige in der Welt etc.«, sondern auch aus dem Grunde, weil die Dämonen die Kraft des überkommenen Samens wissen können; erstens aus der Beschaffenheit dessen, von welchem derselbe überkommen ist; zweitens (kennen sie besser als andere) das Weib, das zur Aufnahme jenes Samens (besonders) geeignet ist; drittens (kennen sie) die Konstellation, die bei körperlichen Handlungen mitwirkt; und viertens, können wir noch nach ihren eigenen Worten hinzufügen, kennen sie auch die für die ihm entsprechenden Betätigungen beste Komplexion des Gezeugten. Wenn alles dies so zusammen kommt, wird geschlossen, daß solche also Gezeugten stark und gewaltig am Leibe sind.

Also zur Sache: wenn gefragt wird, ob die Hexen aus solchen Unflätereien entstanden seien, so sagen wir: Ihren Ursprung haben sie schlechterdings aus der pestbringenden Gemeinschaft genommen, wie sich aus der ersten Anmerkung ergeben hat; vermehrt aber haben sie sich nicht durch jene Unflätereien, was niemand nach der zweiten Anmerkung leugnen kann, da die Dämonen nicht der Lust, sondern des Verderbens halber derlei tun. Es wird also folgende Ordnung herrschen: Ein Succubus überkommt von einem schändlichen Manne Samen; ist jener eigens diesem Mann zugeordnet, und will sich nicht bei der Hexe zum Incubus machen, so wird jenen Samen derjenige Dämon dem Weibe oder der Hexe überbringen, der derselben zugeordnet ist; und zwar wird er sich bei der Hexe zum Incubus machen unter einer bestimmten Konstellation, die ihm dienlich ist, so daß ein also Geborener (oder eine also Geborene) an Kräften stark zur Vollbringung von Hexentaten werden wird.

Es hindert nicht, daß die, von denen der Text spricht, nicht Hexen waren, sondern bloß Giganten und berühmte, mächtige Männer: weil, wie oben gesagt ist, Hexentaten nicht vollbracht wurden zur Zeit des Naturgesetzes, und zwar wegen der noch frischen Erinnerung an die Schöpfung der Welt. Daher konnte Götzendienst keinen Raum haben. Aber als die Bosheit der Menschen wuchs, fand der Teufel größere Gelegenheit, solche Art von Schändlichkeit zu säen. Aber auch jene Ausdrücke können nicht zum Besten der Tugend verstanden werden, wo sie vorgebracht werden: denn es hieß ja, es seien »berühmte Männer gewesen«.

*

Ob der Incubus die Hexe immer mit Ergießung des Samens besucht.

Auf die Frage, ob immer mit Ergießung des Samens etc., wird geantwortet: Da jener tausend Arten und Künste zu schaden hat, da er ja seit seinem Falle die Einheit der Kirche zu vernichten und das Menschengeschlecht ihr auf alle Weise zu entfremden sucht, XVI, qu. 2, so kann darüber eine unfehlbare Regel nicht gegeben werden, sondern nur eine annehmbare Unterscheidung, nämlich, daß die Hexe bejahrt und unfruchtbar ist oder nicht; wenn so, dann ohne Ergießung des Samens, da es ja nichts wirken würde und der Dämon in seinen Werken, soviel er kann, Überflüssiges vermeidet, so wie er von Natur sich an die Hexe heranmacht. Ist sie nicht unfruchtbar, so macht er sich an die Hexe, um ihr Ergötzung zu schaffen; ist sie der Schwängerung fähig, und kann er bequem von einem Manne vergossenen Samen haben, dann zögert er nicht, mit ihm zu ihr zu gehen, um die Leibesfrucht zu infizieren.

Wenn aber jemand fragen sollte, ob er den durch nächtliche Pollution ergossenen Samen ebenso sammeln könne, wie den durch fleischlichen Umgang erhaltenen, so kann ein einleuchtender Grund gegeben werden, daß es nicht möglich ist, mag auch anderen das Gegenteil scheinen. Denn man bemerke wohl, daß die Dämonen, wie vorausgeschickt, die Zeugungskraft des Samens beachten; und solche Kraft wird im Samen durch den Beischlaf mehr ausgebreitet und bewahrt während der Samen durch die nächtliche Pollution geschwächt wird, da er nur aus den überflüssigen Säften und nicht mit solcher Zeugungskraft abgelassen wird. Daher glaubt man, daß sich der Dämon desselben weniger zur Zeugung von Nachkommenschaft bedient; er müßte denn merken, daß jene Kraft dem Samen (noch) innewohnte. Aber auch das können wir keineswegs leugnen, daß, wenn eine verheiratete Hexe durch den Mann geschwängert ist, der Incubus auch durch Vermischung mit anderem Samen die empfangene Frucht infizieren kann.

*

Ob der Incubus lieber zu der einen als zu der andern Zeit wirke; ebenso betreffs des Ortes.

Auf die Frage, ob er Zeit und Ort beobachte, ist zu sagen, daß er außer der Beobachtung der Zeiten bezüglich der Konstellationen, die er beobachtet, wenn er zur Infektion der Leibesfrucht schreiten will, auch bestimmte Zeiten beobachtet, wenn er nicht um der Infektion willen, sondern um der Hexe Fleischeslust zu erregen handelt: und das sind die heiligen Zeiten des ganzen Jahres: Weihnachten, Ostern, Pfingsten und andere Festtage. Und das tun sie aus drei Gründen: erstens, damit die Hexen auf diese Weise nicht nur treulos durch Abfall vom Glauben seien, sondern auch das Verbrechen der Gotteslästerung begehen, woran die Dämonen selbst sich ergötzen, damit der Schöpfer noch mehr beschimpft werde, und die Hexen ärger an ihren Seelen verdammt werden. Der zweite Grund ist, daß Gott, wenn er auf diese Weise besonders schwer beschimpft wird, ihnen größere Macht läßt, gegen die Menschen zu wüten und sie, wenn es Unschuldige sind, an Leib und Gut zu schädigen. Denn wenn es heißt: »Der Sohn wird die Unbilligkeiten des Vaters nicht zu tragen haben«, so ist dies von der ewigen Strafe zu verstehen; mit zeitlicher Strafe aber werden sehr oft Unschuldige wegen fremder Vergehen gestraft, daher auch Gott an einer andern Stelle ruft: »Ich bin ein starker, eifriger Gott, der die Sünden der Väter heimsucht bis ins dritte und vierte Glied.« Eine solche Strafe zeigte sich auch an den Söhnen der Sodomiter, die wegen der Verbrechen der Väter verschüttet wurden. – Der dritte Grund ist, daß sie mit größerer Leichtigkeit um so mehr Frauen und besonders junge Mädchen zu Falle bringen, die, wenn sie sich an Festtagen besonders in Muße und Neugier ergehen, um so leichter von Hexenvetteln verführt werden: wie es sich in der Heimat des einen von uns beiden Inquisitoren (denn ihrer zwei stellen wir dies Werk zusammen) zutrug. Nämlich ein junges Mädchen, und zwar eine fromme Jungfrau, ward an einem Festtage von einer Vettel aufgefordert, mit ihr die Treppe hinauf in die Kammer zu gehen, weil sich dort sehr hübsche Jünglinge eingeschlossen befänden; und da sie zusagte, stiegen sie zusammen hinauf. Die Alte ging voran und sagte noch dem Mädchen, sie solle sich nicht mit dem Zeichen des Kreuzes schützen. Wenn sie das auch zusagte, so schützte sie sich doch heimlich mit diesem Zeichen. Daher kam es, daß, als sie oben waren, die Jungfrau niemand erblickte, weil die dort befindlichen Dämonen ihre Anwesenheit in angenommenen Körpern nicht zeigen konnten. Da sprach die Alte fluchend zur Jungfrau: »Geh' in aller Teufel Namen; warum hast du dich bekreuzt?«

Dies erfuhr ich aus dem reinen Geständnisse jener Jungfrau.

Es kann auch noch ein vierter Grund angeführt werden, daß sie so die Menschen leichter verführen, die, während sie erwägen, daß jenen solches von Gott an heiligen Tagen zugelassen wird, nicht meinen, daß es so schlimm sei, wie wenn sie es an solchen Tagen nicht tun könnten. –

Betreffs des Ortes aber, ob sie derlei mehr an bestimmten Orten ausüben, ist zu sagen, daß es nach Worten und Taten der Hexen feststeht, daß sie jene Unflätereien an heiligen Orten überhaupt nicht ausüben können. Hier zeigt sich deutlich die Macht des Engelschutzes, wegen der Heiligkeit jenes Ortes. Und was mehr ist, sie behaupten, sie hätten niemals Ruhe, außer an Gottestagen, wenn sie in der Kirche gewesen seien, und deshalb gehen sie schnell hinein und langsam hinaus, mögen sie auch sonst nach der Unterweisung der Dämonen ganz schlechte Zeremonien zu beobachten haben: nämlich bei der Emporhebung (des Leibes Christi) auf die Erde zu spucken, oder ganz scheußliche Gedanken durch Worte oder auch ohne Worte auszudrücken, wie: möchtest du hier oder dort sein, etc., wie es im zweiten Teile berührt werden soll.

*

Ob (die Incubi und Succubi) wie für die Hexe, so auch für die Umstehenden sichtbar auftreten?

Auf die Frage, ob sie sichtbar oder unsichtbar solche Unflätereien miteinander treiben, ist zu sagen, was uns die Erfahrung gelehrt hat, daß, wenn auch der Incubus immer sichtbar für die Hexe handelt, so daß es für ihn wegen des ausdrücklich mit ihm geschlossenen Paktes nicht nötig ist, sich unsichtbar zu nähern, bezüglich der Umstehenden zu sagen ist, daß oft auf dem Felde oder im Walde Hexen auf dem Rücken liegend gesehen wurden, an der Scham entblößt, nach der Art jener Unflätereien die Glieder in Ordnung, mit Armen und Schenkeln arbeitend, während die Incubi unsichtbar für die Umstehenden wirkten, mochte sich auch am Ende des Aktes ein ganz schwarzer Dampf in der Länge eines Mannes von der Hexe in die Luft erheben; aber das nur sehr selten. Und weshalb jener Tausendkünstler es weiß, daß er die Sinne von Jungfrauen oder anderen Menschen entweder verlocken oder verändern könne, über diese Taten, und wie derartiges an vielen Orten, wie in Regensburg, auch in der Herrschaft derer von Rappolstein und in anderen Ländern geschehen, wird im zweiten Teile klar werden.

Aber auch das hat sich bestimmt ereignet, daß bisweilen vor den sichtlichen Augen der Gatten die Succubi, die diese jedoch nicht für Dämonen, sondern für Männer hielten, mit ihren Weibern solches verübt, und während sie nach Waffen griffen und sie durchbohren wollten, verschwand der Dämon, indem er sich unsichtbar machte. Daher spotteten auch die Weiber, die manchmal selbst verwundet wurden, wenn sie die Hände oder Arme ausstreckten; sie schalten ihre Männer, ob sie denn keine Augen hätten oder ob sie von Dämonen besessen wären?

*

Daß die Incubi nicht nur die Weiber beunruhigen, die aus solchen Unflatereien entstanden oder ihnen von Hebammen geopfert sind; sondern alle ohne Unterschied, mit größerem oder geringerem Liebesgenuß.

Endlich aber kann zum Schluß gesagt werden, daß die Incubi nicht nur den Weibern nachstellen, die aus solchen Unflätereien entsprossen oder ihnen von Hebammen geopfert worden sind, sondern daß sie mit aller Macht nach jedweden besonders heiligen Jungfrauen gieren; und zwar machen dabei die Hexen des betreffenden Landes oder Ortes die Versucherinnen und Kupplerinnen. Denn das hat die Erfahrung, die große Lehrmeisterin, gelehrt, da denn in Ravensburg einige Verbrannte vor dem letzten Gerichte Ähnliches sagten, daß ihnen nämlich von ihrem Meister an's Herz gelegt sei, mit allen Mitteln an der Verführung heiliger Jungfrauen und Witwen zu arbeiten.

Über die Frage, ob der Liebesgenuß mit den Incubi in angenommenen Körpern größer oder geringer sei als ceteris paribus mit Männern mit wahren Körpern, ist zu sagen: Mag die natürliche Ordnung es nur wenig erhärten, daß er groß sei, da das Ähnliche (nur) zu dem Ähnlichen paßt, so scheint doch jener Tausendkünstler, wenn er das nötige Aktive dem nötigen Passiven, wenn nicht in Natur, so doch mit den Eigenschaften in Hitze und einem gewissen Maße mischt, durchaus keine kleine Lust zu erwecken. Aber hierüber wird sich im Folgenden mehr Klarheit bezüglich der Eigenschaften des weiblichen Geschlechtes ergeben.

Kapitel 5

Über die Art im allgemeinen, wie die Hexen durch die Sakramente der Kirche ihre Taten vollbringen; auch über die Art, wie sie die Zeugungskraft zu hemmen pflegen oder auch andere Mängel an allen Kreaturen bewirken, mit Ausnahme der Himmelskörper

Nun aber ist über die Arten, wie sie andere Kreaturen beiderlei Geschlechtes und auch die Feldfrüchte behexen, mehreres über ihre Handlungsweisen zu sagen: erstens, wie sie die Menschen, dann, wie sie die Tiere, drittens wie sie die Feldfrüchte behexen. Betreffs des Menschen: erstens, wie sie durch Hexenkünste die Zeugungskraft oder auch den Beischlaf hemmen, so daß das Weib nicht empfangen oder der Mann seine Pflicht nicht tun kann; zweitens, wie jener Akt bisweilen verhindert wird mit Bezug auf das eine Weib und nicht auf ein anderes; drittens, wie die männlichen Glieder weggehext werden, so daß sie gleichsam gänzlich aus dem Körper gerissen sind; viertens, wie entschieden werden könne, falls etwas von dem Genannten eintritt, daß es durch die Macht des Dämons an sich und nicht durch die Hexe geschehe; fünftens, wie die Hexen durch Gaukelkünste die Menschen beiderlei Geschlechtes in Tiere verwandeln können; sechstens, wie die Hexen-Hebammen die Empfängnis im Mutterleibe auf verschiedene Art verhindern, und, wo sie es nicht tun, die Kinder dem Dämon opfern. Und damit man dies nicht für unglaublich halte, ist es im ersten Teile des Werkes durch Fragen und Lösung der Argumente entschieden worden; darauf kann, falls es nötig ist, der zweifelnde Leser zurückgehen, um die Wahrheit zu erforschen.

Für jetzt sind nur die Taten und Geschehnisse, die wir gefunden haben oder auch von anderen aufgezeichnet worden sind, zur Verdammung solcher Schandtaten herzuleiten, damit die früheren Fragen, wenn sie für jemanden vielleicht zu schwer zu verstehen sein sollten, aus dem, was hier im zweiten Teile gegeben wird, glaubwürdig werden und er von seinem Irrtume läßt, wonach er meinte, es gebe keine Hexen, und es könnten keine Hexentaten in der Welt geschehen.

Da ist zunächst zu bemerken, daß, wenn sie auf sechs Arten schädigen können, ohne die Arten, auf die sie andere Kreaturen schädigen – und zwar erstens, daß sie einem Manne böse Lust nach einem Weibe, oder einem Weibe nach einem Manne einflößen; zweitens, daß sie in jemandem Haß oder Neid wachsen lassen; drittens, daß die »Behexten«, wie sie heißen, die Männer den Frauen nicht beiwohnen können, und umgekehrt die Frauen nicht den Männern; oder auch, daß sie Frühgeburten bewirken, wie oben gesagt; viertens daß sie den Menschen an irgend einem Gliede erkranken lassen; fünftens, daß sie ihnen das Leben rauben; sechstens, daß sie ihnen den Gebrauch der Vernunft nehmen – und wenn man gestehen muß, daß sie an Dingen aller Art, ausgenommen die Himmelskörper, wahre Mängel und wahre Krankheiten, wenn auch nicht wahre Gesundungen, aus natürlicher Kraft bewirken können, und zwar infolge der mächtigen natürlichen und geistigen Kraft, mit der sie über jeder körperlichen Kraft stehen; auch keine Krankheit mit der andern übereinstimmt, oder auch kein natürlicher Mangel, wo keine Krankheit ist: – darum also gehen sie mit allerdings sehr verschiedenen Mitteln an die Bewirkung der verschiedenen Krankheiten und Mängel. Hierüber wollen wir einiges vorbringen, so weit es die Notwendigkeit erfordert. Damit jedoch der Leser in seinem Sinne nicht länger im Unklaren darüber bleibe, warum sie an den Himmelskörpern keine Veränderung hervorbringen können, wollen wir zuerst sagen, daß es hierfür drei Ursachen gibt: erstens, weil sie über ihnen stehen, auch bezüglich des Strafortes, der die dunkle Luft ist; und zwar ist der ihnen zugeteilt wegen ihres Amtes: siehe oben, im ersten Teile des Werkes, in der zweiten Frage, wo von den Incubi und Succubi gesprochen wird. – Der zweite Grund ist, weil die Himmelskörper von guten Engeln bewegt werden; siehe die sehr vielen Stellen über die Motoren der Welten, besonders bei S. Thomas I, qu. 90, wo Philosophen und Theologen übereinstimmen; der dritte Grund, wegen des universalen Regiments und des allgemeinen Guten des Universums, das im allgemeinen geschmälert würde, wenn es den bösen Geistern erlaubt würde, an jenen Himmelskörpern irgend welche Verwandlungen zu verursachen. Daher sind auch jene wunderbaren Verwandlungen im Alten und Neuen Testamente durch ihre Motoren oder gute Engel von Gott bewirkt worden, wie bei dem Stillstande der Sonne über Josua, der Rückwanderung über Ezechias; bei der unnatürlichen Finsternis bei dem Leiden Christi. Aber bei allen späteren Verwandlungen der Elemente und elementaren Ereignissen können sie mit Gottes Zulassung und durch sich, ohne und mit Hexen, ihre Hexenkünste üben und hören auch in der Tat nicht auf, es zu tun, wie sich zeigen wird.

Zweitens ist zu bemerken, daß sie in allen Arten der Hexerei die Hexen immer so viel als möglich unterweisen, daß sie als Werkzeuge bei ihren Hexenkünsten die Sakramente oder Sakramentalien der Kirche oder sonst etwas Göttliches oder Gottgeheiligtes benutzen, wie sie manchmal eine Zeitlang ein Wachsbildnis unter die Altardecke stecken, oder auch durch das heilige Chrisma einen Faden ziehen, oder sonst alle geweihten Sachen benutzen, und zwar aus drei Gründen, wie sie auch an den besonders heiligen Tagen des Jahres und zwar hauptsächlich um die Ankunft des Herrn und sein Geburtstagsfest ihre Hexenkünste zu treiben pflegen: erstens, daß die Menschen dadurch nicht nur ungläubig, sondern auch Gotteslästerer werden, indem sie, soviel sie können, das Göttliche besudeln, und sie so Gott, ihren Schöpfer, um so ärger beschimpfen, ihre eigenen Seelen verdammen und noch andere mehr in Sünde fallen machen; zweitens, damit Gott, also durch die Menschen schwer beschimpft, dem Dämon größere Macht lasse, gegen die Menschen zu wüten: so sagt auch Gregorius, daß er den Bösen bisweilen nach ihren Wünschen und Bitten willfährig nachgibt und sie erzürnt den anderen abschlägt; drittens, daß er so unter der Maske des Gutscheinenden um so leichter die Einfältigen in größerer Anzahl berücke, wenn sie nach der Beschäftigung mit göttlichen Dingen meinen, sie hätten von Gott etwas von der Göttlichkeit erlangt, wo doch nur um so größere Sünden begangen worden sind. Es kann auch noch ein vierter Grund angegeben werden bezüglich (der Entweihung) der heiligen Tage und des Jahranfanges: weil nämlich nach Augustinus, De decem cordis Festtage durch Todsünden mehr entheiligt werden als durch Tagarbeit, der Aberglaube aber und die Hexenwerke der Dämonen bezüglich der größten gottesdienstlichen Werke gegen die Ehrfurcht vor Gott sind, deshalb läßt er, wie gesagt, die Menschen umso tiefer fallen, und der Schöpfer wird mehr beschimpft. Und über den Jahresanfang können wir nach Isidorus, Etymol. VIII, 2 sagen: wie Janus, nach dem der Monat Januar benannt ist, der auch beginnt mit dem Tage der Beschneidung, ein mit zwei Gesichtern dargestelltes Idol war, von denen eines gleichsam das Ende des alten Jahres, das andere der Anfang des neuen war, und er gleichsam ein Beschützer und Glückspender im bevorstehenden Jahre war; und wie die Heiden ihm, oder vielmehr dem Dämon im Götzenbilde zu Ehren verschiedene hurtige und üppige Tänze aufführten und sich gegenseitig Scherzgeschenke gaben, verschiedene Reigen aufführten und sich zum Mahle setzten, worüber durch S. Augustinus an vielen Stellen Meldung geschieht, und fast überall berichtet wird, XXVI, in verschiedenen Fragen; und wie jetzt böse Christen diese verderblichen Sitten nachahmen, mag es auch bezüglich der Ausgelassenheit von ihnen auf die Zeiten der Fasten übertragen sein, wo sie mit Masken, Spielen und anderen abergläubigen Betätigungen durch einander rennen: – ebenso üben jetzt die Hexen auf solche Überredungen der Dämonen hin zu deren Gefallen am Jahresanfänge bezüglich des Gottesdienstes und Kultus, ebenso wie am Andreasfest und Christi Geburtstage ihre Hexenwerke.

Und im besonderen, zunächst, wie sie vermittelst der Sakramente, dann, wie sie vermittelst der Sakramentalien solches vollbringen; wozu wir einige jüngst geschehene und von uns bei der Inquisition gefundenen Taten erzählen wollen.

In einer Stadt, die zu nennen nicht frommt, wie das Gebot der Liebe und die Vernunft es befiehlt und rät, nahm eine Hexe den Leib des Herrn, und plötzlich sich verneigend, wie es die verfluchte Weiberart ist, brachte sie das Kleid an den Mund, nahm den Leib des Herrn (aus dem Munde) heraus, wickelte ihn in das Tuch und legte ihn, also vom Dämon unterwiesen, in einen Topf, in dem eine Kröte war, und verbarg ihn in der Erde im Stalle nahe bei der Scheune ihres Hauses, unter Beifügung sehr vieler anderer Dinge, mit denen sie ihre Hexentaten hätte vollbringen sollen; aber durch die Liebe Gottes ward eine so schwere Tat entdeckt und kam an's Licht. Denn am folgenden Tage, als ein Taglöhner am Stalle vorbei nach seiner Arbeit ging, hörte er eine Stimme, wie von einem heulenden Kinde; und als er näher trat, bis er zum Estrich gekommen war, unter dem der Topf verborgen lag, hörte er um so deutlicher; und in der Meinung, ein Kind sei dort von einem Weibe vergraben, holte er den Schulzen oder Ortsvorsteher und erzählte die Geschichte, die seiner Meinung nach von einem Mörder begangen war. Nachdem jener schnell Diener geschickt hatte, fand sich, daß es so war, wie er erzählte. Sie wollten aber das Kind nicht ausgraben, sondern Wächter in der Ferne aufstellen, daß sie mit klarem Sinne Acht hätten, wenn etwa ein Weib sich nahe. Sie wußten ja nicht, daß dort der Leib des Herrn versteckt lag. Daher traf es sich auch, daß dieselbe Hexe den Ort betrat und unter den Mantel den Topf barg, was aber die anderen heimlich sahen. Daher ward jene gefangen, gefoltert und gestand das Verbrechen, indem sie sagte, der Leib des Herrn sei mit einer Kröte in dem Topfe dort verborgen worden, damit sie aus diesem Pulver nach ihrem Gefallen den Menschen und Tieren Schaden zufügen könnte. –

Ferner ist zu bemerken, daß die Hexen bei dem Abendmahle die Gewohnheit haben, falls sie es unbemerkt tun können, den Leib des Herrn unter die Zunge zu nehmen, aus dem Grunde, (wie man sich leicht denken kann), daß sie niemals ein Mittel gegen die Verleugnung des Glaubens nehmen wollen, weder durch die Beichte, noch durch die Annahme des Sakraments des Abendmahles; zweitens, daß desto leichter der Leib des Herrn aus dem Munde für ihren Gebrauch genommen werden könne, wie gesagt ist, zur größten Schmach für den Schöpfer. Darum wird auch allen Leitern der Kirche und Abendmahlsgebern vor allem immer an die Hand gegeben, die höchste Aufmerksamkeit darauf zu haben, daß die Weiber mit ganz offenem Munde, wohl ausgestreckter Zunge, das Tuch weit vom Munde, das Abendmahl nehmen, und je größerer Fleiß hierauf verwendet wird, um so mehr Hexen werden auf diese Weise entlarvt.

Mit den übrigen Sakramentalien treiben sie unzähliges, abergläubisches Zeug. Bisweilen legen sie Wachsbilder, manchmal auch aromatische Sachen unter die Altardecke, wie oben gesagt ist, und verbergen sie dann unter der Schwelle des Hauses, damit, wer darübergeht, behext werde, wozu es ja auch geschieht.

Unzähliges könnte noch angeführt werden, aber das weniger Bedeutende wird ja durch die größeren Hexentaten beglaubigt. –

Kapitel 6

Über die Art, wie sie die Zeugungskraft zu hemmen pflegen

Über die Art aber, wie sie die Zeugungskraft zu hemmen pflegen, sowohl bei Menschen, als auch bei Tieren, auch bei beiden Geschlechtern, kann der Leser aus dem, was oben in der Frage gesagt ist, ob die Dämonen durch die Hexen die Sinne der Menschen zu Liebe oder Haß wandeln können, unterrichtet sein, wo nach Lösung der Argumente eine spezielle Erklärung gegeben wird über die Art, wie sie mit Zulassung Gottes die Zeugungskraft zu hemmen imstande seien. Hier ist jedoch zu bemerken, daß eine solche Hinderung von innen und außen bewirkt wird; innerlich aber geschieht sie durch jene zweifach: erstens, wenn sie direkt die Erektion des Gliedes, die zur Befruchtung nötig ist, unterdrücken; und das möge nicht unmöglich erscheinen, da sie ja auch sonst die natürliche Bewegung in einem Gliede hindern können. Zweitens, wenn sie die Sendung der Geister zu den Gliedern, in denen die bewegende Kraft ist, verhindern, indem sie gleichsam die Samenwege versperren, daß er nicht zu den Gefäßen der Zeugung gelangt, oder nicht ausgeschieden oder ausgeschickt wird. Äußerlich bewirken sie bisweilen Hinderung durch Zauberbilder oder durch den Genuß von Kräutern, auch durch äußere Mittel, wie Testikeln der Hähne. Doch ist nicht zu meinen, daß ein Mann durch die Kraft solcher Dinge impotent würde; sondern durch die geheime Kraft der Dämonen, die derartige Hexen täuschen, können sie durch solche dann die Zeugungskraft behexen, daß nämlich der Mann der Frau nicht beiwohnen und die Frau nicht empfangen kann.

Und der Grund ist, weil Gott bei diesem Akte, durch den die erste Sünde verbreitet wird, mehr zuläßt, als bei den anderen Handlungen der Menschen; so ist es auch mit den Schlangen, die mehr auf Beschwörungen hören als andere Tiere. Daher ist auch öfters von uns und anderen Inquisitoren gefunden worden, daß sie durch Schlangen oder eine Schlangenhaut dergleichen Hinderungen bewirkt haben. So hatte ein gefangener Hexer gestanden, daß er durch Hexerei viele Jahre hindurch sowohl Menschen wie Tiere, die ein bestimmtes Haus bewohnten, unfruchtbar gemacht hätte. Nider erwähnt außerdem a. a. O., daß ein gewisser Hexer, mit Namen Stadlin, in der Diözese Lausanne gefangen worden sei, der auch eingestand, daß er in einem bestimmten Hause, wo ein Mann mit seinem Weibe wohnte, durch seine Hexenkünste nach und nach sieben Kinder im Mutterleibe getötet habe, so daß das Weib viele Jahre Frühgeburten hatte. Ähnliches tat er in demselben Hause allen trächtigen Schafen und Rindern, von denen keines in den Jahren ein lebendes Junges brachte; und als der Hexer gefragt wurde, wie er solches bewirkt habe oder wesmaßen er Angeklagter sein könnte, erklärte er die Tat mit den Worten: »Ich habe unter die Schwelle des Hauseinganges eine Schlange gelegt, und wenn diese entfernt wird, werden auch die Bewohner wieder fruchtbar werden;« und wie er vorausgesagt, so geschah es. Denn wenn auch die Schlange nicht wieder gefunden ward, da sie in Staub verwandelt war, so trug man doch die Erde alle weg, und in demselben Jahre ward die Frau und ebenso alle Tiere wieder fruchtbar.

Eine andere Geschichte trug sich in Reichshofen vor wenigen und zwar kaum vier Jahren zu. Dort war eine sehr berüchtigte Hexe, die durch bloße Berührung und zu jeder Stunde zu hexen und Frühgeburt zu bewirken wußte. Als dort die Frau eines Großen schwanger geworden war und zu ihrer Pflege eine Hebamme zu sich genommen hatte und von derselben gewarnt worden war, aus dem Schlosse zu gehen, und daß sie sich besonders vor der Unterredung und dem Umgange mit der vorerwähnten Hexe hüten sollte, so ging sie doch nach einigen Wochen, uneingedenk jener Warnung, aus dem Schlosse, um einige Frauen in einer Gesellschaft zu besuchen. Als sie dort eine Weile gesessen, kam die Hexe dazu und berührte die Herrin, wie um sie zu begrüßen, über dem Bauche mit beiden Händen. Plötzlich bemerkte sie, daß sich das Kind in schmerzhafter Weise bewegte. Als sie erschreckt darüber nach Hause zurückkehrte und die Sache der Hebamme erzählte, rief diese: »Wehe, nun hast du dein Kind verloren!« Und wie sie es vorausgesagt, so zeigte es sich bei der Geburt. Denn sie tat keine eigentliche Frühgeburt, sondern gebar allmählich, bald Stücke des Kopfes, bald der Hände und Füße. Gewiß eine harte Züchtigung nach Gottes Zulassung, zu seiner Strafe, nämlich des Gatten, der solche Hexen strafen und die dem Schöpfer angetane Schmach rächen sollte. – Es war auch in der Stadt Merßburg der Diözese Konstanz ein Jüngling so behext worden, daß er keinen Beischlaf mit den Frauen, eine einzige ausgenommen, ausüben konnte. In vieler Menschen Gegenwart erzählte er auch, daß sehr oft, wenn er dieselbe ablenken und andere Länder aufsuchen und fliehen wollte, sie sich zur Nachtzeit erhob und im schnellsten Laufe, wie im Fluge, bald über den Boden, bald durch die Luft, zurückzukehren pflegte.

Kapitel 7

Über die Art, wie sie die männlichen Glieder wegzuhexen pflegen

Aber auch darüber, daß sie die männlichen Glieder wegzuhexen pflegen, nicht zwar, daß sie wirklich die Leiber der Menschen derselben berauben, sondern sie nur durch Zauberkunst verhüllen, wie oben in der betreffenden Fragen festgestellt ist, wollen wir einige Geschehnisse berichten.

In der Stadt Regensburg nämlich hing sich ein Jüngling an ein Mädchen; und als er es im Stiche lassen wollte, verlor er sein Männliches, natürlich durch Gaukelkunst, so daß er nichts sehen und fassen konnte als den glatten Körper, worüber er beängstigt ward. Nun ging er einst in ein Gewölbe um Wein zu kaufen; hier blieb er eine Weile, als ein Weib hinzukam, dem er den Grund seiner Traurigkeit entdeckte und alles erzählte, auch ihr zeigte, daß es so mit seinem Leibe stände. Die verschmitzte Alte fragte, ob er keine im Verdacht hätte; und er nannte jene und erzählte ausführlich die Geschichte. Jene erwiderte: »Es ist nötig, daß du mit Gewalt, wo Freundlichkeit dir nicht hilft, sie zwingst, dir die Gesundheit wieder zu geben.« Und der Jüngling beobachtete im Dunkeln den Weg, den die Hexe zu gehen pflegte; und als er sie sah, bat er sie, ihm die Gesundheit wieder zu verleihen. Als jene sagte, sie sei unschuldig und wisse von nichts, stürzte er sich auf sie, würgte sie mit einem Handtuche und schrie: »Wenn du mir meine Gesundheit nicht wieder gibst, stirbst du von meiner Hand.« Da sagte sie, da sie nicht schreien konnte, und ihr Gesicht schon anschwoll und blau wurde: »Laß mich los, dann will ich dich heilen.« Und als der Jüngling den Knoten oder die Schlinge gelockert hatte und sie nicht mehr würgte, berührte die Hexe ihn mit der Hand zwischen den Schenkeln oder dem Schambeine und sprach: »Nun hast du, was du wünschest.« Und, wie der Jüngling später erzählte, fühlte er deutlich, bevor er durch Sehen und Befühlen sich vergewisserte, daß ihm das Glied durch die bloße Berührung der Hexe wiedergegeben war.

Ähnliches pflegt ein Pater, ehrwürdig von Wandel, und berühmt wegen seines Wissens in seinem Orden, aus dem Sprengel von Speyer zu erzählen: »An einem Tage,« sagte er, »als ich die Beichte abnahm, kam ein Jüngling, und während der Beichte klagte er laut, daß er das Männliche verloren habe. Ich wunderte mich und wollte seinen Worten nicht ohne weiteres glauben, denn »Leichten Herzens ist, wer leicht glaubt,« sagt der Weise. Aber ich überzeugte mich durch meine Augen, indem ich nichts sah, als der Jüngling die Kleider abtat und die Stelle zeigte. Daher fragte ich, ganz bei mir und mit vollem Verstande, ob er keine im Verdacht hätte, die ihn so behext hätte, worauf der Jüngling erwiderte, er habe eine im Verdachte, die sei aber abwesend und wohne in Worms. »Dann rate ich dir, so schnell als möglich zu ihr zu gehen; und suche sie durch Versprechungen und freundliche Worte nach Kräften zu erweichen.« Das tat er auch. Denn nach wenig Tagen kehrte er zurück und dankte mir; erzählte auch, er sei gesundet und habe alles wieder; und ich glaubte seinen Worten; vergewisserte mich jedoch von neuem durch meine Augen.«

Doch auch hier ist einiges zu bemerken, um leichter einzusehen, was oben über denselben Stoff gesagt ist. Erstens, daß man auf keine Weise glauben kann, solche Glieder würden von den Körpern gerissen oder getrennt; sondern durch Gaukelkünste werden sie von den Dämonen verborgen, so daß sie weder gesehen noch gefühlt werden können; und zwar gibt es dafür Autoritäten und Gründe, mag es auch schon festgestellt sein, da Alexander de Ales II. sagt: »Gaukelei im eigentlichen Sinne ist jene Täuschung seitens des Dämons, die ihren Grund nicht in der Veränderung der Sache, sondern in dem Wahrnehmenden hat, der getäuscht wird, sei es bezüglich der inneren, sei es bezüglich der äußeren Sinne.« Betreffs dieser Worte ist jedoch zu bemerken, daß hier zwei äußere Sinne getäuscht werden, nämlich Gesicht und Gefühl, und nicht die inneren, als da sind: der allgemeine Sinn, Phantasie, Vorstellung, Meinung und Gedächtnis; mag auch, wie oben gesagt ist, S. Thomas nur vier annehmen, weil er Phantasie und Vorstellung als eines gelten läßt, und mit Recht: denn nur geringer Unterschied ist zwischen der Funktion der Phantasie und der Vorstellungskraft. S. Thomas I, 79.

Diese Sinne werden gewandelt, und nicht die äußeren allein, wenn nichts verborgen wird oder geoffenbart wird, im Wachen oder Schlafen: im Wachen, wenn eine Sache anders erscheint als sie an sich ist; wie wenn man jemanden das Roß samt dem Reiter verschlingen sieht, oder daß ein Mensch in ein Tier verwandelt ist, oder man selbst ein Tier sei und mit Tieren laufen zu müssen meine: dann nämlich werden die äußeren Sinne getäuscht und zwar durch die inneren gefangen, weil durch die Macht der Dämonen die Sinnesgestalten, (wie es das Gedächtnis ist, nicht der Verstand, wo ja die Verstandesgestalten aufbewahrt werden, zudem das Gedächtnis, welches die Sinnesgestalten aufbewahrt, auch im hinteren Teile des Hauptes seinen Sitz hat) hervorgeführt werden durch die Macht des Dämons, mit gelegentlicher Zulassung Gottes, nach dem allgemeinen Sinne der Vorstellung. Und so stark werden sie eingeprägt, daß, wie der betreffende Mensch sich notwendigerweise durch den heftigen Akt, wodurch der Dämon aus dem Gedächtnisse die Gestalt eines Pferdes oder eines (anderen) Tieres herausführt, ein Pferd oder ein (anderes) Tier einbildet, er so notwendigerweise auch glaubt, er sehe durch die äußeren Augen nur ein solches Tier, welches doch in Wahrheit kein wirkliches Tier ist; sondern es scheint nur so durch Vermittlung jener Gestalten und durch heftige Wirkung des Dämons.

Es möge nicht wunderbar scheinen, daß die Dämonen dies können, da auch eine selbst mangelhafte Natur solches vermag, wie sich an den Gehirnkranken, Melancholikern, Verrückten und Trunkenen zeigt, die nicht unterscheiden können: die Gehirnkranken meinen, sie hätten Wunderdinge gesehen und sähen Bestien und furchtbare Erscheinungen, während sie in Wahrheit nichts sehen. S. oben in der Frage: ob die Hexen die Herzen der Menschen zu Liebe oder Haß umwandeln können, wo mehreres angemerkt wird. –

Endlich ist auch der Grund an sich klar. Da nämlich der Dämon über gewisse niedere Dinge eine gewisse Macht hat, ausgenommen nur die Seele, so kann er auch an solchen Dingen Veränderungen vornehmen, (wenn Gott es geschehen läßt;) so daß die Dinge anders erscheinen als sie sind; und zwar geschieht dies, wie ich gesagt habe, durch Störung oder Täuschung des Sehorgans, so daß eine helle Sache dunkel erscheint; wie ja auch nach dem Weinen, wegen der angesammelten Feuchtigkeit, ein Licht anders erscheint als vorher. Oder es geschieht durch Einwirkung auf die Vorstellungskraft durch Verwandlung der Sinnesgestalten, wie gesagt ist; oder durch Bewegung verschiedener Säfte, so daß das feurig oder wässerig erscheint, was erdig oder trocken ist: so bewirken manche, daß alle Bewohner eines Hauses sich der Kleider entledigen und sich entblößen müssen, weil sie meinen, sie schwämmen im Wasser.

Wenn man aber weiter betreffs der vorerwähnten Art fragt, ob derartige Täuschungen gute wie schlechte Menschen ohne Unterschied treffen könnten, so wie andere körperliche Krankheiten von Hexen auch an Begnadeten verursacht werden können, wie das weiter unten sich zeigen wird, so ist dabei mit Anlehnung an die Worte des Cassianus coll. 2. Abbatis Sireni zu sagen nein. Alle also, die so getäuscht werden, müssen als mit Todsünden behaftet angesehen werden. Er sagt nämlich, wie aus den Worten des Antonius sich ergibt, der Dämon könne durchaus nicht in die Seele oder den Leib jemandes eindringen, habe auch gar keine Macht, in eine Seele sich zu stürzen, wenn er sie nicht vorher allen heiligen Gedanken entfremdet und von geistlicher Betrachtung leer und bloß gemacht habe.

Mit ihm stimmt überein, was Philo. 1 de cons. ad Boëtium sagt: »Wir hatten dir solche Waffen gegeben, daß sie dich mit unbezwinglichem Schutz hätten schützen müssen, wenn du sie nicht vorher weggeworfen hättest.«

Daher berichtet auch Cassianus ibid. von zwei Heidenhexern, die, verschieden an Bosheit, nach und nach durch ihre Hexenkünste Dämonen nach der Zelle des H. Antonius schickten, damit sie ihn durch ihre Versuchungen daraus verjagten; denn sie waren voll Haß gegen den heiligen Mann, weil täglich eine Menge Volkes zu ihm strömte. Aber mochten auch die Dämonen ihn mit den spitzesten Stacheln der Gedanken treffen, so verscheuchte er sie doch immer dadurch, da er Stirn und Brust mit dem Zeichen des Kreuzes schützte, und durch eifriges, unablässiges Beten. –

So können wir sagen, daß alle diejenigen, welche so von Dämonen gefoppt werden, abgesehen von sonstigen körperlichen Krankheiten, durchaus der innewohnenden göttlichen Gnade entbehren, daher es auch heißt Tobias VI: »Die der Lust sich ergeben, über die gewinnt der Teufel Macht.«

Es stimmt damit auch, was oben, im ersten Teile des Werkes festgestellt ist, in der Frage, ob die Hexen die Menschen in Tiergestalten verwandeln? wo ein junges Mädchen nach ihrer und aller Meinung, so viele sie sahen, in eine Stute verwandelt war, ausgenommen S. Macharias, dessen Sinn der Teufel nicht hatte täuschen können. Als sie zur Heilung ihm zugeführt ward, und er ein wahres Weib und keine Stute sah, während im Gegenteil alle anderen riefen, sie erscheine ihnen als Stute, da befreite der Heilige durch seine Gebete sie und auch die anderen von ihrer Täuschung, indem er sagte, das sei ihr zugestoßen, weil sie das Göttliche vernachlässigt und die Sakramente der heiligen Beichte und des heiligen Abendmahles nicht, wie es sich geziemt, besucht hätte. Daher hatte sie ein Jüngling zur Unzucht verführen wollen, und wenn sie auch aus Ehrbarkeit widerstanden, so hatte doch ein jüdischer Zauberer, an den sich der Jüngling mit der Bitte gewandt, das Mädchen zu behexen, sie durch die Macht des Dämons in eine Stute verwandelt.

Alles in allem ist zu schließen, daß zwar auch die Guten an den Gütern des Glückes, Vermögen, zeitlichen Gütern, Ruf und Gesundheit des Körpers durch die Dämonen und ihre Diener geschädigt werden können zu ihrem Verdienste und ihrer Prüfung, wie es an Job sich zeigte, der also von den Dämonen geschädigt ward; daß sie ihnen aber, wie sie gegen ihren Willen zu keiner Sünde durch Hexenkünste gebracht oder vergewaltigt werden können – mögen sie auch von innen und von außen im Fleische versucht werden – keine derartigen phantastischen Täuschungen bereiten können, weder aktive noch passive: aktiv, wobei die Dämonen ihre Sinne zu täuschen hätten, wie bei anderen, die nicht in der Gnade leben; passiv, wobei sie ihnen durch Gaukelkunst die Glieder zu nehmen hätten. Dies beides hätte der Teufel niemals dem frommen Job antun können, besonders den passiven Schaden betreffs des Beischlafes; ihm, der so enthaltsam war, daß er sagen durfte: »Ich habe einen Bund gemacht mit meinen Augen, daß ich an eine Jungfrau nicht einmal denke«, geschweige denn an ein fremdes Weib, während doch der Teufel, wie bekannt, über die Sünder große Macht hat, nach den Worten des Evangelisten Lucas: »Wenn ein starker Gewappneter seinen Palast bewahrt, so bleibt das Seine in Frieden.«

Aber wenn jemand nach diesem betreffs der Täuschung am männlichen Gliede fragen sollte, ob der Dämon, wenn er eine solche Täuschung einem Begnadeten nicht passiv bereiten kann, es nicht aktiv könne, so daß nämlich der Begnadete an seinem Gesicht getäuscht würde; da er das angewachsene Glied sähe, während dagegen derjenige, der es für weggehext hielte, es nicht angewachsen sähe, noch auch die anderen Umstehenden: so scheint das, wenn man es zugibt, gegen das Gesagte zu sein. Man kann sagen, daß da keine solche Kraft in einem aktiven Schaden liegt als in einem passiven (aktiv verstanden nicht von dem, wer es aktiv bewirkt hat, sondern von dem, wer den Schaden von außen sieht; wie es an sich klar ist) daß deshalb der Begnadete, mag er den Schaden eines anderen sehen können, und der Dämon hierin seine Sinne täuschen, er ihm doch nicht selbst einen solchen Schaden passiv zufügen kann, daß er nämlich seines Gliedes beraubt würde, wie es im Gegenteil der Fall ist, falls er der Lust nicht dient, wie der Engel zu Tobias sagte: »Über die, welche der Begierde frönen, über die gewinnt der Teufel Macht.« –

Was endlich von denjenigen Hexen zu halten sei, welche bisweilen solche Glieder in namhafter Menge, zwanzig bis dreißig Glieder auf einmal, in ein Vogelnest oder einen Schrank einschließen, wo sie sich wie lebende Glieder bewegen, Körner und Futter nehmen, wie es von Vielen gesehen ist und allgemein erzählt wird, so ist zu sagen, daß alles dies durch teuflische Handlung und Täuschung geschieht; denn also werden in der angegebenen Weise die Sinne der Sehenden getäuscht. Es hat nämlich einer berichtet, daß, als er das Glied verloren und er sich zur Wiedererlangung seiner Gesundheit an eine Hexe gewandt hatte, sie dem Kranken befahl, auf einen Baum zu steigen und ihm erlaubte, aus dem (dort befindlichen) Neste, in welchem sehr viele

Glieder lagen, sich eines zu nehmen. Als er ein großes nehmen wollte, sagte die Hexe: »Nein, nimm das nicht«; und fügte hinzu, es gehöre einem Weltgeistlichen.

Dies alles geschieht durchaus vermittelst gauklerischer Täuschung durch die Dämonen auf die angegebenen Weisen, durch Störung des Sehorgans, indem die Sinnesgestalten hinsichtlich der Vorstellungskraft gewandelt werden. Es ist nicht nötig, zu behaupten, daß die Dämonen in so angenommenen Gliedern sich zeigten, wie sie in angenommenen Körpern aus Luft den Hexen und Menschen bisweilen erscheinen und mit ihnen zu reden pflegen. Der Grund hiervon ist, weil sie auf leichtere Weise solches tun können, nämlich durch eine örtliche innere Bewegung der Sinnesgestalten aus dem Aufbewahrungsort oder der Gedächtniskraft nach der Vorstellung hin. Und wenn jemand sagen wollte, daß sie es auf ähnliche Weise auch tun könnten, wenn sie der Behauptung nach in angenommenen Körpern mit Hexen und anderen Menschen sprechen, daß sie nämlich solche Erscheinung durch Änderung der Sinnesgestalten nach der Vorstellungskraft bewirkten, so daß, während die Menschen meinten, die Dämonen seien in angenommenen Körpern zugegen, es nur solche Verwandlungen der Sinnesgestalten in den inneren Kräften wären: so ist zu sagen, daß, wenn der Dämon nichts weiter zeigen wollte, als nur eine Darstellung eines menschlichen Bildnisses, er dann schlechterdings nicht nötig hätte, in einem angenommenen Körper zu erscheinen, da er das ja hinreichend durch die genannte Änderung bewirken könnte. Nun aber, da er mehr auszuführen hat, nämlich sprechen, essen und auf Unflätereien sinnen, deshalb muß er auch selbst zugegen sein, indem er sich von außen wirklich in angenommenem Körper dem Auge darbietet, weil nach den Gelehrten die Kraft des Engels dort ist, wo er wirkt.

In der Frage aber, wo gefragt wird, ob in dem Falle, wo ein Dämon durch sich, ohne Hexe, einem das Männliche nähme, dann ein Unterschied sei zwischen der einen und der anderen Weghexung, kann außer dem, was im ersten Teile dieses Werkes in der Frage erwähnt wird, ob die Hexen die männlichen Glieder weghexen können, gesagt werden, daß, wenn der Dämon durch sich ein Glied weghexte, er es dann wahr und wahrhaftig weghexte und wahr und wahrhaftig wieder ansetzte, wenn er es zurück zu versetzen hätte; zweitens, wie nicht ohne Verletzung, so könnte er es auch nicht ohne Schmerz weghexen; drittens, daß er solches nie täte, außer von einem guten Engel gezwungen, darum nämlich, weil er ja ein Werkzeug seines Vorteils wegzunehmen hätte, denn er weiß mehr Hexereien an diesem Akte (der Begattung) zu vollbringen als an den andern menschlichen Handlungen, wie auch Gott mehr zuläßt, diese Handlungen zu behexen, als andere menschliche Handlungen, wie oben festgestellt ist; und dies alles hat keinen Raum, wenn er mit Zulassung Gottes, durch die Hexen handelt. –

Und wenn gezweifelt wird, ob der Dämon die Menschen und Kreaturen mehr durch sich zu schädigen sucht als durch die Hexen, so kann gesagt werden, daß es hier gar keinen Vergleich gibt. Unendlich mehr nämlich sucht er durch die Hexen zu schädigen, einmal, weil er Gott durch Beanspruchung einer diesem geweihten Kreatur größere Schmach bereitet; zweitens, weil, wenn Gott mehr geschädigt wird, dem Teufel mehr Macht, die Menschen zu schädigen, zugelassen wird; drittens um seines eigenen Vorteiles halber, den er in der Vernichtung der Seelen sucht.

Kapitel 8

Über die Art, wie sie die Menschen in Tiergestalten verwandeln

Mag aber auch der Fall, daß die Hexen durch die Macht der Dämonen, da sie denn solches hauptsächlich gern tun, in Tiergestalten verwandeln, im ersten Teile des Werkes, in der Frage, ob die Hexen solches zu tun vermöchten, genügend erklärt sein, so ist doch, weil einigen diese Frage bei ihren Argumenten und Lösungen zu dunkel sein könnte, besonders auch weil keine Taten und Geschehnisse dazu berichtet sind, auch die Art, wie sie sich selbst so verwandeln, nicht ausgedrückt ist, die gegenwärtige Erklärung vermittelst der Lösung sehr vieler Zweifel noch hinzu zu fügen.

Erstens ist jener Canon Episcopi XXVI, 5 nicht so ohne weiteres von diesem Stoffe zu verstehen, wie denn auch viele Gelehrte, (wenn es nur rechte Gelehrte wären!) sich täuschen lassen, sich auch nicht scheuen, öffentlich in ihren Vorträgen zu lehren, derlei gauklerische Verwandlungen könnten auf keine Weise, auch durch die Macht der Dämonen nicht, geschehen; und zwar tun sie dies durchaus zum großen Nachteil des Glaubens, wie oft gesagt ist; auch zur Stärkung der Hexen, die sich gar sehr über solche Reden freuen. Es kommt dies aber bei solchen Predigern daher, weil sie, wie oben gesagt ist, an der Schale und nicht an dem Kerne der Worte des Kanon arbeiten. Wenn der Kanon nämlich sagt: »Wer da glaubt, es könne geschehen, daß eine Kreatur in einen besseren oder schlechteren Zustand umgestaltet oder in eine andere Gestalt oder ein anderes Bildnis verwandelt werde, außer vom Schöpfer allein, der alles gemacht hat, der ist ohne Zweifel ein Ungläubiger«, so möge hier der fromme Leser auf zwei Hauptpunkte achten: erstens auf das Wort »geschehen«, zweitens auf die Worte: »in ein anderes Bildnis verwandelt werden«. Betreffs des ersten sei er sicher, daß »geschehen« doppelt verstanden wird: nämlich für »geschaffen werden« und für natürliche Hervorbringung einer Sache. In der ersten Weise kommt es nur Gott zu, wie bekannt, der durch seine unbegrenzte Macht etwas aus dem Nichts schaffen kann. Betreffs der zweiten Art ist zwischen den Kreaturen zu unterscheiden, weil es entweder vollkommene sind, wie der Mensch, der Esel etc., oder unvollkommene, Schlangen, Frösche, Mäuse etc., die deshalb unvollkommen heißen, weil sie aus Fäulnis entstehen können. Es mag der Kanon immer von den ersteren sprechen; aber nicht von den zweiten, was aus dem Umstände erhellen mag, daß Albertus in dem Buche de animalibus, wo er fragt, ob die Dämonen wahre Tiere machen könnten, mit ja antwortet, jedoch nur bezüglich der unvollkommenen Tiere, auch mit dem Unterschiede, daß er nicht im Augenblicke handelt, wie Gott, sondern durch eine, wenn auch plötzliche, Bewegung, wie sich an den Hexern Exod. 7 zeigt. Man sehe, wenn es beliebt, nach, was in der erwähnten Frage, im ersten Teile des Werkes und zwar bei der Lösung des ersten Argumentes berührt wird. –

Betreffs des zweiten Punktes, wo angeführt wird, daß sie keine Kreatur verwandeln können, sollst du sagen, daß es eine zweifache Verwandlung gibt: eine substanzielle und eine akzidenzielle; und zwar ist die akzidenzielle wiederum zweifach: weil (sie sich kundgibt) durch eine natürliche und der erscheinenden Sache anhaftende oder eine der erscheinenden Sache nicht anhaftende Form, die dann vielmehr den Organen und Kräften des Sehenden selbst anhaftet. Von den ersteren redet der Kanon, und zwar besonders von der gestaltlichen oder washeitlichen[1] Verwandlung, wie z. B. eine Substanz in eine andere sich verwandelt, was allein Gott bewirken kann, der solcher Washeiten Schöpfer ist. – Er redet auch von der zweiten Art, die der Dämon wohl bewirken mag, in so fern durch mit Zulassung Gottes geschickte Krankheiten dem Körper eine akzidenzielle Form verliehen wird, z. B. daß das Gesicht aussätzig erscheint und ähnliches.

Aber weil wir davon nicht eigentlich reden, sondern von der gauklerischen Erscheinung, nach welcher sich die Dinge in andere

1 Ich versuche das schöne Wort quidditativa des Textes ebenso schön wiederzugeben!

Bildnisse zu verwandeln scheinen, so sagen wir, daß der angeführte Kanon solche Verwandlungen nicht ausschließen kann, weil sie durch Autorität, Gründe und Erfahrung zugleich festgestellt sind, nach dem, was Augustinus de civ. dei XVIII, 17 auf Grund sicherer Erfahrung berichtet, wobei er das auch durch verschiedene Untersuchungen erklärt. Denn unter anderen gauklerischen Verwandlungen führt er auch an, daß die hochberüchtigte Zauberin Kirke die Gefährten des Odysseus in Tiere verwandelt habe, und daß einige Stallmägde seine eignen Gastfreunde in Lasttiere verhext hätten. Er berichtet auch, die Gefährten des Diomedes seien in Vögel verwandelt worden und noch lange Zeit nachher seien sie um den Tempel des Diomedes geflogen: ferner habe Prästantius wahrheitsgetreu von seinem Vater erzählt, dieser habe selbst berichtet, er sei ein Pferd gewesen und habe mit anderen Tieren Getreide getragen.

Betreffs des ersten Punktes, nämlich daß die Gefährten des Odysseus in Tiere verwandelt seien, ist zu sagen, daß das durchaus nur Schein war und Augentäuschung, so daß jene Tiergestalten aus dem Aufbewahrungsorte oder dem Gedächtnisse der Gestalten nach der Vorstellungskraft herausgeführt wurden; dadurch ward ein eingebildetes Gesicht verursacht und folglich, durch den starken Eindruck auf die anderen Kräfte und Organe, glaubte der, der sie sah, Tiere zu sehen, auf die Art, wie es oben, im vorhergehenden Kapitel gesagt ist. Aber wie das durch die Kraft der Dämonen ohne Verletzung geschehen könne, soll unten erklärt werden.

Über den zweiten Fall, wo von Stallmägden die Gastfreunde in Lasttiere verwandelt wurden und ferner, daß der Vater des Prästantius erzählte, er sei ein Pferd gewesen und habe Säcke getragen, darüber ist zu bemerken, daß hier dreierlei Täuschungen geschahen: erstens, daß hier Menschen durch Gaukelkunst in Tiere verwandelt schienen, eine Verwandlung, die auf die oben erwähnte Weise geschah; zweitens, daß jene Lasten, wo sie die Kräfte der Träger überstiegen, die Dämonen unsichtbar trugen; drittens, daß sie, die anderen in Tiergestalten verwandelt schienen, auch sich selbst als in Tiere verwandelt vorkamen, wie es dem Nabuchodonosor erging, da sieben Zeiten über ihn verwandelt waren, daß er Heu fraß wie ein Ochse.

Darüber aber, daß die Gefährten des Diomedes in Vögel verwandelt und noch lange um seinen Tempel geflogen seien, ist zu sagen, daß dieser Diomedes, der bei dem Auszuge der Griechen zur Belagerung der Stadt Troja zugegen war, mit seinen Gefährten, als er wieder heimkehren wollte, im Meere ertrank. Als ihm daher auf den Vorschlag eines Idols hin ein Tempel gebaut worden war, als sei er unter die Götter gezählt, flogen die Dämonen, um den Irrtum zu bestärken, noch lange als Vögel umher (und galten) als seine Gefährten. Daher war auch noch eine andere Art des Aberglaubens aus der Zahl der obengenannten Gaukeleien dabei: daß sie nämlich nicht durch Hervorführung der Sinnesgestalten zur Vorstellungskraft, sondern in angenommenen Körpern, als fliegende Vögel, sich dem Auge der Sehenden darstellten. Wenn gefragt wird, ob sie auch auf die erwähnte Weise, durch Hervorführung von Sinnesgestalten die Zuschauer hätten täuschen können, so daß die Dämonen nicht in angenommenen Körpern aus Luft, als fliegende Vögel, sich dargestellt hätten, so ist mit ja zu antworten. Denn es war auch die Meinung einiger (wie S. Thomas, Sent. II, 8, 2 erwähnt), daß die Engel, seien es gute oder böse, niemals Körper annähmen, sondern daß alles, was man in den Schriften von ihren Erscheinungen liest, durch Gaukelei geschehen wäre, oder in bloß vorgestelltem Sehen. Bei diesen Worten wird von dem heiligen Doktor der Unterschied festgestellt zwischen Gaukelei und vorgestelltem Sehen: Gaukelei kann einen Gegenstand haben, der sich von außen dem leiblichen Auge darstellt, mag er auch anders scheinen, als er ist; aber vorgestelltes Sehen verlangt derlei nicht notwendig, daß sich nämlich ein Gegenstand von außen darstellte; sondern es kann ohne diese äußere Darstellung, nur durch jene inneren Sinnesgestalten geschehen, wenn sie zur Vorstellung geführt werden.

Daher waren, wenn man der Meinung jener folgt, die Gefährten des Diomedes nicht durch Dämonen in angenommenen Körpern und Vogelbildnissen dargestellt, sondern es geschah das nur in phantastischem und vorgestelltem Sehen, nämlich durch Herausführung jener Sinnesgestalten etc. wie oben. Aber weil der heilige Doktor jene Ansicht als Irrlehre, nicht als bloße Meinung, zurückweist, (wenn auch nicht geradezu als Ketzerei, wie in Liebe geglaubt wird), da solche eingebildeten Erscheinungen bisweilen auch von guten und bösen Engeln angewendet worden seien, ohne Annahme von Körpern, die Heiligen doch, wie er ebenda sagt, übereinstimmend erklären, daß die Engel auch in körperlicher Erscheinung sich gezeigt hätten, (und solche Erscheinung geschieht in angenommenen Körpern); auch der Text der heiligen Schrift mehr für solche körperliche Erscheinungen ist als für die vorgestellten und gauklerischen: deshalb also können wir danach für jetzt von allen Erscheinungen, ähnlich der von den Gefährten des Diomedes, sagen, daß, wenn dieselben auch durch die Macht der Dämonen im vorgestellten Sehen der Zuschauer hätten gesehen werden können nach der angegebenen Weise, doch lieber angenommen wird, daß sie durch Dämonen in angenommenen Körpern aus dem Elemente der Luft, als fliegende Vögel dargestellt wurden, oder daß andere, natürliche Vögel, getrieben von den Dämonen, jene dargestellt hätten.

Kapitel 9

Wie die Dämonen in den Leibern und Köpfen stecken, ohne sie zu verletzen, wenn sie die gauklerischen Verwandlungen vornehmen

Wenn weiter über die Art der gauklerischen Verwandlung gefragt wird, ob (die Dämonen) dann in den Leibern und Köpfen stecken, und ob solche als gleichsam von den Dämonen besessen zu erachten seien, und wie das geschehen könne, daß sie ohne Verletzung der inneren Kräfte und Mächte Gestalten von der einen inneren Macht zur anderen führen können, und ob eine solche Tat für ein Wunder zu halten sei oder nicht: so muß man betreffs des ersteren, bei der gauklerischen Täuschung, deshalb unterscheiden, weil, wie gesagt, diese Täuschung einmal bezüglich der äußeren Sinne, ein anderes Mal bezüglich der inneren bis zum äußeren Sinne geschieht. Die erstere also mag geschehen können, ohne daß die Dämonen in die äußeren Kräfte eindringen, indem sie sie besetzen, sondern nur durch äußere Täuschung, z. B. wenn sie einen Körper durch Dazwischenstellung eines anderen Körpers, oder auf irgend eine andere Weise verbergen wollen; oder wenn der Dämon für sich einen Körper annähme und sich den Blicken darstellte. Die zweite Täuschung jedoch kann nur geschehen, wenn er das Haupt und die Kräfte von vornherein besetzt; und das wird durch Autorität und Grund gezeigt. Es kann nicht hindern, daß zwei geschaffene Geister nicht an einem und demselben Orte sein können, und die Seele in jedem beliebigen Teile des Körpers ist. Die Autorität aber hierfür ist Damascenus: »Der Engel ist dort, wo er wirkt.« Der Grund steht bei S. Thomas, Sent. II, 7 5: »Alle guten und bösen Engel haben durch natürliche Kraft, die durchaus vorzüglicher ist als jede andere körperliche Kraft, die Macht unsere Körper zu verwandeln.« Das ist klar nicht nur wegen der Vorzüglichkeit und Gediegenheit ihrer Natur, sondern auch deshalb, weil die ganze Maschinerie der Welt und die körperliche Kreatur durch Engel beschickt wird, Gregorius Dial. IV.

Über dieser sichtbaren Welt kann nur durch unsichtbare Kreaturen geschaltet werden, daher werden alle Körper durch Engel geleitet, wie sie auch nicht nur von den heiligen Doktoren, sondern auch von allen Philosophen die Motoren der Welten genannt werden. Es ist auch klar dadurch, daß alle menschlichen Körper von Seelen gelenkt werden, so wie alles andere durch Himmelskörper und durch ihre Motoren. Wer Lust hat, sehe S. Thomas, I, 90, 1.

Daraus wird geschlossen, daß, weil alle Dämonen, wo sie wirken, da auch sind, sie deshalb, wenn sie die Phantasie und die inneren Kräfte stören, auch dort sich befinden.

Item, mag auch in die Seele zu schlüpfen nur dem möglich sein, der sie geschaffen hat, so können doch auch die Dämonen mit Zulassung Gottes in unsere Körper hineinschlüpfen. Und weil sie dann auf die inneren, den körperlichen Organen verknüpften Kräfte Eindrücke hervorbringen können, so werden durch diese Eindrücke, wie die Organe, so auch die Wirkung der Kräfte auf die erwähnte Weise verändert: daß sie die in einer mit den Organen verknüpften Macht aufgespeicherten Gestalten hervorführen können, so wie der Dämon aus dem Gedächtnis, welches im hintersten Teile des Hauptes sitzt, die Gestalt eines Pferdes durch örtliche Bewegung dieses Wahngebilde hervorführt bis zum mittleren Teile des Hauptes, wo die Zelle der Vorstellungskraft ist, und folglich endlich bis zum allgemeinen Sinne, dessen Sitz im vorderen Teile des Hauptes ist. Und alles das können sie so plötzlich ändern und stören, daß die Gestalten notwendig so erachtet werden, als wenn sie sich dem äußeren Auge darstellten. Ein Beispiel zeigt sich deutlich an dem natürlichen Defekte bei Gehirnkranken und anderen Verrückten.

Wenn gefragt wird, wie der Dämon dies bewirken könne, ohne Schmerzen im Kopfe zu erregen, so ist die Antwort leicht: erstens, weil er nämlich die Organe nicht teilt noch bezüglich ihres Gegenstandes ändert, sondern nur die Gestalten bewegt; item zweitens, weil er nicht durch Sendung einer aktiven Eigenschaft anders gestaltet, woraus natürlich Schmerzempfindung folgen würde: da auch der Dämon an sich aller körperlichen Eigenschaften entbehrt, deshalb kann er das ohne Schmerz tun; item drittens, weil, wie gesagt wurde, er die Verwandlung nur durch örtliche Bewegung, von einem Organe zum anderen und durch keine anderen Bewegungen bewirkt, aus denen bisweilen verletzende Änderungen entstehen.

Das also, was Schwierigkeiten macht, ist, daß zwei Geister nicht an ein und demselben Orte sein können, nämlich definitiv; und da schon die Seele im Haupte sitzt, wie könnten ebenda Dämonen sein? Da ist denn zu sagen, daß der Sitz der Seele in den Mittelpunkt des Herzens verlegt wird, wo sie allen Gliedern das Leben durch Einfließen mitteilt. Als Beispiel dient die Spinne, die, mitten im Netze sitzend, die Berührung von allen Seiten her spürt.

Weil jedoch Augustinus in dem Buche de spiritu et anima sagt, sie sei ganz im Ganzen und ganz in jedem Teile des Körpers, so kann, angenommen, sie sei im Kopfe, doch der Dämon dort handeln, weil seine Handlung eine andere ist als die Handlung der Seele, da die Handlung der Seele am Körper geschieht, daß sie ihn bilde und ihm Leben gebe; daher ist sie dort gleichsam wie die Form am Stoffe, nicht im Orte; der Dämon aber ist an solchem Teile des Körpers und an solchem Orte, daß er an den Sinnesgestalten handele und ändere. Weil also keine Verwirrung der Handlungen unter ihnen stattfindet, deshalb können sie zugleich in demselben Teile des Körpers sein.

Weil die Frage, ob solche Leute gleichsam als besessen und ergriffen, d. h. von Dämonen ergriffen zu erachten seien, eine besondere Erklärung haben will, ob es nämlich möglich sei, daß jemand durch die Macht der Hexer vom Teufel besessen werde, d. h. daß ein Dämon ihn wirklich, körperlich besitze, deshalb wird über diesen Gegenstand besonders im nächsten Kapitel gehandelt werden. Dies hat nämlich auch noch eine spezielle Schwierigkeit: ob solches durch Hexenwerke geschehen könne.

Nur auf die Frage, ob solche Werke der Hexer und Dämonen nach der Art der Wunderwerke zu betrachten seien, so daß sie für Wunder zu erachten seien, ist mit ja zu beantworten, insofern sie außerhalb der uns bekannten geschaffenen Natur durch die Kraft einer uns unbekannten Kreatur geschehen, mögen sie auch nicht eigentlich Wunder sein, wie das, was außer der Ordnung der ganzen geschaffenen Natur geschieht, wie die Wunder der Heiligen und Gottes. Siehe nach, was im ersten Teile des Werkes unter der fünften Frage und zwar bei Zurückweisung des dritten Irrtums gesagt ist; außer welchem dies noch um derentwillen hinzuzufügen war, die solche Werke bekämpfen könnten, als müßten sie nicht für Wunder, sondern einfach für Werke des Teufels erachtet werden, darum, weil die Wunder, da sie zur Bestärkung des Glaubens gegeben seien, nicht einem Gegner des Glaubens zugegeben werden dürfen; dann auch, weil die Zeichen des Antichrists vom Apostel Lügenzeichen genannt werden.

Aber auf das erstere ist zu sagen, daß Wunder tun zu können ein Geschenk der in Gnaden gegebenen Gnade ist. Wie sie daher durch böse Menschen geschehen können, so auch durch böse Geister, dabei nämlich, worauf sich ihre Macht erstrecken kann. Daher unterscheidet man auch die von Guten vollbrachten Wunder von denen, die durch Böse geschehen, wenigstens auf dreifache Weise: erstens, nach der Wirksamkeit der Kraft des Handelnden, weil die durch Gute vollbrachten Zeichen durch göttliche Macht auch bei solchen Dingen geschehen, auf welche sich die Kraft der aktiven Natur durchaus nicht erstrecken kann: wie Tote erwecken etc., was die Dämonen nicht in Wirklichkeit, sondern nur durch Gaukelei tun können, wie Simon Magus mit dem Toten tat, dessen Haupt er bewegte, was jedoch nicht von Bestand sein kann. Zweitens nach der Nützlichkeit der Zeichen, weil die von Guten vollbrachten Zeichen Nützliches betreffen, wie bei den Heilungen von Krankheit etc.; die Zeichen aber, die von Hexen vollbracht werden, betreffen Schädliches und Nichtiges, wie daß sie durch die Luft fliegen, oder die Glieder der Menschen erstarren lassen etc. Diesen Unterschied nennt der heilige Petrus in dem Itinerarium Clementis. Der dritte Unterschied betrifft den Glauben: die Zeichen der Guten werden zum Aufbau des Glaubens und guter Sitten befohlen; aber die Zeichen der Bösen dienen zur offenen Schädigung des Glaubens und der Ehrbarkeit.

Sie sind auch bezüglich der Ausführung unterschieden, weil die Guten Wundertaten durch fromme und ehrerbietige Anrufung des Namen Gottes vollbringen, die Hexer und Bösen aber durch gewisses albernes Geschwätz und Anrufung der Dämonen.

Auch das andere steht nicht im Wege, daß nämlich der Apostel die Werke des Teufels und des Antichrists Lügenzeichen nennt, weil die Wunder, wenn er mit göttlicher Zulassung welche tut, je nachdem wahr oder falsch sind: wahr bei dem, was durch die Macht des Dämons geschieht, worauf sich seine Kraft ausdehnen kann: falsch, wenn er das unternimmt, worauf sich seine Kraft nicht ausdehnen kann, wie Tote auferwecken, Blinde sehend machen; weil er im ersteren Falle, wenn er es tun will, entweder in den Leib des Toten eindringen oder ihn wegschaffen und an seiner Stelle in angenommenem Körper aus Luft sich zeigen wird; im zweiten Falle nimmt er durch Gaukelkunst das Gesicht oder andere Krankheiten und heilt sie, indem er plötzlich mit dem Schädigen aufhört, und nicht durch Erzeugung innerer Eigenschaften wie es in der Legende von Bartholomaeus heißt.

Es können auch alle wunderbaren Taten des Antichrists und der Hexen Lügenwerke genannt werden, insofern sie nur zur Täuschung geschehen; und dann wird eben der Antichrist dabei tätig sein. So Thomas, dist. 8, über die Kraft der Dämonen bei ihren Handlungen.

Hier könnte auch die Unterscheidung vorgebracht werden, die im Compendium theologicae veritatis gegeben wird, und zwar zwischen Wunderbarem und Wunder. Weil nämlich ein Wunder eigentlich viererlei fordert: daß es von Gott sei, daß es außer der Existenz der Natur sei, gegen deren Ordnung es geschieht; drittens, daß es augenfällig sei und viertens zur Stärkung des Glaubens diene: darum können die Werke der Hexen, weil es hier wenigstens am ersten und letzten fehlt, wunderbare Werke genannt werden, aber nicht Wunder; auch aus dem Grunde, weil sie zwar im gewissen Sinne Wunder genannt werden können; weil sie jedoch teils über der Natur, teils gegen die Natur, teils außer der Natur sind: und zwar sind über der Natur diejenigen, bei denen nichts Ähnliches in der Natur und deren Macht ist, wie daß eine Jungfrau gebäre; gegen die Natur, was gegen den gewöhnlichen Hergang in der Natur, aber gemäß der natürlichen Grenzen geschieht, wie die Heilung eines Blinden; außer der Natur, was in naturähnlicher Ordnung geschieht, wie bei der Verwandlung von Stäben in Schlangen, was die Natur hätte tun können, durch lange Verwesung, wegen der Art der Samenbildung: so also werden die Werke der Hexen nur wunderbar genannt.

Es frommt, ein Geschehnis zu berichten und einige Zeit auf dessen Erklärung zu verwenden.

Es gibt eine Stadt in der Diözese Straßburg, deren Namen zu verschweigen die Pflicht der Liebe und des Anstandes fordern, wo einst ein Arbeiter in einem Hause Brennholz zersägte; da kam eine Katze von nicht geringer Größe, die sich abarbeitete, an ihm emporzuspringen und ihn so zu belästigen. Er verjagte sie, aber siehe da! ein zweite, noch größere kam zugleich mit der ersten, und beide griffen ihn noch ungestümer an; als er sie wieder vertreiben wollte, da wurden es drei und griffen ihn an, indem sie bald nach seinem Gesichte drangen, bald ihn in die Hüfte bissen. Jener, in Furcht gesetzt und erschrocken (wie er selbst erzählte,) wie nie zuvor, schützte sich mit dem Zeichen des Kreuzes, ließ seine Arbeit im Stich, und, indem er mit einem Stück gespaltenem Holz auf die feindseligen Katzen, die immer wieder bald nach seinem Kopfe, bald nach seiner Kehle drangen, losschlug, der einen auf den Kopf, der anderen auf die Beine oder über den Rücken, verjagte er sie endlich mit Mühe und Not. Und siehe, nach Verlauf einer Stunde, als er wieder mit seiner Arbeit beschäftigt war, kamen zwei Diener des Stadtrates, nahmen ihn als einen Hexer gefangen und wollten ihn vor den Landvogt oder Richter führen. Als dieser ihn von weitem sah, da wollte er ihm kein Gehör schenken, sondern befahl, daß er bis zum Tode in einen tiefen Turm oder Gefängnis geworfen würde, wo die zum Tode Verurteilten eingeschlossen zu werden pflegten. Jener heulte und klagte jammernd drei Tage lang den Wächtern des Gefängnisses, warum er so behandelt würde, da er sich keiner Schuld bewußt wäre. Aber je mehr diese dabei blieben, daß ihm Gehör geliehen werden müsse, um so heftiger schäumte der Richter vor Zorn und rief mit Schmähreden, wie ein solcher Hexer seine Schuld noch nicht zugeben oder wie er sich unschuldig nennen könne, da doch seine Schandtaten klar und deutlich gezeigt seien. Aber wenn auch jene nichts ausrichteten, so ward der Richter doch durch die Fürsprache anderer Ratsherren bewogen, ihm Gehör zu schenken. Er ward also aus dem Kerker geführt; und als er vor dem Richter stand und dieser ihn nicht ansehen wollte, da fiel der Arme vor den anderen Anwesenden auf die Kniee und bat, daß man ihm den Grund seines Unglückes angäbe; und da brach der Richter in die Worte aus: »Du nichtswürdiger Schurke, wie kannst du deine Schandtaten ableugnen? An dem und dem Tage, zu der und der Stunde, hast du drei angesehene Frauen aus unserer Stadt verwundet, daß sie im Bette liegen und nicht aufstehen noch sich bewegen können«. Der Arme, der wieder zur Besinnung kam und bei sich über Tag und Stunde und den Verlauf der Geschichte nachdachte, sagte darauf: »Wahrlich, mein Lebtag habe ich niemals ein Weib geschlagen und geprügelt, und daß ich an dem und dem Tage zu der und der Stunde mich mit Holzsägen beschäftigt habe, werde ich durch gesetzmäßige Aufstellung von Zeugen beweisen. Aber auch Eure Diener haben gesehen, wie ich in der folgende Stunde diese Arbeit tat.« Da rief wiederum der Richter voll Wut: »Seht, wie er seinem Verbrechen auch noch ein Mäntelchen umhängen will! Die Frauen bejammern ihre Schläge und zeigen sie, auch daß er sie geschlagen habe, bezeugen sie öffentlich!« Indem nun der Arme noch mehr über die Geschichte nachdachte, sagte er: »Zu jener Stunde, erinnere ich mich, habe ich Tiere geprügelt, aber keine Frauen.« Voll Erstaunen rufen die Anwesenden, was für Tiere er geschlagen habe? Und da erzählte er, zum Staunen aller die Geschichte, so wie sie oben erzählt ist. Da sie merkten, es sei ein Werk des Teufels gewesen, ließen sie den Armen los und ledig und trugen ihm auf, daß er von der Geschichte niemand etwas erzählte. Aber auch von den Glaubenseiferern, die dabei gewesen, konnte das nicht verheimlicht werden. –

Hierüber ist einiges zu sagen: ob die Dämonen in den so angenommenen Bildnissen ohne Anwesenheit der Hexen erschienen, oder ob diese, körperlich anwesend, durch Gaukelkunst in jene Tiergestalten verwandelt seien? Antwort: Man muß schließen, daß, wenn auch beides durch die Macht des Dämonen hätte geschehen können, man doch eher anzunehmen hat, daß das zweite stattgefunden habe. Denn durch die örtliche Bewegung hätten die Dämonen, wenn sie in Katzengestalt den Arbeiter angriffen, auch die vom Arbeiter nach den Katzen geführten Hiebe und Schläge den zu Hause weilenden Weibern plötzlich durch die Luft zutragen können, und zwar wegen des gegenseitig längst eingegangenen Vertrages. Das wird niemand bezweifeln. So verstehen sie auch eine Verletzung oder einen Stich, den sie beibringen wollen, durch ein gemaltes oder gegossenes Bildnis dessen, den sie behexen wollten, zu bewirken; sie verletzen nicht (eigentlich) das Bildnis, sondern den, welchen es vorstellen soll, nach den auf das Bildnis geführten Stichen. Verschiedene hierher gehörige Ereignisse könnten berichtet werden.

Es gilt auch der Einwand nicht, wenn jemand behaupten wollte, jene also verletzten Weiber seien vielleicht unschuldig gewesen, weil ja durch Beispiele festgestellt ist, daß auch Unschuldigen Verletzungen zugefügt werden können, wenn (z. B.) jemand ohne Wissen durch ein künstliches Bildnis von einer Hexe verletzt wird. Der Einwand gilt aber nicht, weil es ein Unterschied ist, von einem Dämon durch eine Hexe und durch den Dämon selbst, ohne Hexe, verletzt zu werden, weil der Dämon für sich im Bilde des Tieres dann die Schläge empfängt, wenn er sie dann einem andern, ihm durch Pakt verbundenen, zuträgt, und wenn er sich mit dessen Zustimmung zu der oder der Erscheinung, in der und der Gestalt und Weise, hergab. So kann er also nur dem Schuldigen und ihm durch Pakt Verbundenen schaden, aber auf keine Weise dem Unschuldigen. Wenn die Dämonen aber durch Hexen verletzen wollen, dann treffen sie auch oft, mit Zulassung Gottes, die Unschuldigen, auf daß so böse Tat gerächt werde.

Es ist wahr, daß die Dämonen bisweilen, mit Zulassung Gottes, auch durch sich Unschuldige verletzen, und so schädigten sie ja den gottseligen Job; aber sie waren dort nicht, und der Teufel bediente sich nicht solcher gauklerischen Erscheinungen in dem Wahngebilde einer Katze, wie bei obiger Geschichte, welches Tier das ständige Sinnbild der Ungläubigen ist, wie der Hund das der Prediger, nach der Schrift. Daher stellen sie einander stets nach; und der Predigerorden wurde unter der Gestalt eines bellenden Hundes bei seinem ersten Gründer gegen die Ketzer dargestellt.

Es wird aber angenommen, daß jene drei Hexen auf die zweite Art den Arbeiter angegriffen, einmal, weil die erste Art ihnen nicht so gefallen hätte; dann, weil die zweite mehr zu ihrer Wunderlichkeit paßt. Hierbei ward auch in drei Punkten folgende Ordnung beobachtet:

Erstens, daß sie durch die Aufforderung der Dämonen dazu angeregt worden waren, und nicht die Dämonen durch die Aufforderung der Hexen. So nämlich ergab es sich uns sehr häufig aus ihren Geständnissen, daß sie auf Drängen der Dämonen, die sie fortwährend zur Ausführung von bösen Taten anstacheln, vieles zu tun haben, und daß sie wahrscheinlich nicht daran gedacht hätten, einen Armen zu belästigen. Der Grund aber, warum die Dämonen sie dazu angestachelt, war ohne Zweifel der, daß sie wohl wissen, daß, wenn offenkundige Verbrechen ungestraft bleiben, Gott um so mehr beschimpft, der katholische Glaube entehrt und ihre eigene Zahl vermehrt wird. – Zweitens, nach erhaltener Zustimmung bewegten die Dämonen ihre Körper örtlich mit derselben Leichtigkeit, wie eine geistige Kraft höher steht als eine körperliche. Drittens, durch gauklerische Erscheinung nach der oben erwähnten Weise in jene Tiergestalten verwandelt, hatten sie den Arbeiter anzugreifen, ohne gegen die Schläge geschützt zu werden, wie sie nach der Leichtigkeit, womit sie an Ort und Stelle gebracht worden waren, auf jeden Fall hätten geschützt werden können. Aber sie ließen sie geschlagen und den Schläger offenbar werden, da sie wußten, daß solche Schandtaten bei den weibischen Männern, die keinen Glaubenseifer hatten, aus genannten Gründen ungestraft bleiben würden.

Ähnlich ist die Erzählung von einem heiligen Manne, der, als er den Teufel einmal in der Kirche in der Gestalt eines geweihten Priester predigen hörte und durch den heiligen Geist selbst als den Teufel erkannt hatte, auf seine Worte achtete und zuhörte, ob er das Volk gut oder schlecht unterrichte; und als er merkte, daß er untadelig sprach, ja vielmehr gegen die Verbrechen eiferte, ließ er ihn nach der Predigt kommen und fragte ihn nach dem Grunde. Da antwortet jener: »Siehe, ich sage die Wahrheit, weil ich weiß, daß, da (die Hörer) nur Hörer des Wortes, aber nicht Vollbringer sind, Gott mehr beschimpft und mein Gewinn vergrößert wird.«

Kapitel 10

Über die Art, wie die Dämonen bisweilen durch Hexenkünste die Menschen leibhaftig besitzen

Da im vorigen Kapitel gesagt ist, wie die Dämonen auch die Köpfe der Menschen oder auch andere Teile besetzen und betreten und die inneren Gestalten von Ort zu Ort bewegen können, könnte jemand bezweifeln, ob sie auf jeden Fall die Menschen auf Drängen der Hexen besitzen könnten? Ferner über die verschiedenen Weisen, sie ohne Drängen der Hexen zu besitzen. Zur Erklärung dieses ist dreierlei zu erläutern: Erstens ist zu sprechen über die verschiedenen Arten des Besitzens; zweitens, daß die Dämonen auf Drängen der Hexen die Menschen mit Zulassung Gottes bisweilen auf alle diese Weisen besitzen; drittens sind hierher gehörige Daten und Geschehnisse anzuführen.

Zunächst vom ersten Punkt, mit Ausschluß jener allgemeinen Art, wie der Teufel mit jeder beliebigen Todsünde den Menschen besitzt, worüber S. Thomas, quolibet. 3. quaest. 3 unter der Zweifelfrage, ob der Teufel immer leibhaftig den Menschen bewohnt, wenn er eine Todsünde begeht? Der Grund zu diesem Zweifel sei, daß, wenn der heilige Geist den Menschen in der Gnade immer bewohnt, nach Kor. I, 3; »Ihr seid ein Tempel Gottes und der Geist Gottes wohnt in euch« und der Gnade die Schuld gegenübersteht, also hier das Entgegengesetzte stattfinden müßte.

Dort erklärt er auch, daß den Menschen bewohnen, zwiefach verstanden werden kann: nämlich, entweder bezüglich der Seele, oder bezüglich des Körpers: Auf die erste Weise ist es dem Teufel nicht möglich, da Gott allein in die Seele schlüpfen kann; nun ist der Teufel auch nicht Ursache der Schuld, wie der heilige Geist in der Seele wirkt durch seine Handlungen: also gilt die Ähnlichkeit nicht.

Bezüglich des Körpers aber können wir sagen, daß der Teufel auf zweifache Weise den Menschen bewohnen kann, wie auch zwiefach

Menschen gefunden werden: in der Sünde oder in der Gnade. Auf die erste Weise bezüglich muß man sagen, daß, weil infolge jeder Todsünde der Mensch in die Knechtschaft des Teufels gerät, insofern der Teufel bisweilen von außen die Sünde zeigte, sei es dem Sinne, sei es der Einbildungskraft, daß er also deshalb den Affekt des Menschen bewohnt, da sich dieser nach jeder Bewegung der Versuchung bewegt, wie auf dem Meere ein Schiff ohne Steuermann.

Es kann auch der Teufel den Menschen leibhaftig bewohnen, wie sich an den Besessenen zeigt; und weil dies, wie sich herausstellen wird, mehr auf den Straf- als den Schuldpunkt sich bezieht, und die körperlichen Strafen nicht immer der Schuld folgen, sondern bald den Sündigen, bald den Sündlosen geschickt werden, so können die Dämonen auch die in und außer der Gnade Stehenden nach der Tiefe der unerforschlichen Urteile Gottes leibhaftig bewohnen. Und mag auch diese Art des Besitzens nicht zu unserer Untersuchung gehören, so wird sie doch angeführt, daß es nicht etwa unmöglich scheine, daß die Menschen auf Drängen der Hexen mit Zulassung Gottes auch bisweilen leibhaftig von den Dämonen bewohnt werden.

Wir können also sagen, daß, wie die Dämonen für sich und ohne Hexen auf fünf Arten die Menschen verletzen und besitzen können, sie das auch auf alle diese Arten auf Betreiben der Hexen vermögen, da dann, wie Gott mehr beleidigt wird, so auch dem Dämon größere Befugnis zugestanden wird, durch die Hexen gegen die Menschen zu wüten. Und zwar sind es, andeutungsweise aufgezählt, die folgenden Arten: – abgesehen davon, daß sie sie bisweilen an den äußeren Glücksgütern beunruhigen –: manchmal verletzen sie die Leute nur an den eigenen Körpern; manchmal zugleich an den Körpern und den inneren Kräften; manchmal versuchen sie sie bloß, innen und außen; andere berauben sie für einige Zeit der Vernunft; andere machen sie gleichsam zu unvernünftigen Tieren. Über die einzelnen Arten wollen wir sprechen; aber zuvor wollen wir die fünf Gründe vorausschicken, aus denen Gott erlaubt, daß die Menschen besetzt gehalten werden, weil diese Ordnung zu beachten der Stoff verlangt. Bisweilen nämlich ist jemand besessen wegen seines eigenen größeren Verdienstes; bisweilen wegen eines fremden leichten Vergehens; bisweilen wegen seiner eigenen verzeihlichen Sünde; bisweilen wegen einer schweren fremden Sünde; bisweilen wegen einer eigenen großen Tat; und aus allen diesen Gründen erlaubt Gott auch, wie keinem zweifelhaft ist, daß bisweilen auf Drängen der Hexen durch die Dämonen auch Ähnliches geschieht. Es frommt, das einzelne aus den Schriften und nicht nur durch junge Geschehnisse zu beweisen, da immer das Neue durch das Alte gekräftigt wird.

Bezüglich der ersten Art ergibt sich Klarheit aus dem Dialoge des Severus, des berühmtesten Schülers des heiligen Martinus, wo berichtet wird, es habe einen Pater von heiligstem Lebenswandel gegeben, der so mit dem Gnadengeschenk der Austreibung der Dämonen begabt war, daß diese nicht bloß vor seinem Worte flohen, sondern auch vor den Briefen und Handlungen dieses Paters. Und da er vor der Welt sehr berühmt war, fühlte er, daß er von eitler Ruhmsucht versucht wurde, und wiewohl er diesem Laster mannhaft Widerstand leistete, so bat er doch, damit er noch mehr gedemütigt werde, Gott mit aller Inbrunst, daß er fünf Monate lang von einem Dämon besessen werde, was denn auch geschah: denn man mußte ihn als einen Besessenen sofort fesseln und bei ihm alles anwenden, was bei Dämonischen gebräuchlich ist. Als aber der fünfte Monat zu Ende war, ward er fernerhin sowohl von jeder eitlen Ruhmsucht als auch von dem Dämon befreit.

Aber daß aus diesem Grunde jemand durch Behexung seitens eines anderen vom Dämon besessen gemacht werden könne, wird für jetzt ebenso wenig bejaht, als man nicht liest, daß es je geschehen sei, mögen auch die Ratschläge Gottes, wie vorausgeschickt ist, unfaßbar sein.

Bezüglich der zweiten Art aber, daß nämlich jemand infolge eines fremden leichten Vergehens besessen gemacht wird, bringt der heilige Gregorius ein Beispiel von dem heiligen Abte Eleutherius, einem ganz schlichten Manne, dem man, als er einst nahe bei einem Jungfrauenkloster übernachtete, ohne sein Wissen in seine Zelle einen kleinen Knaben zu tun anordnete, der jede Nacht vom Dämon beunruhigt wurde. Aber in derselben Nacht wurde er durch die Gegenwart des Paters vom Dämon befreit. Als er dies Geschehnis erfahren hatte und der Knabe bereits im Kloster des heiligen Mannes untergebracht war, sagte dieser nach Verlauf vieler Tage zu seinen Mitbrüdern, indem er sich ein wenig unmäßig über die Befreiung des Knaben freute: »Der Teufel hat sich mit jenen Schwestern nur einen Scherz gemacht!« Aber als er zu den Dienern Gottes ging, bemerkte er, daß jener Knabe nicht herbei kam; und siehe, sofort begann der Teufel den Knaben zu beunruhigen. Durch die Tränen und das Fasten des heiligen Mannes und der Mitbrüder wurde er mit Mühe, aber doch denselben Tag noch befreit.

Wenn nun ein Unschuldiger infolge eines leichten und noch dazu fremden Vergehens besessen gemacht wird, so ist es nicht verwunderlich, wenn manche wegen einer eigenen verzeihlichen oder einer schweren fremden Sünde oder auch wegen einer eigenen Tat auch auf Drängen der Hexen durch die Dämonen besessen gemacht werden. Denn auch bezüglich der eigenen verzeihlichen Schuld ist das klar nach Cassianus, der collat. abbatis Sereni I, da er von Moses spricht folgendes sagt: »Moses, der ein einzig dastehender und unvergleichlicher Mann war, wurde zur Strafe für eine Rede, die er in der Wüste, bei der Disputation gegen den Abt Macharius, von einer bestimmten Meinung beeinflußt, ein wenig hart vortrug, sogleich einem grausigen Dämon übergeben, daß er, von diesem erfüllt, menschliche Exkremente in seinen Mund tat. Diese Geißel scheint der Herr der Läuterung halber über ihn verhängt zu haben, daß nämlich auch nicht der Makel der Sünde eines Augenblicks in ihm zurückbliebe. Das zeigte sich bei der wunderbaren Heilung. Denn da der Abt Macharius beständig in demütigem Gebete verharrte, wurde der nichtsnutzige Dämon ganz schnell von ihm in die Flucht geschlagen und entwich.

Dem ähnlich scheint das, was Gregorius im ersten Dialoge von einer Nonne berichtet, die Salat aß, ohne sich zuvor mit dem Zeichen des Kreuzes zu schützen, und (von der daraus erfolgenden Besessenheit) vom heiligen Pater Equitius befreit wurde.

Auch über die vierte Art, daß nämlich jemand wegen einer fremden schweren Sünde besessen gemacht werde, berichtet der heilige Gregorius ebendort von dem heiligen Bischof Fortunatus. Als dieser den Teufel aus einem besessenen Menschen vertrieben hatte, begann derselbe Dämon später in der Gestalt eines Pilgers durch die Straßen der Stadt zu rufen: »O, der heilige Mann, der Bischof Fortunatus! Seht, er hat mich, einen Pilger, vom Gasttische geworfen, und ich finde nicht, wo ich ruhen kann!« Da lud jemand, der mit seinem Weibe und Sohne (bei Tische) saß, den Pilger zu sich zu Gaste; und indem er nach dem Grunde des Hinauswerfens fragte, freute er sich über die Verleumdung des heiligen Mannes, die er vom Pilger fälschlich zu hören bekam. Danach aber fuhr der Teufel in den Sohn, warf ihn auf glühende Kohlen und trieb seine Seele hinaus. Da merkte der arme Vater erst, wen er gastlich aufgenommen hatte.

Und betreffs der fünften Ursache, (in Gestalt) der eigenen und großen Tat, lesen wir gleichermaßen sowohl in der Heiligen Schrift als auch in den Passionalien der Heiligen. So wurde ja auch Saul, der Gott nicht gehorchte, besessen gemacht, Könige[2] I, 15.

Dies alles ist, wie wir gesagt haben, berührt worden, damit es niemandem unmöglich scheine, es könnten manche ebenso wegen der Taten der Hexen, wie auch auf deren Drängen besessen gemacht werden; worüber wir, um die verschiedenen Arten der Besessenheit verstehen zu können, bezüglich der zweiten ein Geschehnis zum Besten geben wollen. Nämlich zur Zeit des Papstes Pius II., vor der Einführung des Amtes der Inquisition, passierte einem der beiden Inquisitoren, die vorliegende Abhandlung zusammenstellen, folgender Fall: Ein gewisser Böhme aus der Stadt Dachov hatte seinen einzigen Sohn, einen Leutpriester, um der Gnade der Befreiung willen, da er besessen war, nach Rom gebracht. Zufällig aber traf es sich, als ich, einer von den Inquisitoren, der Erholung halber in ein Hospiz eingetreten war, daß als Tischgenosse ebenderselbe Priester mit seinem Vater gleichfalls an dem Tische saß. Während wir aber zusammen aßen und, wie es bei Fremden Sitte ist, uns gegenseitig unterhielten, seufzte der Vater öfters und wünschte sich vom allmächtigen Gott, daß er seine Reise mit günstigem Erfolge beendet haben möchte. Indem ich das tiefste Mitgefühl mit ihm hatte, begann ich zu erforschen, was der Grund

2 Soll heißen Samuelis!

seiner Reise und seiner Traurigkeit wäre, Darauf antwortete jener vor den Ohren des Sohnes, der mein Tischnachbar war: »Ach, ich habe einen vom Dämon besessenen Sohn, den ich um der Gnade der Befreiung willen unter großen Mühen und Kosten bis hierher gebracht habe.« Als ich fragte, wo denn der Sohn sei, sagte er, er sei mein Tischnachbar. Ein wenig erschrocken betrachtete ich ihn genau; und da er mit solchem Anstand die Speisen zu sich nahm und auch alle Fragen prompt beantwortete, begann ich im Geiste zu schwanken, und hielt ihm entgegen, er sei nicht besessen, sondern es sei ihm etwas infolge einer Krankheit zugestoßen. Da erzählte der Sohn seinerseits den Hergang und gab an, wie und zu welcher Zeit er besessen gemacht worden sei. »Eine gewisse Frau«, sagte er, »eine Hexe hat mir diese Krankheit angetan: Als ich nämlich gegen sie schalt, wegen eines gewissen Mißfallens betreffs des Kirchenregimentes, und sie allzuhart angelassen hatte, weil sie von halsstarrigem Willen war, sagte sie, daß ich in wenigen Tagen auf das zu achten haben würde, was mir zustoßen würde. Aber auch der Dämon, der in mir wohnt, berichtet ebendasselbe, daß die Hexe ein Hexenzeug unter einen gewissen Baum gelegt habe; und wenn dies nicht beseitigt wird, kann ich nicht befreit werden. Aber er will den Baum nicht angeben«. Ich würde jedoch seinen Aussagen nicht den geringsten Glauben beigemessen haben, wenn mich nicht sofort die Erfahrung belehrt hätte. Denn von mir nach dem Zeitraum gefragt, in dem er entgegen der gewohnten Weise der Besessenen von solcher Schärfe seines Verstandes sei, antwortete er: »Ich werde des Gebrauches der Vernunft nur beraubt, wenn ich mich mit göttlichen Dingen befasse oder heilige Orte aufsuchen, will. Besonders aber hat der Dämon in seinen von mir vorgebrachten Worten gesagt, daß, wie ich ihm in meinen Predigten an das Volk gar großes Mißfallen erregt hätte, er mich jetzt auf keinen Fall predigen lassen würde.« Er war nämlich nach der Aussage des Vaters ein beliebter Prediger und allen liebenswert. Da ich, der Inquisitor, aber über die einzelnen Punkte Gewißheit haben wollte, beschloß ich ihn fünfzehn Tage lang und darüber an verschiedene Stätten der Heiligen zu führen, besonders aber nach der Kirche der heiligen Jungfrau Praxedis, wo sich ein Teil der marmornen Säule befand, an die unser Heiland bei seiner Geißelung angebunden worden war, und an den Ort, an welchem der Apostel Petrus gekreuzigt worden war. Während er an diesen Orten exorzisiert wurde, stieß er ein schreckliches Geheul aus und versicherte schon, er wolle ausfahren: kurz darauf aber auf keinen Fall. Und wie vorausgeschickt ist, blieb er in allen Sitten der gebildete Priester und ohne jedes Anzeichen (von Besessenheit), außer wenn die Exorzismen unternommen wurden; und nach ihrer Beendigung zeigte er, sobald ihm die Stola vom Halse genommen wurde, dann wiederum, abgesehen davon, nicht die geringste unvernünftige oder unanständige Bewegung. Wenn er beim Vorübergehen an einer Kirche die Kniee zur Begrüßung der glorreichen Jungfrau beugte, dann streckte der Teufel seine Zunge lang aus seinem Munde heraus, und befragt, ob er sich dessen nicht enthalten könnte, antwortete er: »Ich vermag das durchaus nicht zu tun, denn so gebraucht er alle meine Glieder und Organe, Hals, Zunge und Lunge, zum Sprechen oder Heulen, wenn es ihm gefällt. Ich höre zwar die Worte, die er so durch mich und aus meinen Gliedern heraus spricht; aber zu widerstreben vermag ich durchaus nicht. Und je andächtiger ich einer Predigt zu folgen wünsche, desto schärfer setzt er mir zu, indem er die Zunge heraussteckt.« Und da eine Säule in der Kirche von S. Peter vorhanden ist, die man aus dem Tempel Salomos dorthin geschafft hat und durch deren Kraft schon mehrere, wiewohl von Dämonen besessen, befreit worden sind, darum daß sich auch Christus beim Predigen im Tempel an sie angelehnt hatte, (so wollte ich auch damit einen Versuch machen) aber jener konnte doch nach Gottes verborgenem Ratschlusse nicht befreit werden, da er sich eine andere Weise zu seiner Befreiung vorgenommen hatte. Denn wenn er auch den ganzen Tag und die ganze Nacht an der Säule eingeschlossen geblieben war, so rief er doch schließlich, als am folgenden Tage nach Verlesung verschiedener Exorzismen über ihn das Volk herumstand und ein großer Auflauf geschah und jener gefragt wurde, an welchem Teile der Säule Christus sich angelehnt hätte, worauf er, mit den Zähnen in die Säule beißend, die Stelle bezeichnete und heulend ausrief: »Hier stand er! Hier stand er!« – so rief er schließlich, er wolle nicht ausfahren; und als er gefragt wurde, weshalb, antwortete er, wegen der Lombarden. Aufs neue befragt, warum er wegen der Lombarden nicht ausfahren wollte, da antwortete er in italienischer Sprache: (während doch der kranke Priester dieses Idiom nicht verstand,) was besagte: Alle machen so und so, wobei er das schlimmste Laster der Ausschweifung nannte. Aber danach fragte mich der Priester und sagte: »Pater, was bedeuten jene italienischen Worte, die (der Dämon) aus meinem Munde vorgebracht hat?« Als ich es ihm erklärt hatte, antwortete er: »Die Worte habe ich zwar gehört, aber ich habe sie nicht verstehen können.« – Weil nun, wie der Ausgang der Sache lehrte, diese Besessenheit von der Art war, von der der Heiland im Evangelium sagt: »Diese Art von Dämonen wird nicht ausgetrieben, außer durch Gebet und Fasten«, so befreite ihn ein ehrwürdiger Bischof, der, wie es hieß, durch die Türken von seinem Sitze vertrieben worden war, endlich durch Gottes Gnade und schickte ihn mit Freude in seine Heimat zurück, indem er voll frommen Mitgefühls mit ihm die ganze quadragesimale Zeit hindurch täglich bei Wasser und Brot auf Fasten und Gebete und Exorzismen bedacht war.

Mag auch hierüber ohne Wunder keiner in diesem Leben eine genügende Erklärung abgeben können, so können wir doch über die Frage, durch welche und wie viele Arten der Dämon die Menschen besessen mache und auch verletze, sagen, daß es auf fünf Arten geschieht, abgesehen davon, daß sie bisweilen an den äußeren Glücksgütern schädigen. Einige nämlich werden nur an den eigenen Körpern beunruhigt, andere zugleich am Körper und an den inneren Kräften, andere nur an den inneren Kräften; andere werden zu ihrer Züchtigung zeitweise nur des Gebrauches der Vernunft beraubt, andere aber werden gleichsam zu unvernünftigen Bestien gemacht. Betreffs des vorerwähnten Priesters wird erklärt, daß er auf die vierte Weise besessen gewesen sei; denn er wurde weder in seinen Glücksgütern, noch an seinem eigenen Körper beunruhigt, wie es den frommen Job traf, da Gott, wie die Schrift hierüber offen berichtet, dem Dämon freie Hand gegeben hatte, indem er zu Satan sagte: »Siehe, alles was er hat, ist in deiner Hand, nur gegen ihn selbst strecke deine Hand nicht aus«; d. h., nur gegen den äußeren Besitz. Später aber sagt er, (auch) gegen den Leib (solle er die Hand ausstrecken): »Siehe, er ist in deiner Hand; nur seine Seele bewahre«; d. h., nimm ihm nicht das Leben.

Man kann auch sagen, daß (jener Priester) auf die dritte Art, nämlich an den inneren Kräften der Seele und am Körper zugleich beunruhigt ward, wenn er sagte, wie es Job VII steht: »Wenn ich zum Herrn sage, mein Bett wird mich trösten, und ich werde erleichtert werden durch mein Lager, wenn ich mit mir rede, so erschreckst du mich durch Träume und durch Visionen, indem du mich mit Schauer schüttelst«, die nämlich der Dämon besorgt, nach Nicolaus de Lyra und Thomas. Du schreckst mich durch Träume, die nämlich dem Schlafenden erscheinen; und durch Visionen, die nämlich dem Wachenden, des Gebrauches der äußeren Sinne Entfremdeten, erscheinen. Es pflegen nämlich die durch die am Tage gebildeten Wahngestalten zum Erschrecken der Schlafenden zu dienen; und das geschah an jenem infolge der Schwachheit des Körpers. Daher sah Job, dem so aller Trost abgeschnitten war, kein anderes Mittel so vielen Bewegungen zu entgehen, als durch den Tod: »indem du mich mit Schauern schüttelst«, sagt er.

Daß auf diese Weisen auch die Hexen die Menschen durch die Dämonen schädigen können, bezweifelt niemand, wie es sich im Folgenden zeigen wird: wie sie durch Hagelschlag an den Glücksgütern und an dem Körper von Tieren und Menschen Verletzungen beibringen.

Und auch die dritte Art der Schädigung, die am Körper und an den inneren Kräften ohne Beraubung des Gebrauches der Vernunft geschieht, ergibt sich aus ihren Betätigungen, wenn sie, wie oben berührt worden ist, die Sinne der Männer so sehr zu unerlaubten Neigungen entflammen, daß sie notwendigerweise auch zur Nachtzeit zu ihren Liebchen über weite Länderstrecken zu eilen haben, wegen des Stachels allzu ungezügelter fleischlicher Liebe.

Es kann angeführt werden, was sich in Hessen, in der Stadt Marburg, mit einem Besessenen, auch einem Priester, zugetragen haben soll. Als der Dämon bei den Exorzismen gefragt wurde, seit wie langer Zeit er den Priester bewohnt hätte, soll er geantwortet haben: »Seit sieben Jahren«, und als ihm der Exorzist entgegenhielt: »Wenn du ihn kaum drei Monate beunruhigt hast, wo warst du da in der übrigen Zeit?« – antwortete er: »In seinem Körper verbarg ich mich«. Und als jener forschte: »In welchem Teile des Körpers?« antwortete er:

»Meistens im Kopfe«. Und von neuem befragt, wo er denn gewesen wäre, wenn jener den Gottesdienst mitgefeiert und das Sakrament genommen hätte, sagte er: »Ich habe mich unter seiner Zunge verborgen«. Und jener: »Elender, was ist das für eine Tollkühnheit, daß du bei der Gegenwärtigkeit deines Schöpfers nicht entflohen bist?« Darauf der Dämon: »Kann sich denn ein Nichtsnutz nicht unter einer Brücke verstecken, während ein heiliger Mann darüber hingeht, wenn er nur nicht seine Schritte anhält?« Mit Hilfe der göttlichen Gnade ward er jedoch befreit; mag er nun Wahres oder Erdichtetes vorgebracht haben: denn er ist ein Lügner, wie auch sein Vater.

Die vierte Art wird auf den zu Rom befreiten Besessenen unter der Erklärung angewendet, daß der Dämon in den Körper schlüpfen kann, wenn auch nicht in die Seele, da dies nur Gott möglich ist; jedoch auch in den Körper schlüpfen nur, ohne doch innerhalb der Grenzen der Wesenheit des Körpers zu sein. Dies sage ich erklärender Weise. Es gibt eine Art, auf die die Dämonen bisweilen substanziell die Menschen bewohnen und sie nur zu Zeiten des Gebrauches der Vernunft berauben, und dies wird so erklärt: Wir können nämlich sagen, daß der Körper Grenzen in doppelter Hinsicht hat, nämlich der Quantität und der Wesenheit. Wenn also irgend ein Engel, ein guter oder böser, innerhalb der Grenzen des Körpers wirkt, so wirkt er innerhalb der Grenzen der körperlichen Quantität, und so schlüpft er auch in den Körper, wobei er an den quantitativen Kräften wirkt. So bewirken die guten Engel bei den Guten auch imaginäre Visionen; niemals aber behauptet man von ihnen, daß sie in die Wesenheit des Körpers hineinschlüpfen, weil sie nicht als Teil und auch nicht als Kraft hineinschlüpfen können: nicht als Teil, weil das ein anderes ist, und ebenso durchaus die Wesenheit ein anderes; nicht als Kraft, als ob sie Sein verliehe: weil (der Körper) sein Sein durch die Schöpfung von Gott hat. Daher hat er auch selbst allein die innere Betätigung und Erhaltung der Wesenheit, so lange es seiner Liebe gefällig ist, sie zu bewahren. Daher schließt man, daß, wenn alle anderen Vollkommenheiten oder Mängel – wobei man von guten bezüglich der Vollkommenheiten, bezüglich der Mängel von schlechten spricht – bewirkt werden, falls sie am Körper und seinen Teilen, z. B. am Kopfe bewirkt werden, (die Geister) in einem solchen Körper in die Grenzen, nämlich der Quantität und in die quantitativen Kräfte hineinschlüpfen; wenn jedoch an der Seele, dann wiederum wirken beide von außen, aber auf verschiedene Weisen. Und zwar sagt man, daß sie an der Seele derart wirken, daß sie dem Intellekte jene Phantasiegebilde oder Gestalten vorführen und nicht nach dem Urteile des allgemeinen Sinnes und der äußeren Sinne. Aus diesen Betätigungen folgen die Versuchungen der bösen Engel, auch schlechte Neigungen und Gedanken, indem sie indirekt auf den Intellekt einwirken; von den guten Engeln aber erfolgen die Erleuchtungen der Phantasiegebilde, damit das erkannt werde, was von ihnen enthüllt wird. Daher besteht auch der Unterschied, daß die guten Engel auch direkt einen Eindruck auf den Intellekt machen können, indem sie die Phantasiegebilde erleuchten, von den bösen aber heißt es, daß sie die Phantasiegebilde nicht erleuchten können, sondern sie vielmehr verdunkeln. Ebenso können sie auch nicht direkt einen Eindruck machen, sondern nur indirekt, insofern der mit dem Intellekt Erfassende die Phantasiegebilde erwägen muß. Dadurch jedoch, heißt es, schlüpft auch ein guter Engel nicht in die Seele, mag er sie auch erleuchten – so wie es auch nicht heißt, daß ein höherer Engel in einen niedrigeren hineinschlüpft – mag er ihn auch erleuchten – sondern er wirkt und wirkt mit nur von außen in der Weise, wie gesagt ist: daher kann ein böser Engel um so viel weniger hineinschlüpfen.

Auf diese Weise nun besetzte der Dämon dem Priester den Leib in dreierlei: erstens, daß, wie er in seinen Leib hineinschlüpfen konnte, nämlich innerhalb der Grenzen der körperlichen Quantität, er so substanziell seinen Kopf besetzte und darin wohnte; zweitens, daß, wie er an seiner Seele äußerlich, durch Verdunkeln des Intellektes, wirken konnte, daß er den Gebrauch der Vernunft verlor, er es auch vermocht hätte, ihn ohne Unterbrechung bezüglich des Verlustes der Vernunft zu beunruhigen, ja, ohne daß man ihn hätte interpellieren können (?); wobei man allerdings sagen darf, daß der Priester infolge eines Geschenkes von Gott die Vergünstigung genoß, daß er vom Dämon nicht ohne Unterbrechung beunruhigt wurde; drittens, daß, wenn er auch aller Glieder und Organe zum Sprechen und zur Bildung von Worten beraubt wurde, er doch immer auf die Worte, wenn auch nicht auf den Sinn der Worte, Obacht hatte.

Diese Art des Besessenmachens unterscheidet sich sehr viel von anderen Arten des Besessenmachens, da man allgemein von den Besessenen liest, daß sie ohne Unterbrechung heimgesucht werden, wie es sich im Evangelium zeigt, sowohl an dem Mondsüchtigen, dessen Vater zu Jesus gesagt hatte: »Herr, erbarme dich meines Sohnes, weil er mondsüchtig ist und schlimm leidet«, Matthaeus XVII, als auch an der Frau, die Satan seit achtzehn Jahren gebunden hatte, und war gebeugt und konnte überhaupt nicht hochsehen, Lukas XIII.

Auf diese Weisen können die Dämonen unzweifelhaft mit göttlicher Zulassung auch auf Drängen der Hexen beunruhigen.

Kapitel 11

Über die Weise, wie sie jede Art von Krankheit anhexen können; und zwar im allgemeinen von den schwereren

Aber auch dies, daß es keine Krankheit des Körpers gibt, welche von den Hexen mit Zulassung Gottes nicht angetan werden könne, auch wenn es bis zu Aussatz und Epilepsie gehen soll, kann dadurch bewiesen werden, daß von den Gelehrten keine Art von Krankheit ausgenommen wird. Denn wenn man das, was weiter oben sowohl über die Kraft der Dämonen als auch mit Bezug auf die Bosheit der Hexen berührt worden ist, fleißig erwägt, so erleidet das keine Schwierigkeit. Denn auch Nider, sowohl in seinem Praeceptorium als in seinem Forraicarius, wo er fragt, ob die Hexer wirklich mit ihren Hexenkünsten den Menschen verletzen können – und zwar wird die Frage gestellt, ohne irgend eine, wenn auch noch so unheilbare Krankheit auszunehmen – und da er mit ja antwortet, fragt er folgerichtig, auf welche Weisen und mit was für Mitteln. Bezüglich des ersteren antwortet er so, wie es sich oben aus der ersten Frage des ersten Teiles dieser Abhandlung ergeben hat. Es wird auch durch Isidorus bewiesen, der die Betätigungen der Hexen Etym. VIII, 9, beschreibt: Hexer heißen sie wegen der Größe ihrer Verbrechen. Sie verwirren nämlich die Elemente mit Hilfe der Dämonen zur Erregung von Stürmen und stören den Geist der Menschen, indem sie auf die oben berührten Weisen den Gebrauch der Vernunft entweder völlig hemmen oder doch schwer verdunkeln. Er fügt hinzu: und ohne einen Tropfen Gift, bloß durch die Stärke des Zauberspruches vernichten sie die Seelen«, indem sie nämlich das Leben rauben. Es wird auch durch S. Thomas, Sent. II, di. 7 und 8 und IV, di. 34 bewiesen, und gemeinsam durch alle Theologen, die ebendort schreiben, daß die Hexer auf alle Arten Schädigungen an den Menschen und ihren Sachen mit Beihilfe des Dämons bewirken können, an denen der Dämon allein schädigen und täuschen kann; nämlich an den Sachen, dem Rufe, dem Gebrauch der Vernunft und dem Leben, das will sagen, daß der Dämon in den Fällen, wo er für sich, ohne Hexe, schädigen kann, es auch mit der Hexe kann; im Gegenteil: mit noch größerer Leichtigkeit, wegen der größeren Beleidigung der göttlichen Majestät, wie oben berührt worden ist.

Bezüglich der Sachen ist es klar aus Job I und II, wie oben klar geworden ist. Bezüglich des Rufes ist es klar aus der Legende vom seligen Hieronymus, wie Joannes Andreä in seinem Hieronymianum berichtet, daß der Teufel sich in die Gestalt des heiligen Silvanus, des Bischofs in Nazareth, des Freundes des Hieronymus, verwandelte. Dieser Dämon begann zuerst eine edle Frau nachts im Bette zur Üppigkeit mit Worten zu reizen und zu locken, und dann erregte er sie mit Taten zum Bösen. Als sie schrie, verbarg sich der Dämon in der Gestalt des heiligen Bischofs unter dem Bette der Frau. Dort gesucht und gefunden log er mit üppigen Worten, er sei der Bischof Silvanus. Am Morgen kam daher der heilige Mann in den schlimmsten Leumund, während der Teufel verschwand. Diese Verleumdung ward endlich abgewaschen, als der Teufel in einem besessenen Körper am Grabe des heiligen Hieronymus ein Geständnis ablegte.

Bezüglich des Körpers ist es klar, am seligen Job, der vom Dämon mit sehr bösen Geschwüren geschlagen ward, was als Aussatz ausgelegt wird. Es berichtet auch Sigibertus und Vincentius im Spec. hist. XXI, 37, daß zur Zeit des Kaisers Ludwigs II., in der Parochie Mainz ein gewisser Dämon erst häufig Steine warf und Diebereien verriet und Zwietracht säte. Dann reizte er alle gegen einen auf, dessen Herberge er ansteckte, wo immer er blieb; und um dessen Sünden willen, versicherte er, litten alle. Daher mußte man schließlich die Äcker als Herberge benutzen. Als deshalb die Presbyter Litaneien abhielten, verwundete der Dämon viele mit Steinwürfen, daß sie bluteten. Bald verhielt er sich ruhig, bald wütete er, und das setzte er drei Jahre hindurch fort, bis alle Gebäude dort durch Feuer verbrannt waren.

Ebenso wird es bezüglich der Schädigung des Gebrauches der Vernunft und der Beunruhigung der inneren Sinne bewiesen an den Besessenen und Ergriffenen; auch durch Geschichten aus den Evangelien. Ebenso bezüglich des Todes, und daß er auch manche des Lebens beraubt. Es ist klar aus Tobias VI, bezüglich der getöteten sieben

Männer der Jungfrau Sara, die wegen ihrer üppigen Neigung und ihres zügellosen Verlangens nach der Jungfrau Sara der Ehe mit ihr nicht würdig waren.

Daher wird geschlossen, daß sie, wie für sich, so und noch mehr durch Hexen den Menschen in allem ohne Ausnahme schaden können.

Wenn aber gefragt wird, ob derartige Schädigungen lieber den Dämonen oder den Hexen zugeschrieben werden müßten, so wird geantwortet, daß, wie die Dämonen, wenn sie Krankheiten antun, in eigener und unmittelbarer Tätigkeit wirken, sie ihnen auch prinzipiell zugeschrieben werden müssen. Aber weil sie zugleich zur Verachtung und Beleidigung des Schöpfers und zur Vernichtung der Seelen derartiges durch die Hexen auszuführen suchen, indem sie wissen, daß, wie Gott durch solche Art mehr gereizt wird, er ihnen ebenso auch mehr Macht zu wüten gestattet, und weil tatsächlich unzählige Hexentaten ausgeführt werden, die den Menschen anzutun, dem Teufel nicht gestattet werden würde, wenn er für sich allein strebte, die Menschen zu schädigen; die jedoch nach dem gerechten und verborgenen Ratschlüsse Gottes durch die Hexen wegen deren Perfidie und Ableugnung des katholischen Glaubens zugelassen werden –: daher werden ihnen auch nach gerechtem Urteil solche Hexentaten (erst) in zweiter Linie zugeschrieben, insofern der Teufel der prinzipielle Urheber ist. Mag also der Zweig, den ein Weib ins Wasser taucht, damit es regnet, wobei sie das Wasser hoch in die Luft spritzt, an sich den Regen nicht verursachen und die Frau deshalb nicht getadelt werden können, so wird sie doch, weil sie auf Grund eines mit dem Dämon eingegangenen Paktes schon als Hexe derlei tut, wenn es auch der Dämon ist, der den Regen verursacht, deshalb mit Recht in Anklage versetzt, weil sie mit einem schlechten Glauben und Werke dem Teufel dient, indem sie sich seiner Botmäßigkeit überliefert.

So wird auch, wenn ein Zauberer zu jemandes Behexung ein wächsernes Bildnis oder etwas Ähnliches macht, oder wenn durch jemandes Hexerei in Wasser oder Blei ein Bild erscheint, jedwede Belästigung, die einem solchen Bildnis zugefügt wird – und die Erfahrung lehrt, daß derlei an einem bildlichen, d. h. behexten Menschen geschieht –

nämlich ein Stich oder jedwede andere Verletzung, wiewohl die Verletzung tatsächlich (nur) dem Bildnisse durch die Hexe oder einem anderen Menschen beigebracht wird, und der Dämon unsichtbar den behexten Menschen in derselben Weise verletzt, dennoch nach Verdienst der Hexe zugeschrieben, weil Gott dem Teufel niemals gestatten würde, ohne sie eine Verletzung anzutun und der Teufel für sich selbst nicht versuchen würde, jemand zu verletzen.

Aber weil vom Rufe die Rede gewesen ist, woran die Dämonen für sich, ohne die Mitwirkung von Hexen, die Menschen schädigen können, so könnte das in die Zweifelfrage verkehrt werden: ob auch die Dämonen für sich ehrbare Frauen in üblen Ruf bringen könnten, daß sie gleich wie Hexen erachtet würden, wenn sie in ihrer Gestalt zu jemandes Behexung erschienen, woher es geschehen könnte, daß eine solche Unschuld in üblen Ruf käme? Antwort. Es ist einiges vorauszuschicken: Erstens, daß gesagt ist, der Dämon könne nichts bewirken ohne die göttliche Zulassung, wie im ersten Teile des Werkes in der letzten Frage klar geworden ist. Auch ist berührt worden, daß die Zulassung betreffs der Gerechten und in der Gnade Befindlichen nicht so groß ist, als betreffs der Sünder, gegen welche er durchaus ebenso größere Macht hat, nach dem Worte: »Wenn ein starker Gewappneter« etc., wie zu deren Peinigung von Gott durchaus mehr zugelassen wird, als betreffs der Gerechten. Mögen sie schließlich die Gerechten in äußeren Dingen, wie Ruf und Gesundheit des Körpers, mit Gottes Zulassung schädigen können, so lieben sie es doch um so weniger, als sie wissen, daß jenen dies zur Mehrung der verdienstlichen Werke gereicht.

Danach kann man sagen, daß in dieser Schwierigkeit Verschiedenes beachtet werden kann: erstens bezüglich der göttlichen Zulassung, zweitens bezüglich des Menschen, der für ehrbar gilt, während solche nicht immer in der Gnade befindlich sind, wie sie als ehrbar gelten; drittens bezüglich des Verbrechens, an welchem ein Unschuldiger in üblen Ruf gebracht werden soll, weil dies von seiner Wurzel an alle Schandtaten der Welt übersteigt. Daher muß man sagen: mag auch nach göttlicher Zulassung jeder Unschuldige, sei er in der Gnade gefestigt oder nicht, an den Glücksgütern und am Rufe geschädigt werden können, so kann man doch mit Rücksicht auf das Verbrechen selbst und die Schwere der Tat – da nach dem oft beigebrachten Ausspruch des Isidorus die Hexer so bezeichnet werden wegen der Größe ihrer Taten – dies sagen: daß ein Unschuldiger auf die vorerwähnte Art vom Dämon in üblen Ruf gebracht werde, ist nicht gut möglich; abermals in vielen Hinsichten: erstens, weil wegen solcher Laster, die ohne ausdrücklichen oder schweigenden, mit dem Dämon eingegangenen Pakt begangen werden, wie Diebstahl, Raub und fleischliche Akte, verleumden, etwas anderes ist, als wie Verleumdung wegen solcher Laster, die auf keine Weise dem Menschen zugeschrieben oder von ihm begangen werden können, außer auf Grund eines ausdrücklichen, mit dem Dämon eingegangenen Paktes, wie es die Werke der Hexen sind, die nur durch die Kraft eines Dämons von den Hexen begangen werden, wie z. B. wenn Menschen, Tiere oder Feldfrüchte behext werden, daher sie ihnen anders auch nicht zugeschrieben werden können. Mag also der Dämon einen Menschen wegen anderer Laster in üblen Ruf bringen können – ihn jedoch wegen eines solchen Lasters in üblen Ruf bringen, was ohne ihn nicht begangen werden kann, scheint nicht gut möglich zu sein. Außerdem ist es bis heute nirgends geschehen noch gefunden worden, daß ein Unschuldiger durch den Dämon in dieser Weise in üblen Ruf gebracht und so wegen einer solchen Verleumdung dem Tode überantwortet sei. Im Gegenteil, wo ein solcher nur unter einer Verleumdung zu leiden hat, wird er mit keiner Strafe gestraft, außer daß ihm die kanonische Reinigung zuerkannt wird, wie im dritten Teile des Werkes bei der zweiten Weise, über die Hexen das Urteil zu fällen, klar werden wird. Und wiewohl dort enthalten ist, daß er in dem Falle, er versagte bei der Reinigung, als Angeklagter zu halten sei, so würde ihm doch noch der Eid zugeschoben werden, bevor man weiter zu der Rückfälligen gebührenden Strafe vorschritte.

Aber weil wir mit Ereignissen zu tun haben, die tatsächlich niemals ausgeführt worden sind, so ist es niemandem zweifelhaft, daß auch in Zukunft die göttliche Zulassung sie nicht geschehen lassen wird; außerdem und a fortiori, wegen der Engelswache, die nicht zuläßt, daß Unschuldige wegen anderer, geringerer Verbrechen entehrt werden: wie sie es bezüglich der Räuberei und derlei weniger zugeben wird, so wird sie im Gegenteil um so kräftiger den zur Bewachung Anvertrauten vor der Schmach solcher Schandtaten bewahren.

Es gilt auch nicht, wenn jemand einwenden wollte, was der heilige Germanus getan hat, als die Dämonen in angenommenen Körpern den am Tische Sitzenden andere Weiber zeigten, während deren Männer schliefen, und den Gastfreund täuschten, als ob diese Weiber in ihren eigenen Körpern immer essend und trinkend dabei wären. Davon ist auch schon oben Meldung geschehen. Nicht daß dort jene Frauen als gänzlich unschuldig entschuldigt würden; aber es geschieht derlei den Frauen oft, wie es nach dem Canon Episcopi XXVI, 5 angemerkt wird, wo diejenigen getadelt werden, welche, während sie nur in eingebildeter Illusion ausfahren, meinen, sie führen wirklich und körperlich aus; mögen sie auch, wie oben berührt worden ist, bisweilen körperlich von den Dämonen fortgetragen werden.

Daß sie aber alle anderen körperlichen Krankheiten ohne Ausnahme mit göttlicher Zulassung antun können, darauf bezieht sich die gegenwärtige Untersuchung, und zwar ist aus dem vorher Bemerkten eine Bejahung zu erschließen, da von den Gelehrten keine Ausnahme gemacht wird. Dem muß auch der Grund zustimmen, indem ja die Dämonen auch sonst durch ihre natürliche Kraft, wie oft berührt worden ist, alles Körperliche übertreffen.

Schließlich bestätigen das Taten und Geschehnisse, die wir gefunden haben. Denn mag vielleicht eine größere Schwierigkeit betreffs des Aussatzes und der Epilepsie entstehen können, ob sie nämlich derlei antun können, darum daß derartiges nur aus tagtäglichen vorausgehenden Veranlagen und Defekten der inneren (Organe) zu entstehen pflegt, so haben wir doch gefunden, daß derlei bisweilen durch Hexenwerk angetan worden war. Nämlich als in der Diözese Basel im Grenzgebiete von Elsaß und Lothringen ein gewisser ehrbarer Arbeiter gewisse harte Worte gegen ein gewisses zänkisches Weib ausgestoßen hatte, fügte jene unwillig Drohungen hinzu: sie wollte sich in kurzem an ihm rächen. Wiewohl er nun die Drohung gering angeschlagen hatte, fühlte er doch in derselben Nacht, daß ihm am Halse eine Pustel gewachsen war; als er aber ein wenig rieb und hinfaßte, fühlte er, daß das ganze Gesicht samt dem Halse aufgedunsen und geschwollen war, so sehr, daß eine schauerliche Art von Aussatz auch am ganzen (übrigen) Körper erschien. Er zögerte nicht, sondern erzählte nach möglichst schneller Herbeirufung von Freunden und Ratsherren die Geschichte mit den drohenden Worten des Weibes, und daß er mit dem Glauben und dem Verdachte auf der Stelle sterben wolle, daß sie ihm das durch magische Kunst als Hexe angetan hätte. Kurz, das Weib wird gefangen, den peinlichen Fragen ausgesetzt und gesteht das Verbrechen. Als aber der Richter eifriger nach der Weise und Ursache forschte, antwortete sie: »Als dieser Mensch mich mit vorwurfsvollen Worten angelassen hatte, und ich von Zorn glühend nach Hause gekommen war, begann der böse Geist nach dem Grunde meiner Traurigkeit zu forschen. Als ich ihm die Einzelheiten erzählt hatte und dabei verweilte, ihm nahezulegen, daß ich mich rächen könnte, fragte jener: »Was willst du also, das ich ihm tue?« Ich antwortete: »Ich möchte, daß er immer ein aufgedunsenes Gesicht hätte«. Da entfernte er sich und tat dem Menschen jene Krankheit an, mehr als ich gefordert hatte: denn ich hätte niemals gehofft, daß er ihn mit solchem Aussatz schlagen würde.« – Daher ward sie auch eingeäschert.

In der Diözese Konstanz endlich, zwischen Breisach und Freiburg, pflegte eine gewisse aussätzige Frau – nur daß sie schon vor zwei Jahren die Schuld alles Fleisches eingelöst hat – vielen zu erzählen, daß sie aus einem ähnlichen Grunde, nämlich infolge einer Meinungsverschiedenheit, die sich zwischen ihr und einem gewissen anderen Weibe erhoben hatte, (den Aussatz bekommen habe). Als sie nämlich bei Nacht aus dem Hause vor die Tür gegangen sei und eine Arbeit zu verrichten gesucht hätte, hauchte ihr plötzlich ein warmer Wind aus dem Hause des anderen Weibes, welches dem ihrigen gegenüber war, in das Gesicht, woher sie nach ihrer Versicherung plötzlich zu dem Aussatz gekommen war, den sie an sich hatte.

Als in derselben Diözese endlich, und zwar im Gebiete des Schwarzwaldes, eine Hexe durch den Henker zur Strafe für einen von ihr angestifteten Brand von dem Fußboden auf den Holzstoß gehoben wurde, sagte sie: »Ich werde dir eine Belohnung geben«, wobei sie ihm in das Gesicht hauchte: sofort war er am ganzen Körper mit schauerlichem

Aussatz geschlagen und überlebte sie danach um nur wenige Tage. Ihre schauderhaften Schandtaten werden der Kürze wegen weggelassen; und so könnten darüber noch andere, schier unzählige aufgezählt werden. Denn wir haben öfters gefunden, daß sie Epilepsie oder fallende Krankheit gewissen Leuten vermittels Eiern angetan haben, die mit den Körpern von Verstorbenen in die Gräber getan worden waren, besonders mit solchen Beerdigten, die aus ihrer Sekte stammen, und die sie unter anderen Zeremonien, die nicht aufgezählt zu werden brauchen, jemandem im Tranke oder im Essen reichen.

Kapitel 12

Über die Art, wie sie andere ähnliche Krankheiten, insonderheit den Menschen, anzutun pflegen

Wer kann endlich die anderen Krankheiten aufzählen, wie Erblindung oder sehr heftige Schmerzen und Qualen an den Körpern der Menschen, (die die Hexen) angetan haben? Dennoch wollen wir von dem, was wir mit unseren Augen gesehen haben und was dem einen von (uns) Inquisitoren bekannt geworden ist, einiges veröffentlichen.

Zu jener Zeit, da in der Stadt Innsbruck über die Hexen Inquisition abgehalten ward, wurde unter anderem folgender Fall vorgebracht. Eine gewisse ehrbare Person nämlich, die mit einem der Diener des Erzherzogs ehelich verbunden war, bekundete in Gegenwart des Notars etc. in Form Rechtens: Als sie zur Zeit ihres Jungfernstandes bei einem Bürger diente, ereignete es sich, daß seine Frau an heftigem Kopfschmerz zu leiden hatte. »Als zu dessen Heilung eine Frau herbeigekommen war, und mit ihren Sprüchen und gewissen Praktiken den Schmerz lindern sollte, bemerkte ich, während ich ihre Praktik aufmerksam beobachtete, daß gegen die Natur des Wassers, welches in eine Schüssel gegossen war, dieses selbe Wasser unter weiteren Zeremonien, die aufzuzählen nicht nötig ist, in einen anderen Topf emporgestiegen war. In der Erwägung, daß davon der Kopfschmerz bei der Herrin nicht gelindert würde, stieß ich einigermaßen unwillig die Worte gegen die Hexe aus: »Ich weiß nicht, was Ihr treibt: Ihr tut nichts als abergläubiges Zeug und zwar um Eures Vorteils willen«. Da entgegnete die Hexe sogleich: »Ob es abergläubiges Zeug ist oder nicht, wirst du am dritten Tage merken«. Das bewies der Ausgang der Sache, denn am dritten Tage, als ich am frühen Morgen dasaß, merkte ich einen Erguß, und plötzlich befiel meinen Körper ein so gewaltiger Schmerz, zuerst im Innern, daß kein Teil des Körpers war, an dem ich nicht schreckliche Stiche fühlte. Dann schien es mir nicht anders, als wenn fortwährend feurige Kohlen auf meinen Kopf geschüttet würden, drittens wäre auf der Haut des Körpers vom Scheitel bis zu den Fußsohlen kein nadelstichgroßer Raum gewesen, wo nicht eine mit weißem Eiter gefüllte Pustel gewesen wäre. So verblieb ich in diesen Schmerzen bis zum vierten Tage, indem ich heulte und mir nur den Tod wünschte. Schließlich forderte mich der Gatte meiner Herrin auf, in einen gewissen Stall zu treten. Während er voranging und ich langsam einherging, sagte er, als wir vor der Tür des Stalles waren, zu mir: »Siehe da über der Stalltür das Stück weißes Tuch!« »Ich sehe es wohl«. Darauf er: »Soviel du kannst, beseitige es, weil du dich dadurch vielleicht besser fühlen wirst«. Da hielt ich mich mit einem Arme an der Tür an und nahm mit dem anderen, so viel ich konnte, das Stück weg. »öffne«, sagte der Herr, »und betrachte das darin Niedergelegte genau«. Als ich das Stück geöffnet hatte, fand ich dort mehrerlei eingeschlossen, besonders aber gewisse weiße Körner von der Art, wie die Pusteln, die an meinem Körper waren; auch Samen und Hülsenfrüchte, dergleichen ich nicht essen oder sehen konnte samt Knochen von Schlangen und anderen Tieren erblickte ich. Und als ich, darüber erstaunt, den Herrn fragte, was zu tun sei, forderte er mich auf, alles ins Feuer zu werfen. Ich tat es, und siehe, plötzlich, nicht nach Verlauf einer Stunde oder Viertelstunde, sondern im Augenblick, wie die Sachen ins Feuer geworfen worden waren, bekam ich meine alte Gesundheit wieder.« – Und weil gegen die Frau jenes Mannes, der sie diente, noch mehr ausgesagt worden war, weshalb jene nicht sowohl für leicht, als vielmehr für schwer verdächtig gehalten wurde, besonders auch wegen ihrer großen Vertrautheit mit (anderen) Hexen, so wird angenommen, daß sie voll Schuldbewußtsein wegen des hingelegten Hexenmittels es dem Manne mitteilte, worauf es dann in der angegebenen Weise bekannt wurde und die Magd ihre Gesundheit wiederfand.

Es frommt, noch eine andere Hexentat überdies zur Verwünschung eines so großen Verbrechens zu berichten, die in derselben Stadt einer Person, ebenfalls einer Frau, angetan worden ist. Eine verheiratete und zwar ehrbare Frau trat auf und bekundete nach Form Rechtens wie oben: »Hinter dem Hause,« sagte sie, »habe ich einen Garten, und daran stößt der meiner Nachbarin. Als ich nun eines Tages bemerkt hatte, daß aus dem Garten der Nachbarin nach meinem Gemüsefelde nicht ohne meinen Schaden herübergegangen würde, kam plötzlich, während ich in der Tür zum Gemüsefelde stand und mich bei mir selbst beklagte und ärgerte, sowohl über das Herübergehen als auch über den Schaden, die Nachbarin herzu und fragte, ob ich sie im Verdachte hätte? Aber erschrocken wegen ihres schlechten Rufes brachte ich nichts weiter vor als die Worte: »Die Schritte im Grase zeigen den Schaden«. Da entfernte sie sich unwillig, weil ich mich, wie sie es vielleicht gern gesehen hätte, nicht in Streitereien mit ihr einlassen wollte, mit einem Gemurmel. Ich konnte aber die Worte, die sie ausstieß, nicht verstehen, wiewohl ich sie hörte. Nach wenigen Tagen aber befiel mich eine gewaltige Krankheit mit Bauchschmerzen und sehr heftigen Stichen von der linken Seite nach der rechten und umgekehrt, als wenn zwei Schwerter oder Messer in meine Brust geheftet seien; und so störte ich Tag und Nacht durch mein Schreien alle meine übrigen Nachbaren. Während (diese) zusammenströmten, mich zu trösten, traf es sich, daß ein Töpfer, der die vorerwähnte Nachbarin und Hexe in ehebrecherischer Schandtat zur Geliebten hatte, in gleicher Weise besuchsweise herbeikam und nach Worten des Trostes, da er mit meiner Krankheit Mitgefühl hatte, sich entfernte. Am folgenden Tage jedoch kam er wieder und bemerkte unter anderen Trostesworten: »Ich will ein Experiment machen, ob Euch diese Krankheit infolge einer Behexung zugestoßen ist. Wenn es sich als derlei herausstellt, werde ich Euch die Gesundheit wiederverschaffen.« Er nahm also Blei, schmolz es und goß es, während ich im Bette lag, in eine Schüssel voll Wasser, die er auf meinen Körper stellte; und als aus dem erstarrten Blei ein Bildnis und Figuren verschiedener Dinge erschienen waren, sagte er: »Siehe, infolge von Behexung hat Euch diese Krankheit getroffen, und über der Schwelle der Haustür ist ein Teil der Werkzeuge der Behexung enthalten. Wir wollen also hingehen; und wenn sie beseitigt sind, werdet Ihr Euch besser fühlen«. So ging mein Mann mit ihm zugleich hin, um das Hexenmittel wegzunehmen; und indem der Töpfer die Schwelle heraushob, hieß er den Gatten die Hand in die Grube stecken, die sichtbar ward, und herausholen, was immer er fände. Das tat er auch. Zuerst nämlich zog er ein gewisses wächsernes

Bildnis in der Länge eines Handtellers heraus, welches überall durchbohrt war und zwei durch die Seiten gegeneinander (gestochene) Nadeln hatte, in der Art, wie ich selbst die Stiche von der linken bis zur rechten und umgekehrt verspürt hatte; dann verschiedene Stücken Zeug, die sehr viel Dinge enthielten, sowohl an Körnern als auch an Samen und Knochen. So wurde ich, nachdem das ins Feuer geworfen worden war, wieder gesund; aber doch nicht ganz. Denn wenn auch die Qualen und Stiche aufgehört hatten und der Appetit zum Essen wiedergekommen war, vollständig bin ich doch bis zur Gegenwart keineswegs der Gesundheit teilhaftig geworden. Und als ich mit meinem Drängen dem Töpfer lästig wurde, (indem ich immer fragte), woher es käme, daß die alte Gesundheit nicht wiederkehrte, antwortete er: »Es sind noch andere Hexenwerkzeuge anderswo versteckt, die ich nicht zu finden vermag«. Und als ich fragte, wie er damals die ersten niedergelegten Werkzeuge erkannt hätte, antwortete er: »Durch die Liebe habe ich das erkannt, mit der ein Freund dem andern (Geheimnisse) zu enthüllen pflegt«. Als er danach seine Buhlerin lockte und ich meine Nachbarin erkannte, habe ich daher die Begründung meines Verdachtes gegen sie genommen«. – Das berichtete die Kranke.

Aber wie, wenn ich die einzelnen Fälle berichten wollte, die allein in jener Stadt gefunden worden sind? Es wäre geradezu ein Buch zu verfassen! Wie viele Blinde nämlich, Lahme, Abgezehrte und von verschiedenen Krankheiten Heimgesuchte (haben) in Form Rechtens, auf grund starken Verdachtes gegenüber den Hexen, die ihnen solche Krankheiten im allgemeinen oder im besonderen prophezeiten, daß sie solches in Kürze zu fühlen haben würden, entweder bezüglich der Tage des Lebens oder bezüglich des sofort zu erleidenden Todes – (wie viele solche haben nicht ausgesagt), daß ihnen alles nach deren Angaben zugestoßen sei, entweder bezüglich einer besonderen Krankheit oder bezüglich des Todes anderer! Weil nämlich jenes Land von Vasallen und Bewaffneten überschwemmt ist und Müßiggang aller Laster Anfang ist, wobei sie bisweilen Frauen verlockten, während sie jene, die sie (früher) verlockt hatten, wegzuschicken und andere, ehrbare sich ehelich zu verbinden beschlossen, selten ohne Rache in Form von Behexung an Mann oder Frau, wenn sich jene verschmäht sahen: so bestand zwar der eheliche Thorus fort, aber nicht so sehr den Männern, wie den Frauen, wie man in Liebe annehmen darf: so daß, wenn sie umgebracht oder abgezehrt waren, jene ihre früheren Liebchen wieder zu verlocken hatten.

Denn als ein gewisser Koch des Erzherzogs eine ehrbare, von auswärts stammende Jungfrau geheiratet hatte, sagte eine Hexe, seine Geliebte, auf offener Straße, vor den Ohren anderer ehrbarer Peronen der Jungfrau Behexung und Tod voraus, indem sie mit ausgestreckter Hand sagte: »Nicht lange wirst du dich über deinen Gatten freuen!« Und sogleich am folgenden Tage legte sie sich zu Bett und zahlte nach wenigen Tagen die Schuld jeglichen Fleisches, indem sie zuletzt bezeugte: »Siehe, so sterbe ich, weil mich jene vermittelst ihrer Behexungen mit Zulassung Gottes vernichtet«: und zwar durchaus zu ihrem Besten, da Gott ihr im Himmel eine andere Hochzeit bestimmte!

So wurde endlich durch Behexungen ein gewisser Soldat, wie das öffentliche Gerücht bezeugt, vernichtet, und so mehrere andere, die aufzuzählen ich unterlasse. Unter ihnen war auch ein gewisser junger Herr. Als dieser nicht auf den Wink der Geliebten die Nacht mit ihr zubringen wollte und ihr durch seinen Diener mitgeteilt hatte, daß er, durch bestimmte Geschäfte verhindert, die Nacht nicht mit ihr zubringen könnte, befahl sie unwillig dem Diener: »Sage dem jungen Herrn, er wird mich nicht lange mehr vexieren!« Und so wurde er am folgenden Tage krank und nach wenigen Tagen begraben.

Es gibt also auch solche Hexen, die die Richter durch bloßen Anblick und Hinwenden der Augen zu behexen wissen; auch sich öffentlich rühmen, daß man ihnen keine Belästigung antun könne. Sie wissen auch allen Beliebigen, die wegen Kriminalfälle in Gewahrsam gehalten werden und, damit sie die Wahrheit sagen möchten, den schwersten Foltern ausgesetzt werden, Verschwiegenheit anzutun, daß sie niemals ihre Verbrechen entdecken können.

Es gibt auch welche, die das Bildnis des Gekreuzigten zur Ermöglichung ihrer Hexentaten mit Peitschenhieben und Messerstichen und unter den schändlichsten Worten gegen die Reinheit der glorreichen Jungfrau Maria und die Geburt unseres Heilandes aus ihrem unbefleckten Mutterleibe verunehrt haben. Es frommt nicht, jene Worte und die einzelnen Taten aufzuzählen, da sie für die Ohren der Frommen allzu beleidigend sind. Sie sind aber schriftlich aufgezeichnet und aufbewahrt. So hatte eine gewisse getaufte Jüdin auch andere Jungfrauen verleitet. Als eine davon, mit Namen Walpurgis, in demselben Jahre in den letzten Zügen lag und von den Umstehenden zum Beichten ihrer Sünden ermahnt wurde, rief sie aus: »Leib und Seele habe ich dem Teufel übergeben, und keine Hoffnung bleibt mir auf Vergebung;« und so verschied sie. –

Diese Einzelheiten habe ich nicht zur Schande, sondern zum Lobe und Ruhm des erlauchten Erzherzogs zusammengetragen, indem er in der Tat als ein katholischer Fürst und hervorragender Glaubenseiferer zu ihrer Ausrottung unter Beihilfe des hochwürdigen Ordinarius von Brixen nicht mäßig gearbeitet hat. Das Vorgetragene dient vielmehr zur Verwünschung und Verächtlichmachung eines solchen Verbrechens, daß (die Hexen) nicht ablassen, Beleidigungen der Menschen zu rächen, während sie Beleidigungen des Schöpfers und Beschimpfungen des Glaubens, ohne auch auf die zeitlichen Schädigungen zu achten, ertragen können. Die Grundlage nämlich aller dieser Taten ist dies vor allem: die Ableugnung des Glaubens.

Kapitel 13

Über die Art, wie die Hexenhebammen noch größere Schädigungen antun, indem sie die Kinder entweder töten oder sie den Dämonen weihen

Es darf nicht übergangen werden von den Schädigungen zu sprechen, die den Kindern von Hexenhebammen angetan werden; und zwar erstens, wie sie sie umbringen, und zweitens, wie sie sie den Dämonen weihen. In der Diözese Straßburg, nämlich, und zwar in der Stadt Zabern, pflegt eine gewisse ehrbare und der seligsten Jungfrau Maria überaus ergebene Frau von einzelnen Besuchern der öffentlichen Herberge, die sie hält, – sie hat aber als Aushängeschild einen schwarzen Adler – zu erzählen, daß ihr folgender Fall zugestoßen sei: »Von meinem Manne, der leider jetzt tot ist, war ich schwanger. Als der Tag der Niederkunft herannahte, drängte mich eine gewisse Frau, eine Hebamme, in lästiger Weise, ich sollte sie als Hebamme bei dem Kinde annehmen. Wenn ich nun auch beschlossen hatte, mir eine andere zu nehmen, da ich um ihren üblen Ruf wußte, so stellte ich mich doch mit friedlichen Worten, als ob ich ihren Bitten nachgeben wollte. Als ich aber beim Herannahen der Zeit der Niederkunft eine andere Hebamme gedungen hatte, betrat die erstere in einer Nacht, als kaum acht Tage verflossen waren, unwillig mit zwei anderen Weibern meine Kammer, und sie näherten sich meinem Bette. Als ich meinen Mann rufen wollte, der in einer anderen Kammer schlief, blieb ich an den einzelnen Gliedern und der Zunge so von den Kräften verlassen, ausgenommen Gesicht und Gehör, daß ich nicht eine Laus (?) hätte bewegen können. Zwischen jenen beiden stehend stieß also die Hexe diese Worte aus: »Siehe, diese schlechteste der Frauen soll nicht ungestraft davonkommen, weil sie mich nicht als Hebamme hat annehmen wollen«. Als die anderen beiden, die zur Seite standen, vor ihr ein gutes Wort einlegten, indem sie sagten: »Sie hat ja niemals einer von uns geschadet,« entgegnete die Hexe: »Weil sie mir dieses Mißfallen erregt hat, will ich ihr etwas in ihre Eingeweide hineintun; doch so, daß sie um euretwillen innerhalb eines halben Jahres keine Schmerzen spüren wird; aber wenn das verflossen ist, wird sie genug gepeinigt werden«. Sie trat also heran und berührte meinen Bauch mit der Hand; und es schien mir, als ob sie nach Herausnahme der Eingeweide gewisse Dinge, die ich jedoch nicht sehen konnte, hineintat. Als sie dann weggingen und ich wieder Kräfte zum Schreien bekommen hatte, rief ich meinen Mann, so schnell ich konnte und enthüllte ihm das Geschehnis. Als er aber die Ursache dem Wochenbett zuschreiben wollte, fügte ich hinzu: »Siehe, sie hat mir für ein halbes Jahr Frist gewährt; wenn nach dessen Ablauf mich keine Qualen überkommen, werde ich deinen Worten Glauben schenken«. – Ähnliche Worte trug sie auch ihrem Sohne, einem Geistlichen, vor, der damals Land-Archidiakonus war und an jenem Tage sie zu besuchen zu ihr gekommen war. Wozu noch mehr sagen? Nachdem sechs Monate auf den Punkt abgelaufen waren, befiel sie plötzlich ein folternder Schmerz in den inneren Eingeweiden in so grausiger Weise, daß sie weder am Tage, noch in der Nacht ablassen konnte, mit ihrem Geschrei alle zu stören. Und weil sie, wie vorausgeschickt worden ist, der heiligen Jungfrau und Königin des Mitleids sehr ergeben war, glaubte sie auch, wenn sie bei Wasser und Brot an den einzelnen Sonntagen fastete, durch deren Fürsprache befreit zu werden. Als sie daher eines Tages ein natürliches Geschäft verrichten wollte, da brach jene Unsauberkeit aus dem Körper hervor; und indem sie den Mann samt dem Sohne herbeirief, sagte sie: »Sind das etwa eingebildete Dinge? Habe ich nicht gesagt, daß nach Verlauf eines halben Jahres die Wahrheit erkannt werden würde? Oder hat jemand gesehen, daß ich jemals Dornen, Knochen und zugleich auch Holzstücke gegessen hätte?« Es waren nämlich Rosendornen in der Länge von vier Fingerbreiten mit verschiedenen anderen Dingen ohne Zahl (ihr in den Leib) hineingetan worden.

Außerdem werden, wie sich im ersten Teile des Werkes aus dem Bekenntnis jener in Breisach zur Reue zurückgebrachten Magd ergeben hat, dem Glauben größere Schädigungen bezüglich der Ketzerei der Hexen von den Hebammen angetan, was auch das Geständnis einiger, die später eingeäschert worden sind, klarer als das Licht bewiesen hat. In der Diözese Basel nämlich, in der Stadt Dann, hatte eine Eingeäscherte gestanden, mehr als vierzig Kinder in der Weise getötet zu haben, daß, sobald sie aus dem Mutterleib hervorkamen, sie ihnen eine Nadel in den Kopf durch den Scheitel bis ins Gehirn einstach. Eine andere endlich, in der Diözese Straßburg, hatte gestanden, Kinder ohne Zahl – weil nämlich bezüglich der Zahl nichts feststand – getötet zu haben. Sie wurde aber so ertappt: Als sie nämlich aus der einen Stadt in die andere gerufen worden war, um eine Frau zu entbinden, und sie nach Erfüllung ihrer Pflicht nach ihrer Behausung zurückkehren wollte, fiel zufällig, als sie aus dem Tore der Stadt hinausging, der Arm eines neugeborenen Knaben aus dem Linnen, mit dem sie gegürtet war und in welchem der Arm eingewickelt gewesen war, heraus. Das sahen die in dem Tore Sitzenden; und als jene vorübergegangen war, hoben sie es als ein Stück Fleisch, wie sie glaubten, von der Erde auf. Als sie es aber betrachteten und an den Gliedergelenken erkannt hatten, daß es nicht ein Stück Fleisch, sondern der Arm eines Knaben sei, wurde ein Rat mit den Vorsitzenden abgehalten, und da befunden ward, daß ein Kind vor der Taufe mit Tod abgegangen war und ihm ein Arm fehlte, wurde die Hexe verhaftet, den Fragen ausgesetzt und das Verbrechen entdeckt; und so bekannte sie, wie vorher gesagt ist, Kinder getötet zu haben, ohne die Zahl anzugeben.

Aus welchem Grunde aber? Man muß jedenfalls annehmen, daß sie durch das Drängen böser Geister gezwungen werden, derlei zu tun, bisweilen auch gegen ihren Willen. Denn der Teufel weiß, daß solche Kinder vom Eintritt in das himmlische Reich wegen der Strafe der Verdammnis oder der Erbsünde ausgeschlossen werden. Daher wird auch das jüngste Gericht länger hinausgeschoben, unter dem sie den ewigen Qualen überliefert werden, je langsamer sich die Zahl der Auserwählten ergänzt: ist sie voll, so wird die Welt aufgehoben werden.

Und wie es im Vorausgeschickten berührt worden ist, haben sie sich auf Anraten der Dämonen aus solchen Gliedern Salben zu bereiten, die zu ihrer Benützung dient.

Aber auch diese schauderhafte Schandtat darf zur Verwünschung eines so großen Verbrechens nicht mit Stillschweigen übergangen werden, daß sie nämlich, falls sie die Kinder nicht umbringen, sie den

Dämonen auf folgende Weise weihen: Wenn nämlich das Kind geboren ist, trägt es die Hebamme, falls die Wöchnerin nicht selber schon Hexe ist, gleichsam, als wollte sie eine Arbeit zur Erwärmung des Kindes vollbringen, aus der Kammer heraus und opfert es, indem sie es in die Höhe hebt, dem Fürsten der Dämonen, d. h. Luzifer, und allen Dämonen; und statt dessen über dem Küchenfeuer.

Als ein gewisser jemand, wie er selbst berichtete, bei sich erwog, daß seine Frau zur Zeit der Niederkunft, gegen die gewohnte Weise der Wöchnerinnen, keine Frau zu sich hinein kommen ließ, außer der eigenen Tochter allein, die das Amt der Hebamme versah, versteckte er sich um jene Zeit heimlich im Hause, da er den Grund derartigen (Verhaltens) erfahren wollte. Daher bemerkte er auch die Ordnung bei der Gotteslästerung und teuflischen Opferung in der vorbezeichneten Weise; dazu, daß, wie ihm schien, das Kind durch das Werkzeug einer Hänge (?), woran die Töpfe aufgehängt werden, nicht durch menschliche Hilfe, sondern durch die der Dämonen gestützt in die Höhe fuhr. Darüber im Herzen bestürzt, und da er auch die schauerlichen Worte bei der Anrufung der Dämonen und die anderen nichtswürdigen Riten bemerkt hatte, bestand er gar heftig darauf, daß das Kind sofort getauft würde; und da es nach einem anderen Flecken getragen werden mußte, wo die Parochialkirche war, und man dabei über eine Brücke über einen gewissen Fluß zu gehen hatte, stürzte er sich mit entblößtem Schwerte auf seine Tochter, die das Kind trug, und rief vor den Ohren der beiden Männer, die er sich zugesellt hatte: »Ich will nicht, daß du das Kind über die Brücke trägst, weil es entweder allein hinübergehen wird, oder du in dem Flusse untergetaucht wirst«. Da erschrack sie samt den anderen Weibern, die dabei waren, und fragte, ob er nicht seiner Sinne mächtig sei; denn jenes Geschehnis war allen übrigen unbekannt, mit Ausnahme der beiden Männer, die er sich beigesellt hatte. Da rief er: »Elendestes Weib, durch deine Zauberkunst hast du das Kind durch die Hänge hochsteigen lassen; bewirke jetzt auch, daß es über die Brücke geht, ohne daß es jemand trägt, oder ich tauche dich im Flusse unter!« Also gezwungen, legte sie das Kind auf die Brücke, und indem sie mit ihrer Kunst den Dämon anrief, sah man das Kind plötzlich auf der anderen Seite der Brücke. Nachdem also das Kind getauft worden war, kehrte er nach Hause zurück; und wenn er auch schon die Tochter durch Zeugen der Hexerei überführen konnte, während er das erste Verbrechen, die Opferung, gar nicht hätte beweisen können, da er ganz allein jenem gotteslästerlichen Ritus beigewohnt hatte, so verklagte er die Tochter samt der Mutter (erst) nach der Zeit der Reinigung vor dem Richter, und gleicherweise wurden sie eingeäschert und das Verbrechen der gotteslästerlichen Darbringung entdeckt, das durch Hebammen begangen zu werden pflegt.

Aber hier entsteht ein Zweifel: was für eine Tat oder Wirkung eine solche, gotteslästerliche Darbringung bei derartigen Kindern zu bewirken vermöge? Dazu kann gesagt werden, daß, wie die Dämonen aus einem dreifachen Grunde wirken, ihnen so auch diese (Darbringungen) zu drei nichtswürdigen Zwecken dienen. Erstens nämlich suchen sie infolge ihres Stolzes, der immer steigt, nach jenem Worte: »Der Stolz derer, die dich hassen, steigt,« so viel sie können, sich göttlichen Dingen und Zeremonien anzupassen, um so unter der Gestalt des scheinbar Guten leichter zu täuschen. So verlangen sie denn von den Zauberern Jungfrauen und Kinder männlichen oder weiblichen Geschlechtes, wenn sie in den Spiegeln oder Krallen der Hexer gestohlenes Gut oder anderes Verborgenes zu offenbaren haben, wiewohl sie das auch durch Verderbte zu zeigen vermöchten: (der Dämon) aber (zieht) doch (jenes vor), um sich fälschlich zu stellen, als liebte er die Keuschheit, die er doch haßt, indem er am meisten die keuscheste Jungfrau deshalb haßt, weil sie ihm den Kopf zertreten hat. Genesis 3. Daher täuschen sie so die Seelen der Hexer und derer, die an sie glauben, durch das Laster der Ungläubigkeit unter dem Scheine der Tugend. Drittens (geschieht die Opferung der Kinder), damit der Unglaube der Hexer selbst zur eigenen Vermehrung noch mehr wachse, wenn sie Hexen behalten, die ihnen von der Wiege an geweiht sind.

Infolge dessen bewirkt diese gotteslästerliche Darbringung dreierlei an dem Kinde. Wie nämlich erstens die äußerliche Darbringung an fühlbaren Dingen, wie Wein, Brot, Feldfrüchten, Gott gegenüber geschieht, und zwar zum Zeichen schuldiger Unterwürfigkeit und

Ehrerbietung, nach dem Worte Eccles. 25. »Du sollst nicht mit leeren Händen vor dem Angesichte deines Herrn erscheinen,« welche Dinge auf späterhin auf keinen Fall zu profanen Zwecken verwendet werden dürfen noch können, daher es auch Damas. Papa X, qu. 1 heißt, die Darbringungen, die innerhalb der Kirche dargebracht werden, gehören den Priestern allein, doch so, daß sie sie nicht nur zum eigenen Gebrauche verwenden, sondern auch getreulich darüber verfügen, teils zu dem, was zum Gottesdienst gehört, teils auch sie zum Nutzen der Armen verwenden: – daß so auch ein solches, dem Teufel zum Zeichen der Unterwürfigkeit und Ehrerbietung dargebrachtes Kind zu göttlichen Zwecken, zu würdiger und gesegneter Unterwürfigkeit, für sich wie für andere, verwendet werde, wie ist es möglich, daß so etwas von Rechtgläubigen geschehe?!

Denn wer kann sagen, daß die mütterlichen Verbrechen oder fremde Sünden, was die Bestrafung anlangt, nicht auf die Söhne übergehen? Vielleicht der, welcher das Wort des Propheten im Sinne hat: »Der Sohn wird die Unbill des Vaters nicht tragen;« aber wie ist es mit jener Stelle Exodus XX: »Ich, der Herr, bin ein Eiferer, der die Sünden der Väter heimsucht an den Kindern bis ins dritte und vierte Glied?« Dies ist nämlich der Sinn beider (Sätze): daß der erste verstanden werde von der geistigen Strafe im Urteil des Poles oder Gottes und nicht im Urteil des Forum; und zwar ist es die Strafe, welche grundsätzlich die Seele trifft, sei es nun die Strafe der Verdammnis, wie z. B. die Beraubung der Gnade, sei es die Strafe des Sinnes, d. h. das höllische Feuer der Qual. Mit diesen Strafen wird nämlich niemand ohne eigene Schuld gestraft, die entweder bezüglich der Erbsünde kontrahiert oder bezüglich einer alltäglichen Sünde begangen ist. – Wie aber die zweite Stelle, wie Gratianus I, qu. IV. § quibus, auseinandersetzt, von den Nachahmern der väterlichen Sünden verstanden wird, wo er auch noch andere Auslegungen gibt, so wird jemand nach dem Ratschluß Gottes mit anderen beliebigen Strafen gestraft nicht nur um seiner Schuld willen, die er begangen hat oder begehen will, daß sie nämlich vermieden würde, sondern auch um der Schuld eines anderen willen.

Es gilt auch nicht, wenn gesagt werden sollte, daß dann ohne Ursache und ohne Schuld gestraft wird, die die Ursache der Strafe sein muß: weil nach der Regel des Rechts niemand ohne Schuld zu bestrafen ist, wenn nicht eine Ursache vorliegt. Daher können wir sagen, daß immer eine Ursache, ja die allergerechteste, vorhanden ist, wenn sie uns auch unbekannt bleibt, Augustinus XXIV, qu. 4; und wenn wir bezüglich der Ausführung der Tat nicht in die Tiefe der Ratschlüsse Gottes eindringen können, so wissen wir doch, daß das, was er gesagt, wahr und das, was er getan hat, gerecht ist.

Es ist jedoch ein Unterschied bei den (dem Dämon) dargebrachten Kindern, insofern als, wenn man von den unschuldigen spricht, die nicht von Hexen-Müttern, sondern von Hebammen den Dämonen geweiht und heimlich, wie oben gesagt ist, aus den Umarmungen und aus dem Mutterleibe einer ehrbaren Mutter geraubt werden, solche unschuldige, wie man in Liebe glauben muß. nicht so sehr verlassen sind, daß sie zu Nachahmern so großer Verbrechen gemacht werden, sondern zu Nachahmern der väterlichen Tugenden. – Das zweite, was jene gotteslästerliche Darbringung bewirkt, ist, daß, wie bei der Darbringung, bei der der Mensch sich selbst als Opfer darbringt, er Gott als seinen Anfang und sein Ende anerkennt, und zwar bezüglich des Anfangs der Schöpfung und des Endes (in Gestalt) der Verherrlichung – welches Opfer wahrlich würdiger ist als alle anderen, äußerlichen, von ihm dargebrachten Opfer, nach dem Worte: »Das Opfer für Gott ist ein zertretener Sinn und ein zerknirschtes, demütiges Herz; das mögest du, Gott, nicht verachten,« also auch die Hexe selbst, wenn sie dem Teufel ein Kind weiht, dessen Seele und Leib ihm als seinen Anfang und Ende (in Gestalt) der ewigen Verdammnis anbefiehlt; daher es auch nur auf wunderbare Weise von der Einlösung einer so großen Schuld wird befreit werden können.

Es pflegt eine gewisse Geschichte oder vielmehr mehrere erzählt zu werden von Kindern, die aus dem Mutterleibe den Dämonen unversehens, aus einer gewissen Leidenschaft und Regung des Geistes heraus von den Müttern dargebracht worden waren, und wie sie nur mit der größten Schwierigkeit als Erwachsene aus der Botmäßigkeit der Dämonen befreit werden können, die diese mit göttlicher Zulassung für sich in Anspruch nahmen. Bezüglich solcher ist das bekannte Buch der Beispiele der seligsten Jungfrau Maria voll, besonders auch von jenem, der, da er von den Beunruhigungen durch die Dämonen nicht befreit werden konnte, endlich durch den höchsten Pontifex zu einen gewissen, in den östlichen Landen wohnenden heiligen Manne geschickt und auch dann nur mit großer Schwierigkeit durch Eingreifen der glorreichsten Jungfrau selbst jener Botmäßigkeit entrissen wurde.

Wenn daher zur Ahndung einer unversehens geschehenen – ich will nicht sagen, Darbringung, aber doch – Anbietung, wenn z. B. die Mutter aus Unwillen über die dem Manne zu leistende fleischliche Gemeinschaft auf die Bemerkung des Gatten: »Ich hoffe, daß hieraus eine Frucht hervorgehen wird« erwidert: »Jene Frucht sei dem Teufel gegeben!« eine solche Strenge der göttlichen Bestrafung sich gezeigt hat, eine wie große mag dann erst wüten, wenn eine so große Beleidigung der göttlichen Majestät bemerkt wird!

Das dritte, was diese gotteslästerliche Darbringung bewirkt, ist die gewohnheitsmäßige Neigung, derartige Behexungen Menschen, Tieren und Feldfrüchten anzutun. Der Grund dafür mag angegeben werden nach dem, was bei Thomas II, 2, qu. 108 bezüglich der zeitlichen Strafe hergeleitet wird, mit der manche um fremder Verschuldungen willen gestraft werden: er sagt nämlich, es geschehe, weil die Söhne ihrem Körper nach gewisse Besitzstücke des Vaters seien und Diener und Tiere Besitzstücke der Herren; und da jemand an allen seinen Besitzstücken zu strafen sei, so werden auch die Söhne öfters für die Eltern bestraft. Dieser Grund unterscheidet sich von demjenigen, der oben bezüglich der Sünden der Väter berührt ist, die Gott heimsucht an den Kindern bis ins dritte und vierte Glied; weil das, wie dort berührt worden ist, von den Nachahmern der väterlichen Verbrechen verstanden wird. Der vorliegende Grund aber schließt bezüglich der Bestrafung der Söhne für die Eltern, wenn sie die väterlichen Verbrechen nicht tatsächlich, durch böse Werke, nachahmen, sondern nur der Gewohnheit nach. So starb denn auch der aus dem Ehebruch Davids geborene Sohn gar schnell; und es ward befohlen, die Tiere der Amalekiter zu töten, wiewohl in derlei Dingen auch noch ein mystischer Grund vorliegt, wie es I, qu. 4, § parvulos enthalten ist.

Nach diesem allem kann man nicht unpassend sagen, daß derartige Kinder immer, bis zum Lebensende, zur Vollbringung von Behexungen neigen. Wie nämlich Gott das, was ihm dargebracht ist, heiligt, wie die Taten der Heiligen zeigen, wo die Eltern, die von ihnen zu erzeugende Nachkommenschaft Gott geweiht hatten, so hört auch der Teufel durchaus nicht auf, das, was ihm dargebracht ist, zu infizieren. Aus dem Alten und aus dem Neuen Testamente könnten gleichsam unzählige Geschehnisse hergeleitet werden. So waren nämlich mehrere Patriarchen und Propheten, wie Isaak, Samuel, Samson, so auch Alexius, Nicolaus und andere unzählige mit sehr vielen Gnadengaben zur Heiligkeit des Lebens bestimmt. Die Erfahrung endlich lehrt, daß immer die Töchter von Hexen unter ihresgleichen als Nachahmerinnen der mütterlichen Verbrechen verrufen sind, ja, daß auch die ganze Nachkommenschaft gleichsam angesteckt ist; und der Grund dafür wie für alles Vorhergehende ist ja, daß sie immer einen Überlebenden zu hinterlassen und nach Vermehrung jener Perfidie aus allen Kräften auf grund des mit dem Dämon eingegangenen Paktes zu streben haben. Woher könnte es denn (sonst) geschehen, daß, wie man sehr häufig gefunden hat, unreife Mädchen von acht oder zehn Jahren Sturm und Hagelschlag erregt hatten, wenn nicht auf grund eines solchen Paktes unter solcher gotteslästerlicher Darbringung an den Teufel durch die Hexen-Mutter das Kind geweiht worden wäre? Denn die Kinder könnten derlei aus sich heraus, auf grund der Ableugnung des Glaubens, wie es die erwachsenen Hexen prinzipiell zu tun haben, nicht bewirken, indem sie vielleicht nicht einmal von einem Glaubensartikel Kenntnis haben.

Aus diesen Geschehnissen wollen wir einige zur Sprache bringen. Als nämlich in einem Teile Schwabens ein gewisser Landwirt die Saaten auf den Feldern mit seiner kleinen Tochter von kaum acht Jahren zu besehen beschlossen hatte, und wegen der Dürre des Landes Regen wünschte, indem er darüber bei sich ratschlagte und beriet, und sagte: »Ach, wann wird Regen kommen!«, sagte das Mädchen, die die Worte des Vaters hörte, in der Einfalt ihres Sinnes: »Vater, wenn du Regen wünscht, will ich machen, daß er schnell kommt«. Jedoch der Vater: »Woher hast du das? Verstehst du denn Regen zu besorgen?« – Das Mädchen antwortete: »Allemal; und nicht bloß Regen; sondern ich weiß auch Hagelschlag und Gewitter zu erregen«. Der Vater: »Wer hat es dich denn gelehrt?« Sie antwortete: »Meine Mutter. Aber sie hat mir verboten, es jemandem mitzuteilen«. Darauf wiederum der Vater: »Und auf welche Weise hat sie es dich gelehrt?« Sie antwortete: »Sie übergab mich einem Magister; den kann ich zu jeder Stunde zu jedem beliebigem Wunsche haben«. Der Vater: »Hast du ihn gesehen?« Sie antwortete: »Ich habe bisweilen Männer bei der Mutter aus- und eingehen sehen; und als ich fragte, wer denn das wäre, antwortete sie: »Es sind unsere Magister, denen ich auch dich übergeben und anvertraut habe; mächtige Gönner und reich«. Der erschrockene Vater fragte, ob sie zu dieser Stunde Hagelschlag erregen könne? Das Mädchen: »Allemal kann ich es tun, wenn ich nur ein wenig Wasser habe«. Da führte der Vater das Mädchen an der Hand an einen Gießbach und sagte: »Tue es; aber nur über unseren Acker«. Da steckte das Mädchen die Hand in das Wasser und bewegte es im Namen ihres Magisters nach der Unterweisung ihrer Mutter, und siehe, der Regen überflutete nur jenen Acker. Als der Vater das bemerkte, sagte er: »Mache auch Hagel, aber nur über einen von unseren Äckern«. Als das Mädchen das ebenfalls gemacht hatte, verklagte der durch die Erfahrung sichergemachte Vater seine Frau vor dem Richter. Sie wurde verhaftet und als überführt eingeäschert; die Tochter wurde von neuem getauft und Gott geweiht und konnte jenes nicht weiter vollbringen.

Kapitel 14

Es folgt über die Art, wie die Hexen den Haustieren verschiedenen Schaden antun

Da der Apostel sagt: »Kümmert sich denn Gott auch um die Ochsen?«, womit er andeuten will, daß, wenn auch alles der göttlichen Vorsehung unterliegt, so Menschen wie Tiere, indem er beide nach seinem Maße bewahrt, wie der Psalmist sagt, doch die Söhne der Menschen unter dem Schutz und Schirm der Flügel mehr gelenkt werden; und wenn ich sage, die Menschen werden mit göttlicher Zulassung durch die Hexer betrübt, Unschuldige, Gerechte und Sünder, die Eltern schließlich an den Söhnen, die diesen gehörende Besitzstücke sind; und da auch Haustiere und Feldfrüchte in ähnlicher Weise als Besitzstücke der Menschen gelten: so soll a fortiori niemand zu zweifeln wagen, daß mit Beihilfe der göttlichen Zulassung auch ihnen durchaus von den Hexen mancherlei Schädigungen angetan werden können. So verlor ja Job, vom Teufel geschlagen, alle Haustiere; so findet man ja schließlich nicht das kleinste Dörfchen, wo die Weiber nicht unaufhörlich gegenseitig die Kühe behexen, sie der Milch(absonderung) berauben und sie sehr oft umbringen. Um von der kleinsten Schädigung aber anzufangen; was von der Beraubung der Milch gehalten werden kann, wenn nach der Weise gefragt wird, in der sie das zu bewirken vermögen, so kann, wenn nach der Weise gefragt wird, in der sie das zu bewirken vermögen, geantwortet werden, daß, weil nach Albertus, de animalibus III, die Milch bei jedem beliebigen Tiere von der Natur des Menstrualblutes ist, sowie auch der andere Fluß bei der Frau, wenn ein solcher Fluß nicht infolge irgend einer Krankheit, entweder aus einer natürlichen Bedingung oder infolge einer akzidenziellen Krankheit gehemmt wird, dann bisweilen durch hexenhaftes Werk gehemmt oder aufgehoben wird. Infolge natürlicher Bedingung aber wird die Milch gehemmt, nachdem eine Leibesfrucht empfangen ist; infolge einer akzidenziellen Krankheit, wie z. B. sehr oft infolge

Genusses eines Krautes, welches von Natur die Milch hemmen und die Kuh alterieren kann. Infolge von Behexung besorgen sie derlei auf verschiedene Arten. Manche nämlich versammeln sich zur Nachtzeit, und zwar auf Betreiben des Teufels zur größeren Schmach der göttlichen Majestät durchaus an den recht heiligen Tagen in einem beliebigen Winkel ihres Hauses, mit dem Melkeimer zwischen den Beinen; und indem sie ein Messer oder (sonst) ein Instrument in die Wand oder in eine Säule stecken und die Hände (wie) zum Melken anlegen, dann rufen sie ihren Teufel an, der ihnen immer bei allem hilft, und (die Betreffende) stellt ihm vor, daß sie von der und der Kuh in dem und dem Hause, die besonders gesund ist und mehr Überfluß an Milch hat, zu melken wünscht. Dann nimmt der Teufel plötzlich aus den Zitzen jener Kuh die Milch und bringt sie an den Ort, wo die Hexe sitzt, so daß sie gleichsam von jenem Instrumente fließt.

Wenn man dies dem Volke predigt, wird wahrlich dadurch niemand unter ihnen (im Milchhexen) unterwiesen. Denn wie sehr er auch den Dämon anriefe und meinte, durch die bloße Anrufung dies ausführen zukönnen, würde er sich selbst täuschen, da er der Grundlage jener Perfidie entbehrt: weil er nämlich keine Huldigung geleistet und den Glauben nicht verleugnet hat. Das habe ich deshalb hergesetzt, da mehrere glauben, dies und anderes, was hergesetzt ist, dürfe dem Volke wegen der Gefahr der Unterweisung nicht vorgelegt werden. Aber aus dem berührten Grunde kann ja unmöglich jemand durch einen Prediger (im Hexen) unterwiesen werden. Vielmehr dient es zur Verdammung des so großen Verbrechens, und ist zu predigen, daß die Richter zur Ahndung eines so großen Verbrechens, d. h. der Ableugnung des Glaubens, mehr entbrennen. Freilich nicht immer: auch bewerten die Weltkinder derartige zeitliche Schädigungen höher, da sie mehr in irdische Neigungen verwickelt sind als in geistige; daher sie auch mehr wüten, wenn sie versichert werden, daß ihnen solches zu ihrer eigenen Bestrafung geschehen könne. Aber wer kann doch die Schlauheit des Teufels darlegen!

Ich kenne jene, die in einer Gesellschaft beisammen waren und zur Maienzeit Maibutter zu essen wünschten, während sie, auf der Reise befindlich, auf einer Wiese am Bache saßen. Einer von ihnen sagte auf Grund des vorher, sei es schweigend, sei es ausdrücklich, mit dem Dämon eingegangenen Paktes: »Ich werde die beste Maibutter besorgen!« Und sogleich legte er die Kleider ab, trat in den Bach und kehrte den Rücken nicht stehend, sondern sitzend, gegen die Strömung des Wassers; und während er vor den Augen der übrigen gewisse Worte vorbrachte und das Wasser hinter sich bewegte, brachte er kurz darauf Butter nach der Art geformt, wie die Bauern sie zur Maienzeit auf dem Markte zu verkaufen pflegen, in großer Menge herbei. Als die anderen kosteten, versicherten sie, daß sie sehr gut gewesen sei. Hieraus wird entnommen, erstens, daß dieser seiner Praktik sicher war, entweder weil er rein ein Hexer auf grund eines ausdrücklichen, mit dem Dämon eingegangenen Paktes war, oder weil er auf Grund eines schweigenden Paktes wußte, daß der Teufel auf seinen Wunsch dasein werde. Wenn das erste, dann bedarf es keiner Erörterung, daß er ein wahrer Hexer war; wenn aber das zweite, dann bediente er sich der Hilfe des Teufels, weil er ihm von der Mutter oder Hebamme dargebracht und geweiht war. Wenn jemand einwendete, daß vielleicht der Teufel die Butter ohne irgend einen schweigenden oder ausdrücklichen Pakt und auch ohne irgend eine Darbringung wie vorausgeschickt herbeigebracht habe, so wird geantwortet, daß niemals jemand der Hilfe des Teufels sich in ähnlichen Werken ohne seine Anrufung bedient, weil er mit der Tat selbst, wenn er die Hilfe des Dämons sucht, als Apostat gegen den Glauben handelt; nach der Entscheidung des Doktors, Sentent. II, di. S über die Schwierigkeit, ob der Hilfe der Dämonen sich bedienen Abfall vom Glauben sei. Denn mag auch Albertus Magnus mit den anderen Gelehrten übereinstimmen, so sagt er doch, mit mehr Nachdruck, daß in solchen Dingen immer Abfall mit Worten oder mit der Tat vorliegt. Wenn nämlich Anrufungen, Beschwörungen, Räucherungen und Anbetungen geschehen, dann wird ein offener Pakt mit dem Dämon eingegangen, d. h. ohne daß man ihm Körper und Seele unter gänzlicher oder teilweiser Ableugnung des Glaubens übergibt; weil man dadurch, daß man ihn anruft, schon einen offenen Abfall in Worten begeht. Wenn aber keine Anrufung mit Worten geschieht, sondern bloß mit der einfachen Handlung, weil er nämlich ein solches Werk tut, weil er außer mit Hilfe der Dämonen keinen Erfolg erringen kann, mag er es tun, indem er im Namen des Teufels beginnt, oder mit anderen, unbekannnten Worten, oder ohne jedes Wort, doch in jener Absicht, wie berührt worden ist, dann ist es, wie Albertus angibt, ein Abfall mit der Tat, weil jene Tat vom Dämon erwartet wird; vom Dämon aber etwas erwarten oder durch ihn annehmen ist immer eine Schmach für den Glauben und daher Abfall. Daher wird auch geschlossen, daß auf welche Weise auch immer der vorerwähnte Zauberer jene (Butter) besorgt hat, er sie auf grund eines stillschweigenden oder ausdrücklichen Paktes besorgt hat. Und wenn ohne ausdrücklichen Pakt, dann hat er wahrscheinlich derartiges, wie es die Hexer zu tun pflegen, durch einen stillschweigenden oder verborgenen entweder aus sich heraus eingegangenen oder den von der Mutter oder Hebamme geschlossenen Pakt bewirkt. Und ich sage, aus sich heraus, weil er nur die Tat vollbrachte, indem er die Wirkung vom Teufel erwartete.

Das Zweite, was aus einer solchen oder ähnlichen Praktik entnommen wird, ist, daß, weil der Teufel neue Gestaltungen der Dinge nicht schaffen kann, deshalb dort, wo plötzlich natürliche Butter aus dem Wasser hervorkam, dies durch die Kraft der Dämonen geschah. Nicht als ob er das Wasser in Milch verwandelt hätte; sondern entweder nahm er die anderswo aufbewahrte Butter von ihrem Platz weg und gab sie jenem in die Hand; oder er nahm von natürlicher Milch von einer natürlichen Kuh und brachte sie plötzlich, so daß sie nach Art der Butter gerann, jenem entgegen; denn während die Kunst der Frauen erst nach einem gewissen Zeitraum Butter formen kann, versteht er dies in kürzester Zeit zu bewirken.

Auf dieselbe Art wird es zurückgeführt, wenn manche Abergläubische, des Weines oder anderer nötiger Dinge entbehrend, zur Nachtzeit nur eine Flasche oder ein anderes kleines Gefäß nehmen und während sie durch irgend einen Flecken gehen, das Gefäß plötzlich mit Wein gefüllt zurück tragen. Dann hat nämlich der Teufel natürlichen Wein aus irgend einem Geschäfte entnommen und ihn in die Flasche gefüllt.

Über die Art aber, wie die Hexer Tiere und Haustiere umbringen, muß man sagen, daß sie wie die Menschen, so auch die Haustiere entweder durch Berührung und Blick behexen oder nur durch den Blick, oder indem sie unter die Schwelle der Stalltür selbst oder dort, wohin die Tiere zur Tränke zu gehen pflegen, irgend ein Hexenwerk oder Werkzeug der Behexung niederlegen. So hatten nämlich jene in Ravensburg Eingeäscherten, über die weiter unten die Rede sein wird, immer auf Betreiben der Dämonen zu behexen, wo bessere Pferde oder fettere Haustiere waren; und als sie gefragt worden waren, auf welche Art sie derlei bewirkten, antwortete eine mit Namen Agnes, daß sie unter der Schwelle der Stalltür selbst gewisse Dinge versteckten. Auf die Frage, was für Dinge, antwortete sie: »Knochen verschiedener Arten von Tieren«; und weiter gefragt, in wessen Namen sie das täten, antwortete sie: »Im Namen des Teufels und aller anderen Dämonen«. – Eine andere aber, mit Namen Anna, hatte einem von den Bürgern nach und nach dreiundzwanzig Pferde behext – er war nämlich ein Fuhrmann – und als er sich schließlich das vierundzwanzigste Pferd gekauft hatte und schon in die äußerste Armut geraten war, sagte er, in seiner Stalltür stehend, zu der Hexe, die auch in der Tür ihres Hauses stand: »Siehe, jetzt habe ich ein Pferd gekauft; ich verspreche Gott und seiner Mutter, wenn dieses Pferd stirbt, werde ich dich mit meinen eigenen Händen töten«. Darüber erschrocken ließ ihm die Hexe das Pferd unberührt. Als sie nun verhaftet und befragt worden war, auf welche Weise sie solches bewirkt hätte, antwortete sie, sie habe nur eine Grube gemacht; wenn die gemacht worden sei, habe der Teufel gewisse, ihr unbekannte Dinge hineingelegt. Daraus entnimmt man, daß sie nur die Hand oder den Blick anzulegen haben, und zwar, damit die Hexe auf jeden Fall mitwirke, denn sonst würde dem Teufel nicht die Möglichkeit, gegen die Kreaturen zu wüten, erlaubt werden, wenn nicht die Hexe mitwirkte, wie oben berührt worden ist. Und dies geschieht nur der größeren Beleidigung der göttlichen Majestät willen.

Sehr häufig haben auch die Hirten gesehen, daß gewisse Tiere auf den Feldern drei oder vier Sprünge in die Luft machten, dann plötzlich auf die Erde stürzten und verendeten; und zwar durchgehends auf Betreiben der Dämonen durch die Kraft der Hexen.

In der Diözese Straßburg, zwischen der Stadt Fiessen und dem Berge Ferrerius (?) versicherte ein sehr reicher Mann, daß ihm und anderen über vierzig Haustiere an Ochsen und Kühen in den Alpen behext worden seien, und zwar innerhalb von Jahresfrist, ohne daß Pest oder andere Krankheit voranging; und als Merkmal gab er an, daß, wenn sie an der Pest oder einer anderen zufälligen Krankheit sterben, sie nicht plötzlich, sondern allmählich und nach und nach eingehen; jene Behexung aber nahm ihnen plötzlich alle Frische, sodaß alle urteilten, sie seien durch Behexungen umgebracht worden. Freilich habe ich jene Zahl so verzeichnet; ich glaube jedoch, er hat eine größere ausgedrückt. Das aber ist durchaus wahr, daß in den Landen und besonders in den Alpen sehr viel berichtet wird, daß die Haustiere behext werden. Diese Art der Behexung ist auch bekanntlich allenthalben verbreitet.

Andere ähnliche (Behexungen) werden unten in dem Kapitel von den gegen die Behexungen der Haustiere anzuwendenden Heilmitteln erörtert werden.

Kapitel 15

Über die Art, wie sie Hagelschlag und Gewitter zu erregen und auch Blitze auf Menschen und Haustiere zu schleudern pflegen

Endlich, daß die Dämonen und ihre Schüler solche Hexentaten an der Erregung von Blitzen, Hagelschlägen und Gewittern zeigen können, und zwar bezüglich der Dämonen nach der Erlangung der Macht von Gott, oder mit seiner Zulassung bezüglich der Schüler, das beweist die Heilige Schrift, Job I und II, wo der Dämon nach Erlangung der Macht von Gott sofort dafür sorgte, daß die Sabäer fünfhundert Ochsen und fünfhundert Eselinnen wegführten; dann ein vom Himmel fallendes Feuer siebentausend Kamele verzehrte, endlich auch sieben Söhne und drei Töchter, durch einen gewaltigen Wind und den Zusammenbruch des Hauses den Tod fanden, und immer viele Knaben, d. h. Diener, umkamen, ausgenommen einen einzigen, der es meldete; auch dafür sorgte, daß der Leib des heiligen Mannes überall mit einem ganz schlimmen Geschwür geschlagen wurde und sein Weib und drei Freunde ihn schwer beunruhigten. Auch der heilige Thomas sagt in seiner Postille über Job: »Man muß notwendig gestehen, daß mit Gottes Zulassung die Dämonen eine Störung der Luft herbeiführen, Winde erregen und machen können, daß Feuer vom Himmel fällt. Wiewohl nämlich die körperliche Natur weder guten noch bösen Engeln auf den Wink gehorcht, Formen anzunehmen, sondern Gott dem Schöpfer allein, so ist doch bezüglich der örtlichen Bewegung die körperliche Natur dazu geschaffen, einer geistigen Natur zu gehorchen. Die Begründung dafür ergibt sich am Menschen. Denn auf bloßen Befehl des Willens hin, der subjektiv in der Seele ist, bewegen sich die Glieder, um das vom Willen angeordnete Werk auszuführen. Was auch immer also durch bloße örtliche Bewegung geschehen kann, das können nicht allein Gute, sondern auch Böse durch ihre natürliche Kraft tun, wenn sie nicht göttlicherseits gehindert werden. Winde aber und Regen und andere derartige Störungen der Luft können aus der bloßen Bewegung der aus der Erde und dem Wasser losgelösten Dämpfe gemacht werden; daher genügt zur Bewirkung von derlei die natürliche Kraft des Dämons«. So weit Thomas.

Das Übel nämlich, was in der Welt uns Duldern zustößt, pflegt Gott durch die Dämonen, gleichsam seine Folterknechte, mit Recht zu verhängen. Daher sagt auch die Glosse über jene Stelle Psalm 105: »Er rief den Hunger auf die Erde und zermalmte das ganze Firmament des Brotes« – folgendes: »Diese Übel erlaubt Gott durch böse Engel, die derlei vorgesetzt sind. Er ruft also den Hunger, d. h. den dem Hunger vorgesetzten Engel«.

Es könnte auch das (angeführt werden), was oben bei der Frage bemerkt ist, ob die Hexer immer bei der Antuung von Behexungen mit den Dämonen zusammenzuwirken haben, wo von der dreifachen Schädigung die Rede ist, und wie bisweilen die Dämonen ohne die Hexer verschiedene Schädigungen antun; mit den Hexen aber lieben die Dämonen den Menschen mehr zu schaden, deshalb weil Gott dadurch mehr gereizt wird und ihnen daher mehr Befugnis zu strafen und zu treffen eingeräumt wird.

Es dient auch das, was die Gelehrten über Sentent. II, di. 6 erwägen: ob zukömmlicherweise den bösen Engeln ein Ort in der finsteren Luft angewiesen sei? Da dreierlei an den Dämonen erwogen wird, Natur, Amt und Schuld, so paßt, wie der Natur der feurige Himmel entsprechen würde, der Schuld aber die Hölle, zu ihrem Amte, da sie, wie oben berührt worden ist, Folterknechte und Diener (Gottes) zur Bestrafung der Bösen und Prüfung der Guten sind, die finstere Luft, damit sie uns nämlich nicht zu sehr beunruhigen, wenn sie in der unteren Welt bei uns wohnten. Daher wissen sie auch in der Luft und an der Sphäre des Feuers das Aktive mit dem Passiven zu verbinden, wenn es ihnen von Gott gestattet wird, und lassen Feuer vom Himmel fallen und Blitze leuchten, Es wird im Formicarius von einem durch den Richter Verhafteten erzählt, der, als er gefragt wurde, wie sie bei der Erregung von Hagelschlag und Gewittern vorgingen und ob es ihnen leicht sei, das zu bewirken: »Wir bewirken mit Leichtigkeit Hagelschlag, vermögen aber nicht nach Belieben zu verletzen«. (Denke an den Schutz der Engel!) Dann fügte er hinzu: »Wir können nur die verletzen, die von Gottes Hilfe verlassen sind; und die sich mit den Zeichen des Kreuzes schützen, die können wir nicht verletzen. Dies ist aber unsere Weise: Zuerst flehen wir mit gewissen Worten auf den Feldern den Fürsten aller Dämonen an, daß er jemand von den Seinen sende, der den von uns Bezeichneten treffe. Wenn dann ein bestimmter Dämon kommt, opfern wir ihm an einem Zweiwege ein schwarzes Küken, indem wir es hoch in die Luft werfen. Wenn der Dämon es nimmt, gehorcht er und erregt sofort die Luft. Aber freilich nicht immer wirft er Hagelkörner und Blitze auf die von uns bestimmten Plätze, sondern je nach Zulassung des lebendigen Gottes«.

Es wird auch ebendort von einem gewissen Meister oder Ketzerfürsten der Hexen, Staufer genannt, erzählt, der, im Berner Gebiete und an den anliegenden Orten ansässig, sich öffentlich dessen zu rühmen wagte, daß, wann immer er wollte, er sich vor den Augen aller Nebenbuhler in eine Maus verwandeln und den Händen seiner Todfeinde entschlüpfen wollte; und so sei er auch öfters den Händen seiner Kapitalfeinde entgangen. Als aber die göttliche Gerechtigkeit seiner Bosheit ein Ziel setzen wollte, wurde er von seinen Feinden unvermutet mit Schwertern und Lanzen durchbohrt und fand wegen seiner Schandtaten ein elendes Ende, nachdem die, welche ihm nachstellten, vorsichtig ausgekundschaftet hatten, daß er in einer Stube am Fenster sitze. Er hinterließ jedoch einen überlebenden Schüler, der Hoppo genannt wurde und auch den oben erwähnten Stadlin, von dem im sechsten Kapitel Meldung geschieht, zum Meister machte. Es wußten diese beiden, wenn es ihnen gefiel, den dritten Teil Mist, Heu oder Getreide oder jeder beliebigen anderen Sache vom Acker des Nachbars, ohne daß es einer sah, nach dem eigenen Acker zu schaffen; die lebhaftesten Hagelschläge und schädliche Lüfte samt Blitzen zu besorgen; vor den Augen der Eltern Kinder, die am Wasser spazieren gingen, hineinzuwerfen, ohne daß es jemand sah; Unfruchtbarkeit der Menschen und Vieh zu bewirken; Verborgenes anderen zu offenbaren; an Sachen und Körpern auf alle möglichen Weisen zu verletzen; mit dem Blitzstrahle immer wen sie wollten zu treffen und vieles andere, Pest bringendes zu besorgen, wo und wann die göttliche Gerechtigkeit es geschehen ließ.

Aber mit Bezug auf das, was wir gefunden haben, frommt es, etwas zu sagen. In der Diözese Konstanz nämlich, von der Stadt Ravensburg, achtundzwanzig deutsche Meilen nach Salzburg zu, hatte sich ein ganz wütendes Hagelwetter erhoben und alle Feldfrüchte, Saaten und Weinberge dermaßen in der Breite einer Meile zermalmt, daß man glaubte, kaum das dritte Jahr danach werde an den Weinbergen wieder Ernte bringen. Als nun dies Geschehnis durch den Notarius der Inquisition bekannt geworden war und wegen des Geschreis des Volkes Inquisition nötig wurde, indem einige, ja fast alle Bürger dafür hielten, daß solches durch Behexungen geschehen sei, so wurde mit Zustimmung der Ratsherrn vierzehn Tage hindurch in Form Rechtens über die Ketzerei, nämlich der Hexen, von uns inquiriert und gegen zwei Personen wenigstens vorgegangen, die vor den anderen, welche jedoch nicht in kleiner Zahl vorhanden waren, in üblem Ruf standen. Der Name der einen, einer Badmutter, war Agnes; der der anderen Anna von Mindelheim. Sie wurden verhaftet und einzeln in getrennte Zellen getan, ohne daß die eine von der andern das geringste wußte. Am folgenden Morgen wurde die Badmutter von dem Rektor oder Magister der Bürger, einem großen Glaubenseiferer mit Beinamen Gelre, und von anderen aus den Ratsherren, die er sich beigesellt hatte, in Gegenwart des Notars ganz gelinden Fragen ausgesetzt; und wiewohl sie zweifellos die Hexenkunst der Verschwiegenheit besessen hatte, wegen derer die Richter auch immer Befürchtung hegen müssen, weil sie nämlich beim ersten Angriff schon nicht mehr mit weiblichen, sondern mit männlichem Mute versicherte, sie sei unschuldig, so enthüllte sie doch plötzlich aus freien Stücken und von den Fesseln losgebunden, wenn auch noch am Orte der Folterung, alle von ihr bewirkten Schandtaten, indem die göttliche Gnade uns günstig war, daß ein solches Verbrechen nicht ungestraft bleibe. Denn vom Notarius der Inquisition über die Artikel aus der Aussage der Zeugen bezüglich der den Menschen und Haustieren angetanen Schädigungen befragt, auf grund derer sie schon verdächtig als Hexe wurde, während kein Zeuge über die Ableugnung des Glaubens und fleischliche Unfläterei mit einem Incubus gegen sie ausgesagt hatte, darum weil sie die geheimsten Zeremonien jener Sekte sind, so gestand sie doch, nachdem sie bezüglich der den Menschen und Haustieren angetanen Schädigungen geantwortet hatte, nach der Ableugnung des Glaubens und den teuflischen Unflätereien mit dem Incubus gefragt, alles offen ein, indem sie berichtete, sie habe sich achtzehn Jahre jenem Incubus unter jeglicher Ableugnung des Glaubens preisgegeben. Als dies erreicht war und sie bezüglich des vorerwähnten Hagels verhört wurde, ob sie davon etwas wüßte, antwortete sie mit ja; und befragt, auf welche Weise und wie, antwortete sie: »Ich war im Hause, und zur Mittagsstunde holte mich der Dämon und gab mir auf, mich auf das Feld oder die Ebene Kuppel (so heißt sie nämlich) zu begeben und ein wenig Wasser mitzunehmen. Als ich fragte, was für ein Werk er mit dem Wasser ausführen wollte, antwortete er, er wollte einen Regen verursachen. Als ich nun aus dem Stadttore hinausging, fand ich den Dämon unter einem Baume stehen«. Vom Richter aber gefragt, unter welchem Baume, antwortete sie, indem sie hinzeigte: »Unter dem da, gegenüber jenem Turme«; und befragt, was sie unter dem Baume betrieben hätte, antwortete sie: »Der Dämon gab mir auf, eine kleine Grube zu graben und das Wasser hineinzugießen«. Befragt, ob sie nicht gleicherweise zusammengesessen hätten, antwortete sie: »Der Dämon selbst stand, während ich saß«. Endlich befragt, mit was für Worten und auf welche Weisen sie das Wasser umgerührt hätte, antwortete sie: »Mit dem Finger zwar, aber im Namen jenes Teufels und aller anderen Dämonen«. Und wiederum der Richter: »Was geschah mit dem Wasser?« Sie antwortete: »Es verschwand, und der Teufel hob es in die Luft«. Und schließlich befragt, ob sie eine Genossin gehabt hätte, antwortete sie: »Gegenüber unter dem Baume habe ich eine Gefährtin gehabt« – wobei sie die andere verhaftete Hexe Anna, nämlich von Mindelheim nannte – »was sie aber getrieben hat, weiß ich nicht«. Und schließlich über den Zeitraum vom Nehmen des Wassers bis zum Hagelschlag befragt, antwortete die Badmutter: »Es dauerte so lange, bis sie nach Hause gekommen waren«.

Aber auch das war wunderbar, daß, als am folgenden Tage die andere zunächst ebenfalls ganz gelinden Fragen ausgesetzt worden, nämlich kaum am Finger vom Erdboden hochgehoben worden war, danach aus freien Stücken, (von den Fesseln) gelöst, alles vorerwähnte, so wie es die andere gestanden hatte, einzeln enthüllte, ohne die geringste Abweichung, weder betreffs des Ortes: daß sie unter dem und dem Baum gewesen war, die andere unter dem anderen; noch betreffs der Zeit: um die Mittagsstunde; noch betreffs der Art: durch Umrühren des in eine Grube hineingelassenen Wassers, im Namen des Teufels und aller Dämonen; noch betreffs des Zeitraumes: denn sie bestätigte, während der Teufel das Wasser unter Hochheben in die Luft angenommen hätte, sei sie nach Hause zurückgekehrt, worauf der Hagel darübergekommen sei.

So wurden sie am dritten Tage eingeäschert; und zwar war die Badmutter zerknirscht und geständig und befahl sich sehr Gott an, indem sie bemerkte, sie sterbe gern, um den Beleidigungen seitens des Dämons entgehen zu können; wobei sie das Kreuz in den Händen hielt und küßte, was jedoch die andere verschmähte: diese hatte auch über zwanzig Jahre einen Incubus unter jeglicher Ableugnung des Glaubens gehabt und übertraf die erste in vielen Behexungen, die sie Menschen, Haustieren und Feldfrüchten angetan hatte, wie der beim Rate niedergelegte Prozeß(bericht) beweist.

Das möge genügen, wiewohl in der Tat fast unzähliges betreffs der Antuung derartiger Behexungen berichtet werden könnte.

Aber auch bezüglich des Blitzschlages, daß sie damit sehr häufig Menschen allein oder samt den Tieren oder samt Häusern und Scheunen vernichtet haben, mag es auch eine mehr verborgene und zweifelhafte Ursache deshalb haben, weil es auch häufig anders, nämlich ohne Mitwirkung der Hexen, mit göttlicher Zulassung geschieht, so genügt doch, da sich aus ihren freiwilligen Geständnissen gezeigt hat, daß sie derlei getan oder besorgt haben, worüber auch außer dem, was oben berührt ist, noch verschiedene Taten und Geschehnisse hergeleitet werden könnten, schon der Grund: mit der Leichtigkeit, mit der sie Hagelschlag besorgen können, können sie auch Blitze besorgen; auch Stürme auf dem Meere; und daher wird jedes zweifelnde Schwanken aus dem Wege geräumt.

Kapitel 16

Über die drei Arten, wie Männer und nicht Weiber mit Hexenwerken infiziert befunden werden, in drei Abschnitten, und zwar zuletzt von den hexenden Bogenschützen

Letztens bezüglich der gegenwärtigen Art von Hexenwerk, womit die Männer in drei Gattungen infiziert werden, ist erstens betreffs der Schwere des Verbrechens zu verhandeln mit Bezug auf die Bogenschützen-Hexer in sieben schauderhaften Schandtaten. Erstens nämlich haben sie, wie es heißt, am hochheiligen Tage des Leidens Christi, nämlich am sechsten Tage der Paraskeue, während der feierlichen Messe das allerheiligste Bild des Gekreuzigten gleichsam zum Zielpunkte zu machen und mit dem Pfeile danach zu schießen. O, welche Grausamkeit und Beleidigung des Heilandes!

Zweitens, mag es auch als zweifelhaft betrachtet werden, ob sie noch einen weiteren Abfall, nämlich mit Worten, außer jenem Abfall mit der Tat, mit den Dämonen zu begehen haben, so kann doch, wie es auch immer geschehen möge, von einem Christen dem Glauben keine größere Schmach angetan werden, da es sicher ist, daß. wenn ein Ungläubiger ähnliches versuchen wollte, es keine Wirkung haben würde. Auch zu keinem so großen, dem Heile feindlichen Werke kann ein solcher zustimmen, daher solche Elenden vielmehr die Wahrheit und Kraft des katholischen Glaubens abwägen sollten; aus welchem Grunde Gott auch mit Recht derlei Schandtaten zuläßt.

Drittens hat (ein solcher) drei oder vier Schüsse mit ebenso vielen Pfeilen anzubringen, und folglich wird er an jedem beliebigen Tag der Zahl entsprechend ebenso viele Menschen umbringen können.

Viertens werden sie von den Dämonen sicher gemacht, haben jedoch den zu Tötenden vorher mit dem leiblichen Auge anzusehen und richten den Willen des Herzens von neuem auf jenen zu Tötenden, wo dann ein solcher, an welchem Orte er auch immer eingeschlossen ist, sich nicht davor schützen kann, daß die Geschosse abgeschossen und ihm durch den Teufel beigebracht werden.

Fünftens vermögen sie mit solcher Sicherheit den Pfeil abzuschießen, daß sie für den Fall, sie wollten vom Kopfe mit dem Pfeile einen Zehner ohne Verletzung des Kopfes herunterholen, auch dieses auszuführen vermöchten; in ähnlicher Weise auch mit einer, wenn auch noch so großen Flintenkugel.

Sechstens haben sie zur Bewirkung dieser Dinge dem Teufel unter Preisgabe von Leib und Seele eine solche Huldigung zu leisten, wie sie oben beschrieben ist.

Darüber wollen wir einige Geschehnisse vorführen. Als nämlich ein gewisser rheinischer Fürst mit Beinamen »der Bärtige«, weil er seinen Bart wachsen ließ, vor sechzig Jahren sich die kaiserlichen Lande angegliedert und ein gewisses Schloß Lendenbrunnen wegen der Raubzüge, welche die Schloßbewohner von dort aus machten, mit einem Belagerungsring umschlossen hatte, hatte er in seinem Gefolge einen gewissen Zauberer dieser Art, namens Puncker, der die Schloßbewohner so sehr belästigte, daß er nach und nach alle, einen einzigen ausgenommen, mit seinen Pfeilen umbrachte; und dabei beobachtete er diese Weise: daß er denjenigen, welchen er angesehen hatte, wohin er sich auch wendete, durch einen abgeschossenen Pfeil tötlich verwundete und tötete; und solche Schüsse hatte er an jedem Tage nur drei in seiner Gewalt, weil er nämlich drei Pfeile auf das Bild des Heilandes abgeschossen hatte. Warum aber der Teufel die Dreizahl vor den anderen auswählt, dafür kann man (als Grund) ansehen, daß er es zur Verleugnung der heiligsten Dreieinigkeit tut. Wenn er aber jene drei Schüsse abgegeben hatte, schoß er wie die Übrigen seine Pfeile nur auf gut Glück ab. Es geschah schließlich, daß, als jemand von den Schloßbewohnern ihm spottend zugerufen hatte: »Punker, wirst du denn nicht den am Tore hängenden Reif unverletzt lassen?« jener von draußen zur Nachtzeit antwortete: »Nein; sondern gerade am Tage der Einnahme des Schlosses will ich ihn wegnehmen«. Wie er es vorher gesagt hatte, so brachte er es zur Erfüllung. Denn nachdem alle mit Ausnahme eines einzigen, wie vorausgeschickt ist, umgebracht worden waren, wurde das Schloß genommen; und jenen Reif hing er am Hause in Rorbach, Diözese Worms, auf, wo man ihn bis auf den heutigen Tag hängen sehen kann. Auch er wurde von Bauern, denen er sehr lästig war, danach eines Abends mit ihren Grabscheiten getötet und starb in seinen Sünden.

Man berichtet ferner von ihm, daß einer von den Vornehmen sich sicher von seiner Kunst habe überzeugen wollen: er stellte dessen eigenen kleinen Sohn an die Säule, legte ihm als Ziel auf das Barett einen Zehner und trug ihm auf. den Zehner ohne das Barett mit dem Pfeile herunterzuholen. Als aber der Hexer, doch mit Schwierigkeit, dies tun zu wollen erklärte, aber lieber davon abstehen wollte, um nicht vom Teufel zu seinem Untergange versucht zu werden, tat er, von den Worten des Fürsten trotzdem verleitet, einen Pfeil in seinen Koller am Halse, und indem er einen andern auf die Armbrust legte, schoß er den Zehner vom Barett ohne jede Schädigung des Knaben herunter. Als jener das gesehen hatte und den Hexer fragte, warum er den Pfeil in den Koller getan hätte, antwortete er: »Wenn ich, vom Teufel getäuscht, mein Kind getötet hätte, wo ich hätte sterben müssen, hätte ich Euch sofort mit dem anderen Pfeile durchbohrt, um wenigstens so meinen Tod zu rächen«.

Mag nun zwar die göttliche Zulassung derartige Übel zur Prüfung und Läuterung der Gläubigen geschehen lassen, so wirkt doch die Gnade des Heilandes zur Stärkung und zum Ruhme des Glaubens noch größere Wunder. In der Diözese Konstanz nämlich, nahe bei dem Schlosse Hohenzorn und einem Nonnenkloster, sieht man eine eben neu erbaute Kirche, in der man ein solches Bild des Heilandes mit einem darinsteckenden Pfeile und vergossenem Blute bemerkt. Die Wahrheit dieses Wunders ist in dieser Ordnung klar geworden: Während nämlich ein Elender nach der vorher angemerkten Ordnung betreffs drei oder vier Schüssen der Armbrust zur Vernichtung anderer vom Teufel sichergemacht zu werden wünschte, zielte er auf einem Zweiwege mit dem Pfeile nach dem Bilde des Gekreuzigten und durchbohrte es so, wie man es bis heute sieht; und während ein wundersamer Schrei hervorbrach, wurde der Elende, von göttlicher Kraft am Fuße durchbohrt, unbeweglich angeheftet; und als er von einem Vorübergehenden gefragt wurde, warum er da angeheftet bliebe, bewegte der Elende den

Kopf, und an Armen und Händen, mit denen er die Armbrust hielt, und am ganzen Körper zitternd vermochte er nichts zu antworten, Als der andere danach sich umsah und das Bild des Gekreuzigten erblickte und den darinsteckenden Pfeil samt dem ausgeflossenen Blute bedachte, rief er: »Ganz gemeiner Weise, du Nichtswürdiger, hast du das Bild unseres Herrn durchbohrt!« Dann rief er noch andere zusammen und sagte: »Paßt auf, daß er nicht die Flucht ergreift« – während er sich doch, wie vorausgeschickt ist, nicht vom Flecke rühren konnte – lief zum Schlosse und erzählte das Geschehnis (den Leuten dort), die schnell herunterstiegen und den Elenden an ebenderselben Stelle verharren fanden. Als er ihnen das Verbrechen gestanden hatte, da sie nach dem Falle forschten, bewegte er sich infolge der Berührung mit der öffentlichen Gerichtspflege vom Flecke und empfing als eine seiner Vergehen würdige Strafe einen gar elenden Tod.

Aber ach, was zu denken schon schauderhaft ist – auch dadurch läßt sich die menschliche Verkehrtheit nicht abschrecken, daß sie sich ähnlicher Schandtaten enthielte. Denn an den Höfen der Vornehmen werden überall solche gehalten, und man duldet, daß sie sich ihrer Schandtaten öffentlich, zur Verachtung des Glaubens, schweren Beleidigung der göttlichen Majestät und zur Schmach für unsern Erlöser, rühmen und sich mit derlei brüsten.

Daher sind auch solche durchaus, ebenso die, welche sie, nicht etwa Ketzer, sondern vom Glauben Abgefallene, aufnehmen, verteidigen und begünstigen, zu verurteilen und mit den darauf stehenden Strafen zu büßen; und dies ist das siebente[3]. Zuerst sind sie ipso jure exkommuniziert; Geistliche, welche jene begünstigen, werden jeglichen Amtes und Benefizes enthoben und beraubt und werden ohne besonderen Indult seitens des apostolischen Stuhles nicht darein zurückversetzt. Ebenso wenn die vorgenannten Leute, die (solche) Hexer aufnehmen, öffentlich bekannt gemacht sind und in der Exkommunikation ein Jahr lang verstockten Herzens verharrt haben, und sie wie Ketzer zu verdammen; was alles so im einzelnen bewiesen wird.

Im Canon ut inquisitionis, § prohibemus, lib. II, ist die Rede davon,

---

3 S. oben S. 113

in Glaubenssachen den Prozeß und das Gerichtsurteil der Diözesanen und Inquisitoren nicht direkt oder indirekt zu hindern, wo die vorgenannte nach einem Jahre zu verhängende Strafe berührt wird. Es heißt da nämlich zuerst: »Wir verbieten ganz ausdrücklich den Machthabern, zeitigen Herrschaften und Rektoren, deren Offizialen« etc. Wems gefällt, mag das Kapitel durchlesen Daß endlich auch die Hexer selbst samt denen, die sie aufnehmen, ipso jure exkommuniziert sind, ist bezüglich der ketzerischen Hexer klar aus dem Canon ad abolendam am Anfang und aus dem Canon excommunicamus I, besonders und kürzer in dem Canon excommunicamus II de haeret., wo es heißt: »Wir exkommunizieren und belegen mit dem Anathema sämtliche Ketzer, Katharer, Pateriner, (und weiter unten) auch die anderen, mit welchen Namen auch immer sie belegt werden«. Bemerke, daß mit dem Ausdruck »mit welchen Namen auch immer«, diejenigen gemeint sind, die an sie glauben und sie aufnehmen, so wie die übrigen oben Genannten. Es heißt darüber im Canon excommunicamus I, § credentes: »Außerdem, die an sie glauben, sie aufnehmen, verteidigen und begünstigen, sollen der Exkommunikation solcher unterliegen; so bestimmen wir« etc.; und im Canon excommunicamus II werden mehrere Strafen berührt, die sie innerhalb eines Jahres mit den Geistlichen selbst verwirkt haben. Es heißt dort: »Wir bestimmen, daß die, welche (solche Hexer) aufnehmen, begünstigen und verteidigen, der Exkommunikation unterliegen, so daß jeder von ihnen, nachdem er mit der Exkommunikation gezeichnet worden ist, danach ohne weiteres infam ist, wenn er es verschmäht, innerhalb eines Jahres Genugtuung zu leisten. Sie sollen nicht zu öffentlichen Ämtern oder Beratungen noch zur Wahl solcher (Beamten) noch zur Zeugenaussage zugelassen werden; sie sollen auch in Testamenten nicht bedacht werden können, noch die freie Befugnis zum Testieren haben. Sie sollen nicht zur Erbfolge gelangen, und keiner soll gezwungen werden, einem solchen betreffs irgend eines Geschäftes verantwortlich zu sein. Ist er zufällig ein Richter, so soll sein Spruch keine Festigkeit erlangen, zu seinen Ohren sollen keine Sachen vorgebracht werden. Wenn er Advokat ist, soll auf keinen Fall seine Anwaltschaft zugelassen werden; ist er ein Schreiber, so sollen die von ihm aufgestellten Instrumente keine Giltigkeit haben, sondern sollen mit ihrem verdammten Urheber verdammt werden; und dasselbe, schreiben wir vor, soll in ähnlichen Fällen beobachtet werden. Wenn er aber ein Geistlicher ist, soll er jeglichen Amtes und Benefizes entsetzt werden: je schwerer bei jemandem die Schuld, desto größere Ahndung soll geübt werden. Wenn aber derartige, nachdem sie von der Kirche gezeichnet sind, es verschmähen, der Strafe zu entgehen, sollen sie mit dem Spruche der Exkommunikation getroffen werden bis zur Satisfaktion. Wahrlich sollen die Geistlichen derartigen Pestkranken die kirchlichen Sakramente nicht reichen; es nicht wagen, sie einem christlichen Grabe zu übergeben; keine Almosen noch Schenkungen von ihnen annehmen: andernfalls sollen sie (selber) ihres Amtes entsetzt werden, in welches sie ohne besonderen Ablaß seitens des apostolischen Stuhles nimmermehr zurückversetzt werden sollen«.

Es gibt aber noch sehr viele andere Strafen für die oben Genannten, auch wenn sie kein Jahr lang verstockten Herzens verharren; nämlich für ihre Söhne und Enkel, die vom Bischof und vom Inquisitor ihrer Würden, Personalrechte und aller beliebigen kirchlichen Ehrenstellen und Benefizien und öffentlichen Ämter beraubt oder für beraubt erklärt werden können; nach dem Canon ut commissi § privandi, de haer. üb. 6. Man versteht das aber nur für den Fall, daß sie unbußfertig geblieben sind, wie im Canon statutum felicis, in demselben Buche, unter demselben Titel. Item, daß auch ihre Söhne bis zum zweiten Gliede jeglichen kirchlichen Benefizes und der öffentlichen Ämter beraubt sind, wie es im Canon quaecumque, § haeretici, in demselben Buche heißt. Man muß das aber von denen verstehen, die von der väterlichen Seite stammen und nicht von der mütterlichen, und auch unbußfertig geblieben sind, wie es in dem angezogenen C. statutum heißt. Item, daß jenen – ergänze: die an sie glauben, sie aufnehmen, verteidigen und begünstigen – das Vorrecht der Appellation und Proklamation untersagt sein soll. Das ergibt sich aus dem C. ut inquisitionis, in demselben Buche; wo jedoch der Archidiaconus es so versteht, in demselben Kapitel, daß sie es nicht können, nachdem sie durch Urteilsspruch für solche erklärt worden sind; vor dem Urteilsspruche aber können sie appellieren, wenn sie in irgend welchen Sachen belastet oder unschuldigerweise belästigt werden. – Mehreres andere könnte noch hergeleitet werden; aber dies mag genügen.

Zum weiteren Verständnis des Vorausgeschickten ist jedoch noch einiges zu erörtern. Erstens, wenn ein Fürst oder eine weltliche Macht zur Verwüstung irgend eines Schlosses in gerechtem Kriege gemäß dem vorerwähnten Geschehnis einen derartigen Hexer bei sich aufnimmt und mit seinem Beistande die Tyrannenherrschaft der Bösen bricht, ob dann das ganze Heer oder nur die zu verurteilen und mit den vorgenannten Strafen zu belegen sind, die jene begünstigen und aufnehmen? Es scheint geantwortet werden zu müssen, daß, weil wegen der Menge die Härte des Gerichts zu mildern ist, dist. 40, constitueretur, zwar der Fürst, seine Beisitzer und Räte, die solches begünstigen, durchaus und ohne weiteres die vorerwähnten Strafen verwirkt haben, wenn sie, von ihrem Hauptpriester gewarnt, nicht davon ablassen, indem sie dann schon als Beherberger und Begünstiger beurteilt werden, weshalb sie auch den Strafen selbst unterliegen; das ganze Heer jedoch entgeht jener Erkennung auf Exkommunikation, da ja derlei Dinge ohne ihren Rat und ohne ihre Begünstigung geschehen, sie im Gegenteil bereit sind, zur Verteidigung des Staates ihre Leiber preiszugeben, mögen sie auch vielleicht an Hexentaten Gefallen haben. Nur sollen sie gehalten werden, jenen Wiedergeborenen in der Beichte anzuerkennen; und nachdem der Beichtvater die nötige Gewißheit erlangt hat, daß sie für immer derartiges in jeder Weise verabscheuen, werden sie absolviert; auch sollen sie, soweit es bei ihnen steht, von ihrem Lande derartige Hexer vertreiben.

Wenn aber gefragt wird, von wem die Oberen absolviert werden können, wenn sie wieder zur Vernunft kommen, ob von ihrem Hauptpriester oder von Inquisitoren, so wird geantwortet, sie können sehr wohl von den Hauptpriestern und auch von den anderen, Inquisitoren, absolviert werden, wenn sie wieder zur Vernunft kommen. Das steht im C. ut officium, am Anfange, de haer. 6, wo es heißt: »ut officium« und weiter unten: »Gegen die Ketzer, die an sie glauben, sie aufnehmen, begünstigen und verteidigen, ebenso auch gegen die, welche wegen Ketzerei die Ehrenrechte verloren haben oder der Ketzerei verdächtig sind, gehet vor nach den kanonischen Satzungen, mit

Hintansehung der Angst vor den Menschen, in Gottesfurcht. Wenn aber jemand von den Vorgenannten die ketzerische Verseuchung von vornherein abschwört und zur Einheit der Kirche zurückkehren will, sollt ihr ihm nach kirchlicher Form die Wohltat der Absolution zukommen lassen«.

Wenn endlich darauf gedrungen wird, wann denn ein Fürst oder jemand anders wieder zur Vernunft gekommen heißt, so wird geantwortet, wenn er den Hexer zur Bestrafung wegen der dem Schöpfer angetanen Beleidigung ausgeliefert, weshalb es auch nicht die einem offen in ketzerischer Verkehrtheit ertappten Hexer oder Ketzer gebührende Strafe ist, daß er ihn bloß aus seiner Herrschaft vertreibt, wie sich weiter unten zeigen wird. Er soll auch das Vergangene bedauern und, wie es einem rechtgläubigen Fürsten zukommt, sich fest in seinem Geiste vornehmen, niemals wieder solche zu begünstigen.

Wenn gefragt wird, wem er auszuliefern, in welcher Ordnung er zu bestrafen und ob er als offen in Ketzerei ertappt zu verurteilen sei, so wird betreffs des ersten eine besondere Schwierigkeit am Anfang des dritten Teiles berührt werden: ob nämlich deren Bestrafung nur dem weltlichen Richter und nicht dem geistlichen zusteht? Es ist ja offenkundig nach C ut inquisitionis, § prohibemus, üb. 6, daß es den weltlichen Behörden und Herren untersagt wird, irgendwie über das Verbrechen der Ketzerei ohne die Erlaubnis der Bischöfe oder Inquisitoren oder wenigstens des einen oder anderen von ihnen zu urteilen. Aber weil der Grund, der dort bezeichnet wird, betreffs der Hexer nicht anwendbar erscheint, weil dort gesagt wird, daß sie deshalb nicht urteilen dürfen, weil das Verbrechen der Ketzerei rein kirchlich ist, das Verbrechen der Hexer aber nicht rein kirchlich, sondern auch bürgerlich zu sein scheint, wegen der (damit verbundenen) zeitlichen Schädigungen: so ist es zwar Sache des kirchlichen Richters – wie es auch damit sei, was sich unten ergeben wird – zu erkennen und zu urteilen; jedoch Sache des weltlichen Richters ist es, auszuführen und zu strafen, wie es sich ergibt aus de haer. c. ad abolendam, c. vergentis und c. excommunicamus. Wenn also auch der weltliche Richter einen solchen dem Hauptpriester zur Verurteilung übergibt, so hat er doch für sich die Pflicht, ihn zu bestrafen, wenn er ihm vom Bischof übergeben oder überlassen wird; oder es kann der weltliche Richter mit Zustimmung des Bischofs auch beides tun, nämlich aburteilen und strafen.

Es gilt auch nichts, wenn gesagt wird, solche Hexer seien keine Ketzer, sondern vielmehr Apostaten; da beides mit dem Glauben zu tun hat. Wie jedoch ein Ketzer daran nur zweifelt, und zwar im ganzen oder nur teilweise, so auch die Apostaten-Hexer. Auch die Überlegung sagt das an und für sich schon: da es nämlich schlimmer ist, den Glauben zu verderben, durch den die Seele Leben erhält, als Geld zu fälschen, wodurch das zeitliche Leben erhalten wird. Wenn daher Falschmünzer oder andere Übeltäter sofort durch die weltlichen Behörden mit Recht dem Tode übergeben werden, können so viel mehr solche Ketzer und Apostaten sofort, wenn sie überführt werden, mit Recht getötet werden.

Daher ergibt sich aus diesem auch die Antwort auf das zweite, in welcher Ordnung nämlich und von was für einem Richter er zu bestrafen sei. Aber deutlicher wird darüber im dritten Teile des Werkes gehandelt werden, bei den Arten, das Urteil zu fällen, wie ein offen bei Ketzerei Ertappter zu verurteilen sei, bei der achten und zwölften Art; auch betreffs des Zweifels, was zu tun sei, wenn er bereute, ob er dann noch zu töten sei. In der Tat nämlich ist ein einfacher, rückfälliger Ketzer, wie sehr er auch bereut, zu töten, nach dem angezogenen c. ad abolendam und zwar begründeterweise nach Thomas, indem dadurch für das allgemeine Wohl gesorgt wird. Denn wenn Ketzer, die umgekehrt sind, oft wiederaufgenommen würden, daß sie am Leben und im Genuß ihrer sonstigen zeitweisen Güter blieben, könnte das zum Nachteil des Heiles der übrigen sein; einmal, weil sie im Rückfalle andere anstecken können; dann auch, weil, wenn sie straffrei ausgingen, andere (umso) sorgloser in die Ketzerei zurückfallen können. Aus ihrem Rückfalle schließt man auch auf ihre Unbeständigkeit betreffs des Glaubens, und daher ist (ein solcher) mit Recht zu töten. Daher kann man hier auch sagen, daß, wenn wegen des bloßen Verdachtes der Unbeständigkeit der bestellte geistliche Richter den Rückfälligen dem weltlichen Gerichtshofe zur Tötung zu übergeben hat, er a fortiori, wenn er einen Apostaten oder irgend eine Hexe dem weltlichen Gerichtshofe wegen ihrer Bußfertigkeit und Bekehrung nicht übergeben will, doch einen solchen zu überlassen und nicht hinderlich zu sein hat, wenn der weltliche Richter wegen ihrer zeitlichen Schädigungen den Hexer nach den Gesetzen töten (lassen) will, wenn auch der geistliche Richter den reuigen Hexer vorher von der Exkommunikation zu absolvieren hat, die er wegen der Hexenketzerei verwirkt hat, indem er als Ketzer exkommuniziert worden ist, nach c. excommunicamus I, qu. 2; und ihn in den Schoß der Kirche wieder aufzunehmen hat, damit sein Geist gesund werde, wie es XI, qu. 3, audi, heißt.

Andere Gründe werden weiter unten in der ersten Frage des dritten Teiles bezeichnet; diese mögen (aber) für jetzt genügen. Nur mögen die Leiter der Seelen beachten, eine wie harte und strenge Rechenschaft der zu fürchtende Richter von ihnen fordern wird, ja, in der Tat das härteste Gericht (droht) denen, welche an der Spitze stehen, wenn sie solche zur Beleidigung des Schöpfers am Leben lassen.

*

Es folgt (der Abschnitt) von den beiden anderen Arten der Hexer. Denn zu derselben Gattung von Hexerei werden auch diejenigen gerechnet, welche durch Besprechungen und gotteslästerliche Sprüche alle möglichen Waffen zu besprechen wissen, daß sie ihnen auf keine Weise zu schaden vermögen, daher sie auch nicht verwundet werden können. Diese werden nämlich unterschieden: manche gibt es, die mit den vorerwähnten Hexer-Bogenschützen insofern übereinstimmen, als sie auch am Bilde des Gekreuzigten und vermittelst der ihm angetanen Schmach derlei lernen. Wer z. B. will, daß er am Kopfe durch kein Eisen oder keinen Hieb verletzt werden kann, hat den Kopf des Bildes wegzunehmen; wer bezüglich des Halses (das wünscht), nehme den Hals; wer am Arme, nehme oder verstümmele einen Arm; und so entsprechend weiter. Bisweilen verstümmeln sie (ein solches Bild) oberhalb des Gürtels, bisweilen unterhalb des Gürtels gänzlich, und zum Zeichen dessen findet sich unter zehn auf Zweiwegen oder im Felde aufgestellten Bildern kaum ein ganzes. Manche aber gibt es, welche bestimmte Breve‘s bei sich tragen; manche besorgen derlei bisweilen mit heiligen oder auch unbekannten Worten, wobei folgender Unterschied zwischen ihnen angenommen wird: Mögen nämlich die ersteren zur Schande für den Glauben betreffs der Entehrung des Bildes des Heilandes mit den vorgenannten Hexer-Bogenschützen übereinstimmen, daher sie auch als wahre Apostaten zu erachten und zu verurteilen sind, wenn sie ertappt worden sind, so doch in anderer Hinsicht als die Bogenschützen; auch scheinen (jene Amulette) nicht zum offenkundigen Nachteil des Nächsten, sondern zum Schutze des eigenen Körpers zu dienen – daher sind sie als bußfertige und nicht rückfällige Ketzer zu beurteilen, wenn sie als Hexer überführt sind und bereuen, und nach der achten Art zu büßen, unter Abschwörung und Einschließung, wie es im dritten Teile berührt werden wird. Was aber die zweiten betrifft, die durch Sprüche Waffen zu besprechen und mit bloßen Sohlen darüber hinzugehen und ähnliches auszuführen bedacht sind – Besprecher aber heißen nach Isidorus, Etym. VIII, solche, die mit Worten irgend eine Kunst ausüben – so ist zu unterscheiden, weil bisweilen Besprechungen mit heiligen Worten oder mit geschriebenen Sprüchen bei Kranken vorgenommen werden und die Besprechungen freilich erlaubter Weise geschehen können, wenn sieben Bedingungen beachtet werden, wie sich weiter unten bei den Arten, behexte Kranke zu heilen, ergeben wird. Besprechungen aber, die mit irgend welchen Worten an Waffen vorgenommen werden, oder wenn derlei geschriebene Sprüche getragen werden, müssen die Richter beachten, daß, wenn unbekannte Namen dabei sind, ebenso Charaktere und Signaturen, ausgenommen das Zeichen des Kreuzes, derlei dann durchaus zu verwerfen und die Leute in Liebe von solcher Leichtgläubigkeit abzubringen sind. Wenn sie davon nicht ablassen wollen, sind sie als leicht verdächtig zu beurteilen, worüber sich weiter unten in der zweiten Art, das Urteil zu fällen, Klarheit ergeben wird. Denn dann fehlt es nicht an einem Skrupel ketzerischer Verkehrtheit, im Gegenteil: weil derlei durchaus mit dem Werke und der Hilfe der Dämonen zu geschehen hat; und wer sich dessen Hilfe bedient, wird, wie sich schon ergeben hat, als Glaubensapostat beurteilt, mag man mit ihnen auch wegen ihrer Unwissenheit und um der Gnade der Besserung willen milder verfahren müssen als mit den Bogenschützen-Hexern. Und weil man sieht, daß solche Sprüche und Segen, die das Aussehen einer Besprechung zu haben scheinen, ganz allgemein von Lehnsmännern und Kaufleuten getragen werden, so frommt es durchaus, sei es auf dem Forum der Buße durch den Beichtvater, sei es auf dem Forum des Gerichtes durch den geistlichen Richter, derartiges zu beseitigen, indem vermittelst der unbekannten Worte und Charaktere des Gezeichneten ein stillschweigender Pakt mit dem Dämon eingegangen wird, der Dämon sich verborgen einstellt und Verborgenes besorgt, um schließlich zu Schlimmerem zu verlocken. Wenn es also auf dem Forum des Gerichtes geschieht, muß ein solcher nach der zweiten Art, das Urteil zu fällen, schwören; wenn auf dem Forum des Gewissens, muß der Beichtvater die Sprüche ansehen und wenn er sie nicht ganz wegwerfen will, muß er doch die unbekannten Namen und Charaktere vernichten, das übrige aber, wie die Worte des Evangeliums und die Kreuzeszeichen, lassen.

Über welche alle, und besonders bezüglich der Bogenschützen-Hexer, zu bemerken ist, daß oben davon die Rede gewesen ist, ob sie als offenkundig in ketzerischer Verkehrtheit Ertappte zu beurteilen seien, von welchem Stoffe auch schon früher die Rede gewesen ist, in der ersten Frage des ersten Teiles; und zwar lautet die Antwort ja, wie sich eben dort ergibt. Denn Bernhardus sagt in der glossa ordinaria zu c. abolendam, § praesenti, und zwar beim Worte deprehensi (ertappt): »Auf drei Arten wird jemand rechtskräftig für offenkundig in ketzerischer Verkehrtheit ertappt gehalten; nämlich durch Evidenz der Tat, z. B. bei einfacher Ketzerei, wenn jemand öffentlich Ketzerei predigt, ff. de ritu nup. palam § ult.; oder durch gesetzmäßigen Beweis durch Zeugen, oder auf Grund seines Geständnisses«. – Ebenso desselben Bernhardus Glosse zu c. excommunicamus II, über das Wort deprehensi publice: »So daß es auch ihnen klar wird, daß sie verdammt sind«. Auf dasselbe scheint hinauszulaufen (die Glosse) zu c. super quibusdam, extra de verborum significatione, wie es sich in der ersten Frage des ersten Teiles dieses Werkes ergeben hat.

Hieraus ergibt sich, daß die Bogenschützen-Hexer und ähnlich auch die anderen, welche Waffen besprechen, um ihrer offenkundigen Werke willen, die nur durch teuflische Kraft geschehen können, für offenkundig in ketzerischer Verkehrtheit Ertappte zu halten sind, infolge des mit dem Teufel eingegangenen Paktes. Es ergibt sich auch zweitens, daß deren Gönner, Beherberger und Verteidiger wie solche offenkundig (Ertappte) für solche zu halten sind und offenkundig den ausgesetzten Strafen unterliegen, so daß es nicht mehr zweifelhaft ist, daß sie entweder als leicht oder schwer resp. heftig verdächtige Beherberger zu beurteilen sind, wie auch die anderen in mehrerlei Gestalt auftreten können. Daher fehlen sie auch immer aufs schwerste gegen den Glauben und werden von Gott mit einem schlimmen Tode getroffen. Als nämlich, wie man erzählt, ein gewisser Fürst, der solche Hexer begünstigte, mit diesen eine gewisse Stadt in bestimmten Geschäften ungebührlich belastete, und ihm dies von einem Vertrauten vorgehalten wurde, anwortete er mit Hintansetzung aller Gottesfurcht: »Gott soll geben, daß ich an dieser Stelle sterbe, wenn sie von mir ungerecht belastet werden!« Auf diese Weise folgte plötzlich die göttliche Rache: in einem plötzlichen Tode hauchte er sein Leben aus, zur Sühne nicht sowohl für die ungerechte Belastung, als für die Ketzerei der Begünstigung.

Es ergibt sich drittens, daß, wenn Prälaten aller Art und Seelsorger derartigen Schandtaten und deren Urhebern und Gönnern nicht nach jeder Möglichkeit Widerstand leisten, sie ebenfalls für offenkundige Männer gehalten werden und den vorgeschriebenen Strafen offenkundig unterliegen müssen.

Zweite Hauptfrage dieses zweiten Teiles, über die Arten, Behexungen zu beheben oder zu heilen, unter Vorausschickung einer Schwierigkeit.

Ob es erlaubt sei, Behexungen durch andere Behexungen oder irgend welche unerlaubte (Handlungen) zu beheben?

Es wird argumentiert, nein: weil sich der Hilfe der Dämonen bedienen nicht erlaubt ist, wie sich oben ergeben hat und von den Gelehrten allgemein erklärt wird: Sentent. II, dist. 7, weil es nämlich Abfall vom Glauben ist; und daß (Behexung) wirklich ohne Hilfe der Dämonen nicht gelöst werden kann, wird so bewiesen: Sie wird entweder gelöst durch menschliche oder teuflische Kunst oder durch göttliche Macht. Nicht das erste, weil eine untere Macht eine höhere nicht brechen kann, da nichts über seine Kraft hinaus wirkt. Auch nicht die göttliche: weil dies ein Wunderwerk wäre und da Gott solche Werke auf seinen eigenen Wink vollbringt, nicht auf das Drängen der Menschen hin. So antwortete auch Christus seiner Mutter, die um ein Wunder bat, bezüglich der Behebung des Mangels an Wein – weil, wie die Gelehrten es auslegen, dieses Wunder Christus wünschte –: »Weib, was ist mir und dir?« nämlich gemeinsam beim Wundertun. Es zeigt sich auch, daß (Behexte) sehr selten befreit werden, soweit sie göttliche Hilfe und den Beistand der Heiligen anflehen: folglich können sie nur mit Hilfe der Dämonen befreit werden; diese jedoch suchen, ist nicht erlaubt.

Außerdem wird, was allgemein geduldet wird, praktisch gehandhabt, mag es auch unerlaubt sein. Das aber wird allgemein gehandhabt, daß solche Behexte zu abergläubischen Weiblein laufen, durch die sie häufig befreit werden; und nicht durch Priester oder Exorzisten. Also zeigt die Praxis, daß Behexungen mit Hilfe der Dämonen behoben werden; da aber deren Hilfe suchen unerlaubt ist, desto mehr ist es auch nicht erlaubt, Behexungen zu beheben, sondern man muß sie geduldig tragen.

Außerdem ist nach Thomas und Bonaventura IV, dist. 34, de impedimento maleficiali, »Behexung so anhaltend, daß es dafür kein menschliches Heilmittel geben kann, oder wenn es eins geben sollte, ist es dem Menschen nicht bekannt oder nicht erlaubt«. In diesen Worten geben sie zu erkennen, daß es gleichsam eine unheilbare Krankheit ist, die anhaltend anhaftet, weshalb sie auch hinzufügen: »Mag Gott ein Heilmittel gewähren können, indem er den Dämon zwänge und jener kuriert würde, indem der Dämon von ihm Abstand nähme – die Heilung wird doch keine menschliche sein«. Also wenn Gott selbst nicht löst, ist es nicht erlaubt, auf welche Weise auch immer jenes (Behexten) Lösung zu suchen.

Außerdem sagen sie in derselben dist. und Frage, daß es auch unerlaubt ist, in Gestalt einer anderen Hexentat ein Heilmittel anzuwenden; daher sagen sie: »Auch wenn vermittelst einer anderen Hexentat ein Heilmittel zur Anwendung gebracht werden könnte, würde sie doch für fortdauernd gelten, wenn auch die Behexung beseitigt würde, weil es auf keine Weise erlaubt ist, durch Hexentat die Hilfe des Dämons anzurufen«.

Außerdem sind die Exorzismen der Kirche nicht bei allen körperlichen Belästigungen immer kräftig genug zur Zurückdrängung der Dämonen, indem Gottes Ratschluß das verlangt. Immer jedoch sind sie wirksam gegen solche Anfälle seitens der Dämonen, gegen welche sie hauptsächlich eingesetzt sind, so z. B. gegen Besessene oder bei zu exorzisierenden Kindern.

Außerdem ist es nicht nötig, daß, wenn wegen der Sünden dem Teufel gegen jemand Macht gegeben ist, mit dem Aufhören der Sünde die Macht aufhört; weil bisweilen beim Aufhören der Schuld die Strafe bleibt.

Nach diesen Worten scheinen die vorgenannten beiden Gelehrten zu glauben, daß es nicht erlaubt sei, Behexungen zu beheben, sondern sie zuzulassen, ebenso wie andere unheilbare Krankheiten zugelassen werden, und sie allein Gott dem Herrn zu überlassen, der sie nach seinem Gefallen beheben kann.

Dagegen spricht, daß, wie Gott und die Natur nicht Überfluß haben an Überflüssigem, sie so auch keinen Mangel am Nötigen haben. Daher sind auch notwendigerweise den Gläubigen gegen derartige

Anfälle seitens der Dämonen nicht nur Heilmittel zum Vorbeugen gegeben, über die am Anfang dieses zweiten Teiles die Rede gewesen ist, sondern auch Heilmittel zum Kurieren, da sonst Gott für die Gläubigen nicht genügend gesorgt hätte und die Werke des Teufels mächtiger schienen als die Werke Gottes.

Außerdem sagt die Glosse über jene Stelle Job XII: »Es ist keine Macht auf Erden« etc.: »Wiewohl er den Verdiensten der Heiligen unterliegt«. Daher unterliegen sie auch den Verdiensten der heiligen Männer in diesem Leben.

Außerdem sagt Augustinus, de moribus ecclesiae: »Wenn wir Gott anhangen, ist kein Engel mächtiger als unser Geist. Denn wenn Tugend eine Macht ist, ist in dieser Welt der Gott anhängende Geist sublimer, als die ganze Welt«. Daher können auch durch solche die Werke des Teufels gelöst werden.

Antwort. Hier liegen zwei erhabene Ansichten vor. die anscheinend einander entgegengesetzt sind. Es gibt nämlich manche Theologen und Kanonisten, die untereinander darin einig sind, daß es erlaubt ist, Behexungen zu beheben selbst durch abergläubische und eitle Werke; und dieser Meinung sind Scotus, Hostiensis und Goffredus und allgemein alle Kanonisten. Die Meinung anderer Theologen, und zwar besonders der älteren, aber auch gewisser neuerer, wie Thomas, Bonaventura, Albertus, Petrus de Palude und vieler anderer ist die, daß auf keinen Fall Böses zu tun sei, damit Gutes herauskomme, und daß der Mensch lieber sterben soll, als in derlei zu willigen, daß er nämlich durch abergläubische und eitle Werke befreit werde. Aber weil bis auf eine Unterscheidung deren Aussagen sich in Einklang bringen lassen werden, müssen vorher ihre Ansichten angesehen werden.

Scotus nämlich erachtet es in seinem (Buche) VI, dist. 34 de impedimento maleficiali sive de frigidis et maleficiatis, für eine Albernheit, zu behaupten, daß auch durch eitle und abergläubische (Werke) Behexungen nicht behoben werden dürften. Denn er sagt: »Dabei ist keine Ungläubigkeit, weil der Zerstörer den Werken des Teufels nicht zustimmt, sondern glaubt, daß er belästigen könne und wolle, so lange ein solches Zeichen dauert, weil er auf Grund des Paktes nur dazu beisteht, so lange jenes dauert«. Und so wird die Zerstörung jenes Zeichens einer solchen Beunruhigung ein Ziel setzen. Daher sagt er auch, es sei ein verdienstliches Werk, die Werke des Teufels zu zerstören.

Weil er von den Zeichen spricht, wollen wir ein Beispiel geben. Es gibt gewisse Weiber, welche die Hexen mit einem solchen Zeichen kennzeichnen, daß, wenn infolge von Behexung eine Kuh des reichlichen Milchgebens beraubt wird, sie dann einen Melkeimer Milch über das Feuer hängen und dabeistehend ihn unter gewissen abergläubischen Worten mit einem Stocke schlagen. Und wenn das Weib auch nur ein kleines Geschirr schlägt, der Dämon trägt doch alle Schläge auf den Rücken der Hexe, wodurch der Teufel in dieser Weise samt der Hexe belästigt wird. Mag auch der Teufel sich nicht zwingen und belästigen lassen, so tut er jenes doch, um die prügelnde Rechtgläubige zu Schlimmerem zu verlocken, weshalb es gefährlich ist.

Sonst schiene die Ansicht des so bedeutenden Gelehrten keine Schwierigkeit zu enthalten. Auch andere Beispiele könnten angeführt werden.

Hostiensis sagt mit Bezug auf dasselbe in der Summa copiosa de frigidis et maleficiatis, und zwar beim Titel de impotentia coeundi, in der Glosse über c. litterae § mulierem autem, daß man bei einem solchen Mangel (wie Impotenz etc.) zu den Heilmitteln der Ärzte seine Zuflucht nehmen müsse; wenn auch gewisse dagegen verschriebene Heilmittel eitel oder abergläubisch erscheinen, so soll man doch jedem Gewährsmann in seiner Kunst glauben. Aber die Kirche kann es auch ruhig dulden, eitles mit eitlem zu vertreiben.

Ubertinus endlich bedient sich IV, 34 folgender Worte: »Es können Behexungen entweder durch Gebete oder durch Künste seitens der, die sie bewirkt hat, zerstört werden«.

Ebendasselbe Goffredus in seiner Summa, unter demselben Titel: »Behexung kann nicht immer durch denjenigen gelöst werden, der sie bewirkt hat; entweder weil er gestorben ist oder es nicht versteht, sie zu vernichten, oder weil das Hexenmittel verloren gegangen ist. Wenn er es aber wüßte, könnte er die Behexung erlaubterweise lösen«; und zwar spricht er gegen die, welche sagten, durch Behexungen könnte der fleischlichen Verbindung deshalb kein Hindernis geboten werden, weil kein solches dauernd wäre, daher es eine schon vollzogene Ehe nicht trennen könnte.

Außerdem ließen sich diejenigen, welche sich bewogen gefühlt hatten zu behaupten, daß keine Behexung dauernd sei, von den Gründen leiten, daß sie glaubten, jede Behexung könne entfernt werden entweder durch eine andere Hexentat oder durch die Exorzismen der Kirche, die zur Zurückdrängung der Dämonen angeordnet sind, oder durch wahre Buße, da der Teufel nur über die Sünder Macht hat. Betreffs des ersteren stimmten sie also mit der Meinung der anderen übrigen überein, daß (Behexungen) wenigstens durch abergläubische Mittel behoben werden können.

Der entgegengesetzten Meinung aber ist S. Thomas IV, 34, die besagt, daß, wenn Behexung nur durch etwas Unerlaubtes widerrufen werden kann, wie z. B. mit Hilfe des Dämons oder dieses oder jenes, sie nichts destoweniger für dauernd beurteilt würde, auch wenn man wüßte, daß sie so widerrufen werden könnte; weil das Mittel nicht erlaubt ist.

Ebenso Bonaventura, Petrus, Albertus und allgemein alle Theologen. Denn wenn sie kurz die schweigende oder ausdrückliche Anrufung der Hilfe des Dämon berühren, scheinen sie zu glauben, daß durch nichts weiter als durch die erlaubten Exorzismen oder durch wahre Buße, wie es in dem angezogenen c. si per sortiarias berührt wird, (Behexungen) beseitigt werden dürfen; wie es scheint von den am Anfang dieser Frage verzeichneten Gründen bewogen.

Und weil es frommt, daß so bedeutende Gelehrte in ihren Aussprüchen so viel als möglich übereinstimmen, und dies mit einer einzigen Unterscheidung erreicht werden kann, daher ist zu merken, daß eine Behexung behoben wird entweder durch einen anderen Hexer und zwar zugleich durch eine andere Hexentat, oder nicht zwar durch einen Hexer, aber doch durch hexerische Riten und zwar durch unerlaubte und eilte Riten zugleich, oder durch eitle und nicht unerlaubte.

Das erste Mittel ist gänzlich unerlaubt, sowohl von Seiten des Urhebers als auch von Seiten des Mittels selbst. Weil es jedoch in zweifacher Weise geschieht, entweder mit Schädigung dessen, der die Behexung angetan hat, oder ohne Schädigung, so geschieht es doch vermittelst hexerischer und unerlaubter Riten, und dann wird es unter der zweiten Weise befaßt, wo nämlich Behexung nicht durch einen anderen Hexer behoben wird, sondern durch hexerische und unerlaubte Riten; und dann wird es wiederum für unerlaubt erachtet, wenn auch nicht so wie das erste. Daher können wir summarisch sagen, daß durch dreierlei und auf drei Weisen ein Mittel zu einem unerlaubten gemacht wird: wenn nämlich die Behexung durch einen anderen Hexer oder durch andere Hexentaten, d. h. durch die Kraft irgend eines Dämons, erfolgt; zweitens, wenn die Behebung nicht durch einen Hexer, sondern durch eine ehrbare Person erfolgt, und zwar so, daß durch abergläubische Mittel die Behexung, die der einen Person abgenommen wird, einer anderen angetan wird; und das ist wiederum unerlaubt; drittens, wenn sie abgenommen wird, ohne daß sie einem anderen angetan wird, man sich jedoch dabei der ausdrücklichen oder schweigenden Anrufung der Dämonen bedient, die dann wiederum unerlaubt ist. Und entsprechend diesen Weisen sagen die Theologen, man solle lieber den Tod wählen, als in solche (Mittel) zu willigen. Auf die anderen beiden, letzten Weisen aber eine Behexung beheben kann nach den Kanonisten entweder erlaubt oder nicht eitel sein und kann geduldet werden, wenn die zuvor versuchten Mittel der Kirche, als da sind: die Exorzismen der Kirche, die Anflehung des Beistandes der Heiligen und wahre Buße, nichts gewirkt haben.

Damit man ein klares Verständnis im einzelnen gewinne, sollen einige Geschehnisse und Taten berichtet werden, die wir gefunden haben.

In Rom war zur Zeit des Papstes Nicolaus ein Bischof aus den deutschen Landen gekommen, um gewisse Geschäfte zu erledigen, dessen Namen zu verheimlichen das Gebot der Liebe fordert, wiewohl er bereits die Schuld alles Fleisches abgetragen hat. Dieser verliebte sich in eine junge Frau; und da er angeordnet hatte, sie mit zwei Dienern, seinem übrigen Besitz und seinen Kleinodien nach seiner Diözese zu senden, begann die junge Frau, betreffs der Kleinodien, welche kostbar waren, durch weibliche Habgier verblendet, eine Weise auszudenken, daß der Bischof, während sie auf der Reise war, durch Behexungen unterginge; und schon hatte sie die Kleinodien in ihrer Verwahrung. Und siehe, in der folgenden Nacht erkrankte der Bischof plötzlich und wurde von den Ärzten untersucht, ob er nicht vielleicht durch Gift vergiftet sei, worüber die Diener in schmerzlichem Zweifel waren. Denn eine so ungeheure Hitze war in seiner Brust, daß er nur durch beständiges Gurgeln mit kaltem Wasser bei Kräften erhalten werden konnte. Am dritten Tage nun, als man schon keine Hoffnung mehr hatte, daß er am Leben bliebe, verlangte eine Vettel dringend Zutritt zum Bischof und eröffnete, sie sei seiner Gesundheit halber gekommen. Sie trat also ein, redete den Bischof an und versprach ihm Gesundung, wenn er nur ihre Ratschläge gutheißen wollte. Als der Bischof fragte, was es denn sei, das er zur Wiedererlangung der Gesundheit, die er aufs lebhafteste ersehnte, gutheißen sollte, antwortete die Vettel: »Siehe, diese Krankheit ist Euch durch Behexung zugestoßen, und Ihr werdet nur durch eine andere Hexentat befreit werden können, dadurch nämlich, daß die Hexe, die sie Euch angetan hat, stirbt und mit ebendieser Eurer Krankheit infiziert wird«. Als der Bischof, starr darüber, merkte, daß er auf andere Weise nicht befreit werden könnte, beschloß er, da er doch nichts unbedacht tun wollte, den Papst durch eine Bittschrift zu befragen. Der Pontifex aber, der jenen zärtlichst liebte und erfahren hatte, daß er nur durch den Tod der Hexe befreit werden konnte, gab seine Zustimmung, daß unter zwei Übeln das kleinere zugelassen werde; und daraufhin unterzeichnete er die Bittschrift. Daher ward die Vettel von neuem herbeigeholt, und der Bischof erörterte ihr, wie sowohl er selbst als auch der höchste Pontifex in den Tod der Hexe willigten, wenn er nur der alten Gesundheit wiedergegeben würde; und so entfernte sich die Vettel und versprach, er würde in der folgenden Nacht befreit werden. Und siehe, als er um Mitternacht gefühlt hatte, daß er gesund und von aller Krankheit befreit war, schickte er einen Boten und forschte, was es denn mit der jungen Frau sei; und siehe; da war eine, welche versicherte, sie sei um Mitternacht, an der Seite der Mutter schlafend, plötzlich erkrankt. Hierbei wurde zu verstehen gegeben, daß zu derselben Stunde und im selben Augenblick die Krankheit den Bischof verließ und die Hexe, die Vettel befiel. Und so schien der böse Geist, indem er von der Schädigung des Bischofs abließ, ihn per accidens der Gesundheit wiederzugeben, während er jedoch eigentlich die Gesundheit nicht hineinpflanzte. Jedoch konnte er sie mit Gottes Erlaubnis okkupieren; und wegen des mit der anderen Hexe eingegangenen Paktes, die die andere um ihr Glück beneidete, hatte der Dämon selbst die Meisterin, die junge Frau, zu infizieren. Man kann wohl annehmen, daß diese beiden Behexungen nicht durch einen einzigen Dämon, der beiden Personen diente, sondern von zwei Dämonen, die den beiden Hexen dienten, angetan worden sind; und dabei sind die Dämonen einander nicht im Wege, indem sie zur Vernichtung der Seelen, die sie aufs lebhafteste und einmütig erstreben, jeder das Seine ausführen. – Als nun der Bischof um der Liebe willen sich vornahm, sie zu besuchen und in ihre Kammer trat, wurde er mit schauderhaften Verwünschungen empfangen, indem sie ausrief: »Du samt deiner, die dich solches gelehrt und dich befreit hat, sollt in Ewigkeit verflucht sein!« Als der Bischof versuchte, ihren Sinn zur Buße zu erweichen, und sagte, daß er ihr alles verziehen habe, wandte sie ihr Gesicht ab und rief: »Hinaus, Verfluchter! Hier ist keine Hoffnung auf Vergebung, sondern ich befehle meine Seele allen Teufeln«. So starb sie elendiglich; der Bischof aber kehrte mit Freuden in sein Heim zurück.

Hier ist noch zu bemerken, daß, weil das Privilegium eines einzelnen kein allgemeines Gesetz bildet, deshalb die Dispensation des Papstes in diesem Falle nicht beweist, daß derlei allen freistehe.

Mit Bezug auf ebendasselbe berichtet Nider in seinem Formicarius. Er sagt nämlich: »Die Art, Behexung zu beheben oder sich an dem Hexer zu rächen, wird bisweilen in dieser Weise vorgenommen: Kam nämlich ein an seiner Person oder seinem Besitz Geschädigter zu einer Hexe, begierig den Übeltäter zu erfahren, dann goß die Hexe mehrere Male flüssiges Blei ins Wasser, bis mit Hilfe des Dämons an dem Blei ein Bildnis sichtbar wurde. Wenn die Hexe dies erblickt hatte, fragte die Hexe den Ausforscher: »An welchem Teile willst du, daß dein Hexer geschädigt werde, um ihn an ebendieser Wunde zu erkennen?« Wenn der Ausforscher eine Stelle wählte, brachte die Hexe sogleich an ebendemselben Teile des Bildnisses, welches am Blei erschien, mit dem Messer einen Schnitt oder eine Wunde an und bezeichnete den Ort, wo er den Schuldigen finden würde; den Namen jedoch offenbarte sie keinesfalls. Aber wie die Erfahrung bezeugt, fand es sich, daß der Hexer in allem so verletzt wurde, wie es sein bleiernes Bildnis zeigte«.

Diese Mittel und ähnliche, sage ich, gelten durchaus für unerlaubt, wiewohl die menschliche Gebrechlichkeit, in der Aussicht, von Gott Verzeihung zu erhalten, sich häufiger mit ihnen zu schaffen macht, indem sie für die Gesundheit des Leibes mehr besorgt sind, als für die der Seele. –

Nun das zweite Mittel. Was bezüglich der Hexer selbst zu tun sei und wie sie erkannt werden, indem sie Behexungen unter einem ausdrücklichen, mit dem Dämon eingegangenen Pakte, ohne Schädigung einer Person lösen, darüber wird sich Klarheit unten in der sechszehnten Art, das Urteil zu fällen, ergeben. Solche existieren nämlich sehr zahlreich, und es finden sich immer innerhalb einer oder zweier deutscher Meilen welche, die auf diesem Raum zu heilen scheinen, was auch immer andere Hexen verletzen. Einige (bewirken) diese Heilungen auch schlechthin, auf alle Zeiten; andere aber rühmen sich, durch Behexungen Verletzte nur von der letzten Angarie an zu heilen; andere aber können nur unter Zustimmung der Hexe heilen, die die Behexung angetan hat. Und das wissen sie auf grund eines ausdrücklichen, mit dem Dämon eingegangenen Paktes; darum, weil sie denen, die sie zwecks Wiedererlangung der Gesundheit angehen, Verborgenes zu offenbaren pflegen. Denn sie offenbaren ihnen sofort die Gründe ihres Unglücks, indem sie sagen, sie sei wegen der mit der Nachbarin oder einer anderen Frau oder mit einem Manne gehabten Keifereien und Streitigkeiten an ihrer Person oder in ihren Besitztümern (durch Behexung) verletzt worden. Zur Verbergung ihrer Schandtaten raten sie bisweilen auch zu Wallfahrten oder anderen Werken der Frömmigkeit. Sie zur Wiedererlangung der Gesundheit anzugehen ist freilich um so gefährlicher, als sie in höherem Grade zur Schmach für den Glauben fehlen als die, welche bloß auf grund eines stillschweigenden Paktes zu heilen scheinen. Während diese nämlich auf der einen Seite die körperliche Gesundheit Gott voranstellen, kürzen sie auf der anderen Seite sich selbst zur Rache für ihr Verbrechen das Leben, indem Gott es trifft. So wütete nämlich die göttliche Rache gegen Saul, da er erst die Magier und die Ariolen von der Erde entfernt hatte, später aber sie befragte, daher er auch im Kriege mit seinen Söhnen getötet ward: Könige I, 28[4]. Die Schuld wird auch berührt Chronika I, 10 (11): deshalb mußte auch der schwache Ochasias sterben, Könige IV, 1.[5] – Solche Besucher von Hexen sind auch infam, daher sie auch nicht als Kläger zugelassen werden sollen, quaestiones II, 8: quisquis nec etc. Desgleichen sollen solche nach den Gesetzen mit der Todesstrafe geahndet werden, wie in der ersten Frage des Werkes berührt worden ist.

Aber ach, Herr und Gott, da alle deine Ratschlüsse gerecht sind, wer wird da die armen Behexten befreien, die in fortwährenden Schmerzen jammern? Da unsere Sünden es so verlangen, ist der Feind allzu mächtig geworden: wo sind sie, die mit erlaubten Exorzismen jene Werke des Teufels zu lösen vermöchten? Doch allein scheint also das Mittel übrig zu sein, daß die Richter deren Angriffe wenigstens zügeln, indem sie die Hexen-Urheberinnen mit verschiedenen Strafen geißeln, daher auch den Kranken die Möglichkeit, die Hexen zu besuchen unterbunden werden wird. Aber ach, niemand begreift es mit seinem Herzen, indem alle suchen, was ihrer und nicht, was Jesu Christi ist.

Jene Hexe nämlich in Reichshofen, von welcher oben Meldung geschehen ist, wurde dermaßen beständig von Behexten um der Wiedererlangung der Gesundheit willen besucht, daß der Graf des Schlosses Thelon Gewinn daraus in der Weise haben wollte, daß jeder an sich selbst oder an seinen Besitztümern Behexte am Toreingange einen Zehner zu zahlen hatte, woher er auch, wie er berichtete, in der Folge eine große Einnahme hatte.

Auch haben wir, was die Erfahrung bezeugt, gelernt, daß mehrere solche in der Diözese Konstanz existieren, nicht weil gerade diese von anderen Diözesen angesteckt sei – denn diese Art des Unglaubens schleicht durch alle Diözesen und scheint leider die ganze Welt angesteckt zu haben – sondern weil gerade diese Diözese mehr durchgearbeitet worden ist. Da ist ein Mann mit Namen Hengst gefunden worden, der einen größeren und zwar täglichen Zulauf von armen Behexten hat, wie man bemerkt – welchen Zulauf wir so mit unseren Augen in einem gewissen Dorfe, Eningen, gesehen haben – daß ohne Zweifel zu

4 Lies Samuelis I, 28. 31

5 Lies: II, 1.

allen beliebigen Orten der seligsten Jungfrau, sei es in Aachen, sei es in Maria Einsiedeln, ein solcher Zulauf von Armen nicht existiert, so wie zu jenem abergläubischen Menschen. Denn zur kältesten Winterzeit, wo infolge der Unmassen von Schnee jeder königliche und öffentliche Weg verbaut ist, wird er von den umliegenden Ortschaften bis zu zwei oder drei Meilen unter großen Beschwerden für die (betreffenden) Leute besucht, wobei einige Mittel bekommen, andere aber nicht; wie ich glaube, weil wegen verschiedener Hindernisse, wie oben berührt ist, nicht alle Behexungen gleichermaßen gelöst werden können. Und zwar lösen diese die Behexungen unter ausdrücklicher Anrufung der Dämonen, nach dem zweiten Mittel, welches (gleichfalls) unerlaubt ist, jedoch nicht so wie das erste. –

Das dritte Mittel aber (ist das), welches unter gewissen abergläubischen Zeremonien ausgeübt wird; jedoch wird es nicht zum Schaden einer Person noch durch offenkundige Hexer betrieben; wie die Erfahrung bezeugt, auf folgende Weise: In der Stadt Speyer legte ein gewisser Marktkaufmann dar, daß ihm folgender Fall zugestoßen sei: »Als ich mich im Schwabenlande in einem gewissen Schlosse von Adligen aufhielt und eines Tages nach dem Frühstück mit zwei jungen Herren zusammen nach Salat über eine Wiese dahinschritt, kam uns eine Frau entgegen; und als sie von weitem noch näher kam und von den beiden jungen Herren erkannt wurde, sagte einer von ihnen zu mir die Worte: »Schütze dich schnell mit dem Zeichen des Kreuzes!« und ähnlich ward auch der andere auf der anderen Seite ebendazu ermahnt. Als ich aber nach dem Grunde dieser Furcht fragte, antworteten sie: »Ei, die schlimmste Hexe der ganzen Provinz kommt uns jetzt entgegen; denn sie versteht die Menschen durch den bloßen Blick zu behexen«. Da warf ich mich in die Brust und prahlte, daß ich solche nie gefürchtet hätte; siehe, kaum hatte ich die Worte ausgesprochen, als ich fühlte, daß ich schwer am linken Fuße verletzt war, so daß ich ohne heftigen Schmerz den Fuß nicht vom Fleck bewegen noch einen Schritt tun konnte, weshalb auch die anderen schleunigst aus dem Schlosse durch einen Boten für mich ein Pferd kommen ließen und mich dorthin zurückbrachten. Als aber drei Tage hindurch die Schmerzen zunahmen, gingen die vorgenannten Bewohner, welche einsahen, daß mir eine Behexung angetan sei, einen gewissen Bauer an, der eine Strecke von einer Meile wohnte, und von dem sie wußten, daß er durch eine gewisse Kunst Behexungen behöbe, und legten ihm den Fall vor. Er kam schleunig, besah den Fuß und sagte: »Ich will eine Probe machen, ob es Euch infolge eines natürlichen Mangels zugestoßen ist; und wenn es Euch infolge einer Behexung betroffen hat, werde ich Euch mit Gottes Hilfe kurieren; wenn aber nicht, werden wir mit natürlichen Heilmitteln vorgehen müssen.« – Ich aber sagte: »Wenn ich ohne abergläubische Handlung mit Gottes Hilfe kuriert werden kann, will ich es gerne annehmen, da ich mit dem Teufel nichts gemein haben will und seine Hilfe nicht mag«. In demselben Sinne antwortete auch der Landmann: er wolle nur erlaubte Mittel anwenden, und zwar mit Gottes Hilfe, und ihn so heilen, wenn er nur erst durch die Erfahrung ersehen hätte, daß mir dies durch Behexung zugestoßen sei. Zu beiden gab ich meine Zustimmung. Da machte er Blei, wie es oben von der anderen Hexe berührt worden ist, in einem eisernen Löffel flüssig, hielt es über den Fuß und goß es in eine Schüssel voll Wasser: und plötzlich erschienen die Bilder verschiedener Formen, als wenn Dornen oder Haare oder Knochen und ähnliches hineingetan wären. »Nun«, sagte er, »sehe ich, daß Euch diese Krankheit nicht infolge eines natürlichen Mangels, sondern infolge von Behexung zugestoßen ist«. Als ich aber fragte, wie er derlei aus dem flüssigen Blei wissen könnte, sagte er: »Seht, es gibt sieben Metalle, entsprechend den sieben Planeten, und weil Saturn über das Blei gebietet, so ist es seine Eigenart, daß, wenn Blei über einer Behexung gegossen wird, es durch seinen Einfluß die Behexung anzeigt. Und es ist gut getan gewesen, sagte er, daß schnell ein Mittel angewendet wurde. Nun habe ich Euch so viele Tage zu besuchen, als Ihr in der Behexung zugebracht habt«. Auf die Frage, wie viele Tage verflossen seien, bekannte ich, daß es schon am dritten Tage sei. Daher besuchte er mich drei Tage lang an den einzelnen Tagen, und indem er den Fuß besah und bloß berührte und alle Worte bei sich wiederkaute, schlug er die Behexung in die Flucht und gab mir die volle Gesundheit wieder«.

Diese Weise kennzeichnet den, der sie anwendete, gewiß nicht als Hexer, wie die Weise als abergläubisch; nämlich deshalb, weil er mit

Hilfe Gottes und nicht durch das Werk des Teufels die Gesundheit versprach und den Einfluß des Saturns auf das Blei heranzog, der gleichsam aus seinem Dominieren veranlaßt ist. Daher steht jener untadelig da und war vielmehr zu empfehlen. Aber durch welche Kraft er die Behexung in die Flucht schlug und die verschiedenen Dinge im Blei hervorrief, bleibt zweifelhaft. Denn da Behexung durch keine natürliche Kraft beseitigt werden kann, mag sie dadurch gemildert werden können, wie sich weiter unten betreffs der Heilmittel für Besessene zeigen wird, so scheint jener dies vielmehr durch einen zum mindesten stillschweigend mit dem Dämon eingegangenen Pakt ausgeführt zu haben; und zwar nennt man es einen stillschweigenden Pakt, wenn der Ausführende zum mindesten stillschweigend in den Beistand des Teufels willigt, auf welche Weise unzählige abergläubische Werke ausgeführt werden, wenn auch mit Unterschied bezüglich der Beleidigung Gottes, da in dem einen Werke die Beleidigung des Schöpfers größer ist als in dem anderen. Darin nämlich, daß jener bezüglich der Wiederverschaffung der Gesundheit sicher war und darin, daß er an so vielen Tagen, als (der Behexte) in der Krankheit zugebracht hatte, ihn besuchen mußte und keine natürlichen Arzneien benutzte und den Kranken doch, seinem Versprechen gemäß, der Gesundheit wiedergab, wird er nicht sowohl als verdächtig, als vielmehr als offen ertappt, wenn auch nicht auf einem ausdrücklichen, mit dem Dämon eingegangenen Pakte, zum mindesten doch beurteilt und muß wie als überführt gehalten und mit den unten in der zweiten Weise, das Urteil zu fällen, enthaltenen Strafen bestraft werden, mit feierlicher Abschwörung, wenn nicht die Gesetze, die das Entgegengesetzte zu fordern scheinen, ihn halten. Was in diesem Falle der Ordinarius zu tun habe, wird sich später bei der Lösung der Argumente ergeben. –

Das vierte Mittel aber ist zu dulden, und zwar behaupten dies die Kanonisten wenigstens mit gewissen Theologen. Es heißt nur eitel, und zwar im strengen Sinne, weil es nämlich nur abergläubisch ist, und nicht auf grund irgend eines ausdrücklichen oder stillschweigenden Paktes, aus der Absicht und dem Vorsatz des Ausübenden heraus ausgeführt wird. Ich sage, zum mindesten; weil, wenn man vielleicht auch das dritte Mittel diesem vierten anfügen möchte, es uns besser scheint, ihrer Behauptung nachzugeben, als zu Streitigkeiten Anstoß zu geben. – Dieses eitle Mittel nun ist weiter oben mit dem Beispiele von den Weibern belegt worden, welche einen über dem Feuer aufgestellten Melkeimer zu dem Zwecke schlagen, daß die Hexe, welche die Kuh des reichlichen Milchgebens beraubt hat, Schläge bekomme; mögen sie derlei auch vielleicht im Namen des Teufels zu tun haben, oder vielleicht ohne es auszudrücken.

Eben hierher können auch andere ihrer Taten gestellt werden. Denn wenn sie in dieser Weise behexte Kühe auf die Weide schicken wollen und auch die Hexe selbst zu erkunden suchen, dann legen sie der Kuh bisweilen die Hosen des Mannes oder etwas anderes Unsauberes auf den Kopf oder Rücken, und zwar besonders an festlichen, recht heiligen Tagen, und treiben sie aus, indem sie sie mit dem Stocke, vielleicht wieder unter denselben Ausdrücken wie oben, schlagen. Dann eilt die Kuh geraden Laufes nach dem Hause der Hexe, richtet ihre Hörner gegen die Tür und stößt unter lautem Gebrüll fortwährend zu; und zwar tut dies durchaus der Teufel in der Kuh so lange, bis er durch andere Hexentaten zur Ruhe gebracht wird.

In Wirklichkeit ist derartiges, auch wenn es nach den vorgenannten Gelehrten zu dulden ist, doch nichts Verdienstliches, wie manche zu behaupten versuchen. Da wir nämlich nach dem Apostel belehrt werden, alles was wir in Worten oder Werken tun, im Namen unseres Herrn Jesu Christi zu tun, so beleidigt gerade die Unbedachtsamkeit, mit der (die betreffende Person) die Gottesfurcht hintansetzt, Gott, der daher auch dem Teufel die Macht läßt, solches zu tun; mag auch dabei keine ausdrückliche Anrufung des Dämons stattfinden – und doch der Ausdruck seines Namens – und mag dabei ferner nicht die Absicht bestehen, derlei durch irgend einen stillschweigenden oder ausdrücklichen Pakt zu vollbringen, daß er vielleicht sagt: »Ich will dies tun, mag sich der Teufel einmengen oder nicht«. Solche Leute sind daher zur Buße anzuhalten und zu ermahnen, daß sie lieber davon abstehen und zu den unten aufgeschriebenen und z. T. weiter oben schon berührten Heilmitteln in Form des Gebrauches von Weihwasser, Exorzismus-Salz etc. greifen.

In ähnlicher Weise sind diejenigen zu beurteilen, welche, wenn ihnen ein Stück Vieh infolge von Behexung zugrunde geht und sie den Hexer erkunden wollen, oder auch, ob es infolge natürlichen Mangels oder infolge von Behexung eingegangen ist, nach den Orten eilen, wo die Tierkadaver abgedeckt werden und die Eingeweide eines Kadavers über den Erdboden weg bis nach dem Hause schleppen, aber nicht durch die Tür, über die Schwelle ziehen, sondern unter der Schwelle weg nach der Küche des Hauses ziehen; und nachdem sie Feuer gemacht haben, legen sie die Eingeweide auf den Rost; und – wie wir auf Grund des Berichtes derer, die solches ausführen, belehrt worden sind – so wie dann die Eingeweide heiß werden und brennen, werden die Eingeweide der Hexe von Hitze und Schmerzen gepeinigt. Es achten daher die Kundschafter darauf, daß die Haustür bestens verwahrt sei, weil die Hexe vor Schmerzen nach dem Hauseingange eilen wird; und wenn sie Einlaß findet, nimmt sie eine Kohle vom Feuer weg, und dann ist jede Pein verscheucht. Wir haben auch als erlebt in Erfahrung gebracht, daß, wenn sie keinen Einlaß finden konnten, sie dann das Haus innen und außen mit dichtester Finsternis umgaben unter so grausiger Bewegung (der Luft) und solchem Brausen, daß alle schließlich meinten, das Haus müsse einstürzen und sie umkommen, wenn sie die Tür nicht öffneten.

Ebendarauf werden auch gewisse Experimente zurückgeführt. Manche Leute nämlich, die aus der Menge der in der Kirche weilenden Weiber die Hexen herausfinden wollen, die auch ohne ihre Zustimmung nach Beendigung des Gottesdienstes nicht aus der Kirche hinauszugehen vermögen sollen, befassen sich mit folgendem Experimente: Am Sonntag salben sie die Halbstiefel junger Männer mit Schmiere oder Schweinefett, wie es herkömmlicherweise zur Geschmeidighaltung geschieht: und wenn sie so die Kirche betreten, werden die Hexen so lange aus der Kirche nicht heraus können, bis die Kundschafter entweder selbst herausgehen oder ihnen die Erlaubnis, herauszugehen, unter dem Ausdruck wie oben geben.

Ähnliches geschieht auch vermittelst bestimmter Worte, welche aufzuzeichnen nicht frommt; damit niemand durch den Teufel verführt werde. Denn auch die Richter oder Präsidenten sollen ihnen untrügliche Glaubwürdigkeit oder Meinung beimessen, es müßte denn eine solche Person anderweitig schon sehr übel beleumundet sein: indem unter einem solchen Vorwande jener Tausendkünstler auch Unschuldige in üblen Ruf bringen könnte. Daher sind die Leute lieber von solchen Experimenten abzuhalten und heilsame Bußen aufzulegen; mögen sie auch bisweilen geduldet werden.

Dadurch ergibt sich die Antwort auf die Argumente, welche schließen, daß Hexentaten nicht zu beheben seien: auf die ersten beiden Weisen sie zu beheben ist überhaupt unerlaubt; das dritte Mittel mag zwar nach den Gesetzen geduldet werden, doch muß der geistliche Richter darauf nicht geringe Obacht haben. Denn daß die Gesetze es zu erlauben scheinen, ergibt sich aus c. de maleficis, 1. eorum, wo folgendes steht: »Andere aber, welche das tun, damit nicht die Arbeiten der Menschen durch Wind- oder Hagelschlag niedergestreckt werden, verdienen nicht Strafe, sondern Belohnung«; und Antonius führt in seiner Summa bezüglich der Gesetze, in denen kanonisches und Zivil-Recht auseinandergehen, ebendasselbe an. Danach scheinen die Gesetze zu erlauben, daß man gewisse Leute, die zur Erhaltung der Früchte und Haustiere derartiges ausführen, auf jeden Fall nicht nur dulden, sondern auch belohnen könne. Es wird also an dem geistlichen Richter sein, darauf zu achten, ob der Betreffende im Sinne des Gesetzes gegen Hagelschlag und Schwüle der Luft mit, wie sich weiter unten ergeben wird, entsprechenden Mitteln oder auch mit gewissen abergläubischen vorgeht; und dann, wenn sich daraus kein Ärgernis für die Kirche ergibt, wird er ihn auch dulden können. Aber tatsächlich wird dies nicht nach der dritten Weise, sondern nach der vierten und fünften Weise geschehen, worüber folglich zu handeln sein wird, nämlich über die kirchlichen und erlaubten Mittel, unter gelegentlicher Besprechung der abergläubischen, die zur vierten Weise gehören; und zwar geschieht dies in den folgenden Kapiteln.

Kapitel I

Kirchliches Mittel gegen die Incubi und Succubi

Weil aber in den vorhergehenden Kapiteln der ersten Frage: über die Weisen, die Menschen, Haustiere und Früchte des Landes zu behexen – vor allem berührt worden ist, was die Hexen selbst bezüglich der eigenen Person betreiben: wie sie nämlich unschuldige Jungfrauen zur Mehrung ihrer Perfidie anlocken, auch welches die Art sei, sich zum Handwerk zu bekennen und die Huldigung zu leisten, auch wie sie die eigenen oder fremden Kinder den Dämonen darbringen und auf welche Weise sie örtlich ausfahren: ich sage, da dies und ähnliches zu heilen nur dadurch möglich ist, daß sie von ihrem Richter aus dem Wege geräumt oder zum mindesten zum Beispiel für alle Künftigen bestraft werden, so wird über derartige Heilmittel nicht jetzt, sondern im letzten Teile des Werkes gehandelt werden, wo die zwanzig Arten, gegen und über die Person der Hexen vorzugehen und das Urteil zu fällen, hergeleitet werden. Für jetzt jedoch ist es nötig, sich über die Heilmittel gegen ihre behexenden Wirkungen zu verbreiten und zwar erstens, wie behexte Menschen geheilt werden, dann wie die Tiere und schließlich wie die Früchte des Landes geschützt werden. Bezüglich der Menschen aber, die hinsichtlich der Incubi oder Succubi behext sind; weil diese von dreierlei Arten sind: nämlich diejenigen, welche sich freiwillig den Incubi unterwerfen, wie es die Hexen tun; weil man bezüglich der Succubi bei Männern eine freiwillige Ausführung nicht in dem Maße findet, da sie infolge der natürlichen Kraft der Vernunft, um welche die Männer die Frauen überragen, vor derartigem mehr zurückschaudern. (Zweitens) auch diejenigen, welche von den Hexen mit den Incubi oder Succubi gegen ihren Willen zusammengebracht werden; und die dritte Art ist die, zu welcher besonders gewisse Jungfrauen gehören, die durchaus gegen ihren Willen von Incubi-Dämonen belästigt werden. Von diesen nimmt man auch häufig an, daß sie in dieser Weise von Hexen behext werden, daß nämlich auch die

Dämonen auf Betreiben der Hexer, wie sie sehr häufig auch andere Krankheiten zu verhängen pflegen, sich so gegenüber jenen Personen zu Incubi zu machen haben, um imstande zu sein, sie vielleicht auch so zu ihrem Unglauben zu verlocken. Geben wir Beispiele!

In der Stadt Coblenz ist ein armer Mann in der Weise behext, daß er in Gegenwart seiner Frau den ganzen Liebesakt, wie ihn die Männer mit den Frauen auszuführen pflegen, sogar zu wiederholten Malen für sich allein ausübt und davon auch auf das Drängen und Gejammere seiner Frau hin nicht abgebracht werden kann, daß er nach Vollendung eines oder dreier Akte die Worte ausstößt: »Wir wollen wieder von vorn anfangen!«, während man doch mit dem leiblichen Auge keine Person ihm als Succubus dienen sieht; und es geschieht, daß der Arme nach täglichen derartigen Beunruhigungen auf die Erde stürzt und aller Kräfte beraubt wird. Fragt man ihn, nachdem er wieder einige Kraft bekommen hat, auf welche Weise und wieso ihm derlei zustoße und ob er eine Person als Succubus gehabt habe, pflegt er zu antworten, er sehe nichts, sei aber so der Besinnung beraubt, daß er durchaus nicht imstande sei, sich zu enthalten; und zwar gilt wegen dieser Behexung eine gewisse Frau für höchst verdächtig, daß sie es ihm angetan habe, weil sie jenem Armen unter schmähenden Worten gedroht hat, daß sie ihm schon helfen wollte, weil er ihr nicht zu Willen gewesen war. Aber es sind keine Gesetze und Diener der Gerechtigkeit da, die wenigstens auf üblen Leumund und schweren Verdacht hin zur Sühnung eines so großen Verbrechens vorgingen: da man glaubt, niemand dürfe verurteilt werden, außer wer durch eigenes Geständnis oder gesetzmäßige Stellung dreier Zeugen überführt wird; als wenn die Indizien der Tat oder die Evidenz auf grund schwerer oder heftiger Verdachtsgründe keine Strafe verdienten! Doch über diese Arten, das Urteil zu fällen, wird weiter unten, wie vorausgeschickt ist, sich Klarheit ergeben.

Bezüglich der zweiten Art, wonach Mädchen von Incubi-Dämonen belästigt werden, selbst zu unseren Zeiten, zu berichten würde gar zu weitläufig sein, da bestimmte Geschichten von solchen Geschehnissen vorliegen. Aber mit wie großer Schwierigkeit derartiges zu heilen geht, kann man aus dem entnehmen, was Thomas Brabantinus gegen das Ende seines Werkes de apibus von einer gewissen (Jungfrau) wie folgt erzählt: »Ich habe,« sagte er, »eine gewisse Jungfrau in frommer Haltung gesehen und bei der Beichte gehört, die erst sagte, sie habe niemals in den Beischlaf gewilligt. Dadurch gibt sie jedoch zu verstehen, daß sie damit bekannt gewesen ist; da ich es aber nicht glauben wollte, setzte ich ihr mit Gründen und harten Drohungen zu, bei Gefahr ihrer Seele (die Wahrheit zu sagen): endlich gestand sie unter Tränen, sie sei eher am Sinne als am Leibe verdorben worden; und da sie danach gleichsam zu Tode betrübt war, und an jedem Tage unter Tränen beichtete, konnte sie doch nicht durch Klugheit, Studium oder Kunst vom Incubus-Dämon befreit werden; auch nicht durch das Zeichen des Kreuzes noch durch Weihwasser, die doch besonders zur Verscheuchung der Dämonen verordnet werden, noch auch durch das Sakrament des Leibes Christi, das selbst den Engeln Schreck einflößt; bis der Dämon nach mehreren Jahren durch fromme Vornahme von Gebeten und Fasten verscheucht wurde. Und es ist glaubhaft – unbeschadet besseren Urteiles – daß, nachdem sie im Schmerz über ihre Sünde gebeichtet hatte, der Beischlaf mit dem Dämon für sie vielmehr die Strafe für die Schuld als Schuld war.

Als diese sich in der Pfingst-Vigilie bei der frommen Nonne Christina im Tale der Herzogin von Brabant, die mir dies erzählt hat, beklagte, daß sie wegen der lästigen Beunruhigung durch den Dämon nicht wagte, zu kommunizieren, sagte ihr voll Mitgefühl Christina: »Geh hin und schlafe sorglos; morgen wirst du teilnehmen am Leibe des Herrn; denn ich werde deine Strafe auf mich nehmen«. Sie entfernte sich froh, schlief in Frieden, erhob sich am Morgen nach der Nacht zum Gebete, nahm in aller Ruhe die Sakramente. Christina aber, die die auf sich genommene Strafe nicht hoch anschlug, hörte am Abend, als sie sich der Ruhe hingab, auf ihrem Lager jemand gleichsam wie ein Sturm sich bewegen und gar anruhig sich gebärden; und ohne zu argwöhnen, daß es ein Dämon sei, bemühte sie sich, ihn beim Halse zu packen und zu verscheuchen, was es auch sei. Sie legte sich wieder hin, erhob sich aber voller Angst, da sie beunruhigt ward; und so mehrere Male. Endlich merkte sie und sah es an den fast umgekehrten Decken, daß sie von der Nichtswürdigkeit eines Dämons beunruhigt wurde. Sie verließ also das Bett, brachte die Nacht schlaflos zu und wollte beten, wurde aber durch einen Anfall des Dämons gepeinigt und hatte, wie sie sagte, niemals derartiges erduldet. Daher sagte sie am Morgen zu der vorerwähnten Frau: »Ich verzichte«, sagte sie, »ich verzichte auf deine Strafe«, und entging kaum ohne Gefährdung des Lebens der Gewalttätigkeit des schlimmsten Versuchers«. – Daraus kann man abnehmen, daß es schwer ist, derlei zu heilen, mag es nun mit oder ohne Behexung einem zustoßen.

Es gilt aber noch etwas, wodurch vielleicht die Dämonen in die Flucht getrieben werden; worüber auch Nider in seinem Formicarius handelt. Wenn nämlich auch, wie es dort heißt, auf fünf Weisen Mädchen und Männer befreit werden können, nämlich durch sakramentale Beichte und heilige Übung im Schlagen des Kreuzeszeichens, oder durch den Engelsgruß; drittens durch Anwendung von Exorzismen, viertens durch gewisse Ortsveränderung und (fünftens) durch vorsichtige Exkommunikation seitens der Heiligen, von denen, wie sich aus dem Vorausgeschickten ergeben hat, die beiden ersten der Nonne nicht genützt haben – so sind sie doch deshalb nicht zu unterlassen – wenn es nämlich bei dem einen ein Heilmittel ist, so folgt daraus nicht, daß es auch bei einem anderen so wirkt, und umgekehrt – denn Geschichten berichten, daß auch Incubi häufig durch das Gebet des Herrn oder Besprengen mit (Weih)wasser oder auch durch den Engelsgruß vertrieben worden sind.

Es berichtet nämlich Caesarius in seinem Dialoge, daß, als sich ein gewisser Priester aufgehängt hatte, seine Beischläferin in das Kloster eintrat und durch einen Incubus zur Ausschweifung gereizt wurde, den sie jedoch durch das Schlagen des Kreuzes und durch Besprengen mit Weihwasser vertrieb, wenn er auch gleich danach wiederkehrte. So oft sie aber den Engelsgruß sagte, verschwand und entwich er wie ein Pfeil, kam aber bisweilen zurück, freilich ohne zu wagen, nahe an sie heranzugehen.

Item betreffs des dritten, (Heilung) durch sakramentale Beichte, ergibt es sich nach eben diesem Caesarius, welcher sagt, daß die vorerwähnte Beischläferin, als sie schon rein gebeichtet hatte, völlig vom Incubus verlassen wurde. – Derselbe berichtet, daß ein Mann in Lüttich, der von einem Incubus zu leiden hatte, nach Beendigung der sakramentalen Beichte völlig befreit wurde. – Er bringt außerdem ein Beispiel vor von einer gewissen Eingeschlossenen, die der Incubus weder infolge von Gebet, noch durch Beichte, noch wegen sonstiger geistiger Übung verließ, daß er ihr Bett nicht bestiegen hätte. Aber als sie auf den Rat eines gewissen frommen Mannes sagte »Benedicite«, verließ sie der Dämon sofort.

Betreffs des vierten, nämlich der Veränderung des Ortes, sagt derselbe wie vorher, daß die Tochter eines gewissen Priesters, durch einen Incubus entehrt und vor Schmerz wahnsinnig geworden, von dem Incubus losgelassen wurde, als sie über den Rhein weit weg gebracht wurde. Aber ihr Vater, der die Tochter von der Stelle geschafft hatte, wurde vom Dämon dermaßen getroffen, daß er in drei Tagen starb.

Es geschieht auch einer (Frau) Erwähnung, die, von einem Incubus häufig im Bette beunruhigt, eine fromme Genossin bat, daß sie an Stelle der Beunruhigten im Bette läge. Als sie das getan hatte, fühlte sie in der ganzen Nacht gewisse sehr schwere Beunruhigungen, während sie früher doch Ruhe gehabt hatte. – Es wird auch von Guilelmus bemerkt, daß die Incubi mehr solche Frauen und Mädchen zu beunruhigen scheinen, welche schönes Haar haben, darum weil sie der Besorgung oder dem Schmuck derartiger Haare obliegen; oder weil sie durch das Haar die Männer zu entflammen wünschen oder gewohnt sind; oder weil sie sich dessen in eitler Weise rühmen; oder weil die himmlische Güte das zuläßt, damit die Weiber abgeschreckt werden, die Männer dadurch zu entflammen, wodurch auch die Dämonen die Männer entflammt wissen wollen.

Bezüglich des fünften, der Exkommunikation, die vielleicht manchmal dasselbe ist, wie die Exorzisation, ergibt sich Klarheit in der Legende des heiligen Bernhard. In Aquitanien nämlich war eine Frau von einem Incubus sechs Jahre lang unter unglaublichem Mißbrauch der Begierde beunruhigt worden. Die hörte, wie der Incubus ihr drohte, sie sollte sich dem heiligen Manne, der kommen wollte, nicht nähern. »Es wird dir nichts nützen«,sagte er; »aber wenn er sich entfernt, werde ich dein grausamster Verfolger sein, der ich bisher dein Liebhaber gewesen bin«. Als sie den heiligen Mann Bernhard anrief, antwortete er: »Nimm meinen Stock und lege ihn in dein Bett, dann soll der Böse tun, was er kann«. Als sie das getan hatte, wagte der Dämon die Kammer der Frau nicht zu betreten, sondern drohte draußen in der schrecklichsten Weise, er wolle sie verfolgen, wenn Bernhard sich entfernte. Als der fromme Bernhard das von der Frau gehört hatte, berief er das Volk, befahl allen, brennende Kerzen in der Hand zu tragen und exkommunizierte den Dämon zusammen mit der ganzen Versammlung, die dabei war, und tat das Interdikt, daß er zu jener oder einer anderen weiterhin keinen Zutritt haben sollte; und so ward sie von jener Strafe befreit.

Aber hier ist zu bemerken, daß es wunderbar erscheint, daß die Schlüsselgewalt, die Petrus und seinen Nachfolgern bewilligt ist, weil sie über die Erde schallt und nur für die Erdenwanderer die Macht der Jurisdiktion besitzt, als Mittel der Kirche zugelassen ist und daß auch Mächte der Luft durch diese Jurisdiktion gezügelt werden können. Aber man kann sagen, daß, weil die Personen, welche von Dämonen belästigt werden, unter der Jurisdiktion des Papstes und der Schlüssel stehen, es nicht verwunderlich ist, wenn indirekt derartige Mächte durch die Kraft der Schlüssel gezügelt werden, sowie der (Papst) auch indirekt die Seelen durch die Macht der Schlüssel von den Strafen des Fegefeuers befreien kann, unbeschadet der Tatsache, daß jene Macht über die Erde schallt und die Seelen unter der Erde sind.

Auch über die dem Haupte der Kirche, d. h. dem Stellvertreter Christi, verliehene Schlüsselgewalt zu disputieren ist nicht sicher, da bekannt ist, daß eine solche Gewalt von Christus der Kirche und seinem Stellvertreter verliehen worden ist, wie sie einem reinen Menschen von Gott verliehen werden konnte; und zwar zum Nutzen der Kirche.

Man kann auch frommerweise annehmen, daß, wenn die von den Hexen durch die Kraft der Dämonen angetanen Krankheiten samt den Hexenurhebern selbst und den Dämonen exkommuniziert würden, sie nicht so gegen die Kranken selbst wüten und diese schneller befreit werden würden, bei Anwendung auch noch anderer erlaubter Exorzismen außer jenen.

Es ist endlich im Gebiete der Etsch allgemeines Gerede, ebenso auch an anderen Orten, daß, wenn mit Gottes Zulassung Heuschrecken in ungeheurer Menge fliegen und Weinberge, Laub, Saaten und alles Grüne abnagen, sie durch derartige Exkommunikation und Verwünschung in die Flucht geschlagen und plötzlich vernichtet worden sind. Wenn man das einem heilig gesprochenen Manne und nicht der Gewalt der Schlüssel zuschreiben will, so sei es im Namen des Herrn: eins haben wir für gewiß, daß weder die Kraft der Wunder noch die Macht der Schlüssel die in Gnaden handelnde Gnade mit Notwendigkeit voraussetzen: indem beides aus der in Gnaden gegebenen Gnade hervorgeht.

Es ist auch ferner zu bemerken, daß, wo keines der vorgenannten Mittel hilft, man dann zu den erlaubten Exorzismen greifen muß, über die weiter unten sich Klarheit ergeben wird. Wenn auch diese zur Verscheuchung der Nichtswürdigkeit des Dämons nicht genügen, dann ist in der Tat eine solche Beunruhigung seitens des Dämons eine den Sünden genügetuende Strafe, falls sie, wie es sich gehört, in Liebe ertragen wird, gerade so wie andere derartige Übel, die uns so drücken, daß sie uns treiben, zu Gott zu gehen.

Aber es ist auch zu bedenken, daß bisweilen manche Frauen in Wahrheit nicht vom Incubus beunruhigt werden, sondern nur glauben, sie würden so beunruhigt, und zwar geschieht dies vorzüglich den Frauen und nicht den Männern, da sie auch sonst furchtsam und für die Vorstellung wundersamer Bilder empfänglich sind. Daher sagt auch der oft zitierte Guilelmus: »Vieles von phantastischen Erscheinungen geschieht infolge der Melancholie bei vielen, und am meisten bei den Frauen, wie es sich bei Visionen und Enthüllungen zeigt. Der Grund dabei ist, wie die Ärzte wissen, die Natur der weiblichen Seelen selbst, darum daß sie weit leichter und feiner Eindrücken zugänglich sind als die männlichen Seelen«. Ebendort fügt er hinzu: »Ich weiß, daß ich eine Frau gesehen habe, welche glaubte, vom Teufel von innen erkannt zu werden, und sagte, sie fühle derartiges Unglaubliches«.

Auch scheinen ihm die Frauen niemals von den Incubi schwanger zu werden; ihre Bäuche schwellen gewaltig an, und wenn die Zeit der Niederkunft herangekommen ist, schwellen sie unter bloßer Ausstoßung vieler Windigkeit ab. Denn mit Ameiseneiern, im Getränk genommen, erzeugt man unglaubliche Windigkeit und Tumult im

Bauche des Menschen; ähnlich geschieht durch die Körner des Springkrautes und durch die Körner des Baumes, der Schwarzfichte genannt wird, ähnliches im Bauche. Es ist aber dem Dämon sehr leicht, ähnliches und mehr im Bauche der Menschen zu bewirken.

Dies ist hinzugefügt worden, damit man nicht gar leicht den Weibern Glauben schenkt, sondern nur dem, betreffs dessen Versuche Glaubwürdigkeit geschaffen haben, wie seitens derer, die durch Erfahrung im eigenen Bette, oder wenn sie selbst ruhten, gelernt haben, daß derlei wahr sei.

Kapitel II

Heilmittel für diejenigen, welche an der Zeugungskraft behext werden

Mögen auch die Frauen in größerer Zahl Hexen sein als die Männer, wie es im ersten Teile des Werkes gezeigt worden ist, so werden doch mehr Männer behext; und der Grund dafür ist: einmal weil Gott mehr zuläßt bezüglich des Liebesaktes, durch den die erste Sünde ausgebreitet wird, als bezüglich der anderen menschlichen Handlungen, sowie auch durch die Schlangen, die mehr auf Beschwörungen hören als andere Tiere, darum daß (eine Schlange) das erste Werkzeug des Teufels war; dann auch, weil jener Liebesakt beim Manne als bei der Frau mehr und auf leichtere Art behext werden kann: deshalb. Und zwar ist das klar, was berührt worden ist; da nämlich auf fünf Arten der Dämon gegen die Zeugungskraft handeln kann, werden diese Arten auch schneller bei den Männern ausgeführt.

Die bei jeder einzelnen anzuwendenden Mittel sind nach Möglichkeit herzuleiten, und wer an derartiger Kraft geschädigt ist, möge beachten, in welcher Art seine Behexung besteht. Es sind aber fünf Arten, nach Petrus de Palude IV, dist. 34, im Verlaufe dieser Behexung. Denn der Dämon hat darum, daß er ein Geist ist, Macht über die körperliche Kreatur mit Gottes Zulassung, und zwar auf Grund der Verfassung seiner Natur; besonders bezüglich der örtlichen Bewegung, so daß er jene hindert oder in Bewegung setzt. Daher können sie vermittelst dieser Macht die Körper des Mannes und der Frau hindern, daß sie sich nähern, und zwar direkt oder indirekt. Direkt, wenn (der Dämon) den einen vom andern entfernt oder den andern sich nicht nähern läßt; indirekt, wenn er irgend ein Hindernis bereitet oder sich in einem angenommenen Körper dazwischen legt, so wie es einem gewissen heidnischen Jüngling erging, der ein Idol geheiratet hatte und nichts desto weniger mit einer Jungfrau die Ehe eingegangen war, und sie deshalb nicht erkennen konnte, wie sich oben gezeigt hat.

Zweitens, wenn er den Mann gegen die eine entflammt und gegen die andere erkalten läßt; und daß könnte er heimlich bewirken durch irgendwelche Anwendung von Kräutern oder anderen Dingen, die er als wirksam dazu am besten kennt.

Drittens, wenn er die Wertschätzung des Mannes oder der Frau stört, wodurch er eine Person der anderen verhaßt macht; weil, wie sich im ersten Teile des Werkes gezeigt hat, er auf die Einbildungskraft Eindrücke hervorrufen kann.

Viertens, indem er die Kraft des Gliedes unterdrückt, die zur Befruchtung notwendig verlangt wird, so wie er auch die örtliche Bewegung irgend eines Organes unterdrücken kann.

Fünftens, indem er die Sendung der Geister nach den Gliedern, in denen bewegende Kraft ist, hemmt, indem er gleichsam die Wege des Samens versperrt, daß er nicht zu den Gefäßen der Zeugung hinabgelangt oder nicht von jenen Wegen abgeht, oder nicht ausgeschieden oder nicht abgesondert wird.

Wenn nun jemand sagt: »Ich weiß nicht, unter welche Art die mir angetane Behexung fällt, ich weiß nur, daß ich der Zeugungskraft gegenüber meiner Frau entbehre«, so kann geantwortet werden: Wenn er bei anderen Frauen potent ist, aber nicht bei der eigenen, dann fällt es unter die zweite Art; weil er nach der ersten Art eines Succubus-Dämons gewiß wäre, d. h., daß er durch Incubus- und Succubus-Dämonen gefoppt würde. Ebenso wenn ihm seine Frau nicht verhaßt ist und er sie doch nicht erkennen kann, wohl aber andere, dann bleibt es wiederum bei der zweiten Art; wenn sie ihm aber verhaßt ist und er sie nicht erkennen kann, dann fällt es unter die zweite und dritte Art. Ebenso wenn sie ihm nicht verhaßt ist, er sie auch erkennen möchte, aber die Kraft des Gliedes nicht hat, dann unter die vierte Art. Wenn er aber Kraft des Gliedes hat, aber keine Absonderung von Samen, dann unter die fünfte Art. Die Art der Heilung wird sich also ergeben, wo erklärt wird, ob die in und außerhalb der Liebe Befindlichen in gleicher Weise damit behext werden können, und zwar (lautet die Antwort) nein, ausgenommen die vierte Art, die jedoch auch nur ganz selten (vorkommt). Sie kann nämlich (dem) geschehen, der in der Gnade und Liebe sich befindet, was so erklärt wird – doch wird dem Leser zu verstehen gegeben, daß wir von dem ehelichen Akte zwischen ehelich Verbundenen sprechen, weil er sonst in Verwirrung geraten würde; denn jeder Liebesakt außerhalb der Ehe ist eine Todsünde und wird nur von solchen ausgeführt, die außerhalb der Liebe stehen –: Da man nämlich auf grund der Überlieferung der ganzen heiligen Schrift behaupten muß, daß die Dämonen mehr Erlaubnis von Gott bekommen, gegen die Sünder zu wüten als gegen die Gerechten, mag man auch lesen, daß gerade der so gerechte Job geschlagen wurde, dies jedoch nicht im besonderen bezüglich der Zeugungskraft, noch auch direkt: so muß man also sagen, daß, wem auch immer unter ehelich Verbundenen solche Behexungen zustoßen, es ein Zeichen ist, daß entweder beide Personen oder die eine von beiden, außerhalb der Liebe steht, und zwar wird die Begründung dafür hergeleitet aus Schriften, Autorität und Grund. Denn der Engel sagte zu Tobias: »Gegen die, welche der Begierde Raum geben, gewinnt der Dämon Macht«. Die Wirkung bewies das, da er die sieben Männer der Jungfrau Sara getötet hatte. Ebenso Cassianus in den Collationes patrum. Der selige Antonius gibt die Definition, auf keinen Fall könne der Dämon in den Geist oder den Körper jemandes eindringen, wenn er ihn nicht zuvor aller heiligen Gedanken beraubt und leer und entblößt von geistiger Betrachtung gemacht hätte. Diese Worte können überall auf Behexung des Körpers angewendet werden, allgemein auf den ganzen Körper, während Job, mit solcher Behexung geschlagen, doch nicht von der göttlichen Gnade entblößt war, sondern nur teilweise, als ihn nämlich am Körper eine teilweise Behexung um einer gewissen Sünde willen traf; und diese kann nichts weiter sein, als die Sünde der Begehrlichkeit. Der Grund: Wie nämlich gesagt ist, erlaubt Gott wegen der Scheußlichkeit jenes Aktes und weil durch ihn die erste Sünde verbreitet wird, mehr über ihn als über die anderen menschlichen Handlungen: also werden auch unter den ehelich Verbundenen, wenn sie wegen einer Sünde von der göttlichen Hilfe verlassen werden, mehr Behexungen an jener Zeugungskraft von Gott zugelassen.

Wenn gefragt wird, welcher Art jene Sünden seien, kann gesagt werden, daß es Sünden der Begehrlichkeit sind; und da diese unter Verwandten verschieden sind, nach dem Worte des Hieronymus, das auch im Texte steht: »Der Ehebrecher ist gegenüber seiner eigenen (Frau) zugleich ein besonders glühender Liebhaber«, so werden auch derartige Liebhaber mehr an den vorerwähnten (Teilen) behext.

Die kirchlichen Heilmittel also sind zweifach: das eine wird auf dem Forum der Klage, das andere auf dem Forum des Gewissens geübt. Erstens wenn vor Gericht ein Fall von durch Behexung angetaner Impotenz vorkommt, dann muß man unterscheiden, weil eine solche Impotenz entweder zeitweilig oder dauernd ist. Ist sie zeitweilig, so hindert sie nicht. Sie wird aber dann für zeitweilig angenommen, wenn im Zeiträume von drei Jahren die (Gatten, die einander) beiwohnen und sich nach Möglichkeit Mühe geben, sei es durch die kirchlichen Sakramente, sei es durch andere Mittel, geheilt werden. Wenn sie aber durch kein Mittel geheilt werden kann, nimmt man an, daß (die Impotenz) dauernd sei.

Ebenso geht sie der Schließung und Vollziehung der Ehe vorauf und hindert so die zu schließende und zerstört die schon geschlossene, oder sie folgt der Schließung der Ehe, aber nicht der Vollziehung. Und zwar ist es die gewöhnliche Art, die Männer zu behexen, wenn diese ihre Geliebten verschmähen; denn dann, weil sie hofften, sie würden sich mit ihnen ehelich verbinden, und sich getäuscht sehen, tun sie den Männern Behexungen an, daß sie nicht imstande sind, sich mit anderen zu vermischen. In einem solchen Falle nämlich wird, wie einige sagen, die schon geschlossene Ehe zerstört, außer wenn (die Gatten) in Enthaltsamkeit beieinander wohnen wollen, wie Maria und Joseph; und dabei haben sie den Canon für sich. Es heißt nämlich XXIII, qu. 1, daß die Ehe gefestigt wird, durch die Pflicht des Fleisches nämlich, wie die Glosse sagt: und wenig später heißt es, bevor sie gefestigt wird, löst die Unmöglichkeit der Pflicht das Band der Ehe, oder sie folgt der gefestigten Ehe, und dann zerstört sie das eheliche Band nicht. Mehreres andere wird von den Gelehrten angemerkt; aber weil es nicht ganz zu der gegenwärtigen Untersuchung paßt – es wird aber in verschiedenen Schriften der Gelehrten angemerkt, wo sie von der hexerischen Hinderung handeln – daher ist es hier zu übergehen. Nur wenn jemand die Schwierigkeit zur Sprache brächte, wieso jener

Akt rücksichtlich der einen Frau gehindert werden könne und nicht rücksichtlich einer andern, so antwortet Bonaventura: das geschieht entweder, weil ein Wahrsager dazu den Teufel rücksichtlich der bestimmten Person eingeladen hat, oder weil Gott nicht zuläßt, rücksichtlich jeder beliebigen Person (den Akt) zu hindern. Hier liegt der Ratschluß Gottes verborgen, wie bei dem Weibe des Tobias. Wie aber der Teufel das tun kann, erhellt aus dem Vorangeschickten. Es sagt hier jedoch Bonaventura, daß er die Zeugungskraft nicht durch ein inneres Hindernis, unter Verletzung des Organes, hindert, sondern durch ein äußeres, unter Hinderung des Gebrauches; und zwar ist das Hindernis ein künstliches und kein natürliches; und so können sie bei der einen (Frau) hindern und nicht bei anderen; oder (der Dämon) hindert durch Aufhebung der Regung der Begehrlichkeit nach der einen oder der anderen, und zwar durch die eigene Kraft, oder durch ein Kraut, oder durch einen Stein, oder durch irgend eine andere verborgene Kreatur; und das stimmt ziemlich zu den Worten des Petrus (de Palude).

Das kirchliche Mittel aber, auf dem Forum des Gewissens, wird XXXIII, qu. 8 Si per sortiarias überliefert, wo es folgendermaßen heißt: »Wenn durch wahrsagerische und hexerische Künste, mit Zulassung von Gottes verborgenem, gerechtem Ratschluß und mit Vorbereitung durch den Teufel, bisweilen ein Beilager erfolgt, sind diejenigen, denen so etwas zustößt, zu ermahnen, daß sie mit zerknirschtem Herzen und demütigem Geiste Gott und dem Priester über alle ihre Sünden eine reine Beichte ablegen und unter strömenden Tränen, reichlichsten Almosenspenden, Gebeten und Fasten dem Herrn Genugtuung geben«. In diesen Worten wird angemerkt, daß nur um der Sünden willen und zwar den außerhalb der Liebe Stehenden derlei geschieht; und es folgt, daß durch Exorzismen und die übrigen Schutzmittel der kirchlichen Heilkunde die Diener der Kirche solche (Behexte) zu heilen Sorge tragen, soweit es Gott gewährt, der Abimelech und sein Haus durch die Gebete Abrahams heilte.

Wir können also summarisch sagen, daß es fünf Heilmittel gibt, die bei solchen derart Behexten erlaubterweise angewendet werden können, nämlich die erlaubte Pilgerfahrt zu irgendwelchen Heiligen und wahre Beichte seiner Sünden daselbst in Zerknirschung, vielfältiger Ausführung des Kreuzschlagens und frommen Gebetes, erlaubte Exorzisation vermittelst besonnener Worte – wie sie vorgenommen werden müssen, wird sich weiter unten ergeben – und vorsichtiges Gelöbnis der Behexung wirkt dazu, was oben von dem Grafen erwähnt worden ist, der drei Jahre lang die ihm ehelich verbundene Jungfrau nicht erkennen konnte.

Kapitel III

Heilmittel für die mit ungewöhnlicher Liebe oder ungewöhnlichem Haß Behexten

Wie die Behexung an der Zeugungskraft, so wird die Liebesraserei und der Haß im Willen verursacht. Es frommt, von deren Ursache und dann, soweit es möglich ist, von deren Heilmitteln zu handeln.

Liebesraserei also oder ungewöhnliche Liebe des einen Geschlechtes zum andern kann aus einer dreifachen Ursache hervorgehen: manchmal aus bloßer Unvorsichtigkeit der Augen, manchmal infolge der Versuchung seitens der Dämonen allein, manchmal infolge Behexung seitens der Nigromantiker und Hexen und der Dämonen zugleich. Von der ersten Art spricht Jacobus I: »Ein jeglicher wird versucht, wenn er von seiner Lust gereizt und gelockt wird. Danach wenn die Lust empfangen hat, gebiert sie die Sünde; die Sünde aber, wenn sie vollendet ist, gebiert sie den Tod«. So verliebte sich Sichern in Dina, als er sie ausgehen sah, um die Weiber jener Gegend zu sehen: raubte sie und schlief mit ihr, und seine Seele schmolz mit ihr zusammen, Genesis XXXIV. Nach der Glosse trifft es sich so bei einer schwachen Seele, wenn sie mit Hintansetzung der eigenen Geschäfte sich um fremde kümmert; sie wird durch den Umgang verführt und wird eins mit dem Unerlaubten in der Einigkeit der Zustimmung.

Zweitens, daß sie aus der Versuchung durch Dämonen hauptsächlich geschieht: so verliebte sich Aman in seine sehr ansehnliche Schwester Thamar und war so sehr in sie vernarrt, daß er infolge der Liebe zu ihr krank wurde, II. Samuelis 13. Denn er konnte im Herzen nicht gänzlich so verderbt sein, daß er zu einer solchen Schandtat von Hurerei verschritt, wenn er nicht schwer vom Teufel versucht worden wäre. Von dieser Art Liebe ist auch das Buch der Heiligen Väter voll, welches berichtet, jegliche Versuchung, auch die der fleischlichen Liebe, hätte sich ihnen in der Wüste entzogen; einige jedoch wurden mehr als man glauben kann von der Liebe zu Weibern versucht, daher auch der Apostel II. Korinther 12 sagt: »Mir ist gegeben der Stachel meines Fleisches, der Engel des Satan, der mich mit Fäusten schlage«; wo die Glosse sagt, durch Versuchen mittels der Begierde, ist mir der Stachel gegeben. – Einige sagen, eine Versuchung aber, in die man nicht willigt, ist keine Sünde, sondern Stoff zur Übung der Tugend. Dies versteht sich von einer Versuchung, die vom Feinde, nicht vom Fleische kommt, weil das eine verzeihliche Sünde ist, auch wenn man nicht einwilligt. Davon liest man verschiedene Beispiele an verschiedenen Stellen.

Drittens dazu, daß Liebeswahnsinn hervorgeht aus Behexungen seitens der Hexen und Dämonen, ist zu sagen, daß die Möglichkeit dieser Behexung oben in den Fragen des ersten Teiles, ob die Dämonen durch die Hexen die Sinne der Menschen zu Liebe oder Haß zu wandeln und zu reizen imstande seien, ausführlich hergeleitet, auch durch verschiedene, von uns gefundene Geschehnisse und Taten bewiesen wird; im Gegenteil, unter allen Behexungen wird das wegen seiner allgemeinen Verbreitung für gar bedeutend erachtet.

Wenn nun jemand fragt: »Peter ist rasend vor Liebe nach der und der etc.; er weiß nicht, ist er nach der ersten, zweiten oder dritten Art behext worden?«, so wird geantwortet: Haß zwischen Verheirateten mit dem Verbrechen des Ehebruchs kann zwar durch Betätigung der Dämonen entstehen, wo doch durch den Stachel der fleischlichen Begehrlichkeit der Liebe jemand so eingewickelt und entflammt wird, daß er durch keine Störung, Schläge, Worte oder Taten zum Ablassen gezwungen werden kann; ebenso wo jemand oft eine schönere Frau entläßt und einer ganz häßlichen anhangt; ebenso wo sie zur Nachtzeit nicht zu ruhen vermögen, sondern so von Sinnen sind, daß sie über alle möglichen Umwege zu wandeln haben; Vornehme, Prälaten und andere Reiche werden sehr oft in solches Elend verwickelt, und es ist dies jene weibische Zeit, von der, wie Vincentius in seinem Speculum histor. berichtet, Hildegardus vorhergesagt hat, daß sie nicht so lange dauern wird, als sie bisher bestanden hat, da schon die Welt voll ist von Hurerei, besonders bei den Vornehmen; und was nützt es, von Heilmitteln zu schreiben (für die), welche vor den Heilmitteln zurückschaudern? Trotzdem wollen wir, um dem frommen Leser Genüge zu tun, einiges kurz berühren, betreffs Liebesraserei ohne Behexung.

Avicenna stellt sieben Heilmittel auf für den Fall nämlich, da (die Liebe) die betreffende Person krank sein läßt. Doch dient dies zu wenig unserer Untersuchung, außer insofern, als es mystisch einer matten Seele dient. Er sagt nämlich im dritten Buche, daß auf Grund der Veränderung des Pulses und zwar bei Nennung des Geliebten, wenn dort die Wurzel der Krankheit gefaßt wird, dann, wenn das Gesetz es duldet, durch die Ehe eine Vereinigung geschaffen werde; weil sie so geheilt werden, wenn der Natur gehorcht wird. Oder es finde Anwendung von Arzneien statt, über welche er ebendort handelt und lehrt. Oder der Kranke richte seine Liebe von dem Geliebten durch erlaubte Mittel auf etwas anderes zu Liebendes, was er dem vorigen vorziehen muß; und soll die Gegenwart des Geliebten fliehen, weil so der Geist abgelenkt wird. Oder auch, wenn (der Kranke) besserungsfähig ist, werde er geplagt und ermahnt, daß das Werk der Liebe das größte Elend sei. Oder es werden zu ihm Leute abgeordnet, die, so weit sie es mit der Wahrheit und Gott (vereinbaren) können, den Leib und die Verfassung und den Charakter des Geliebten unter häßlicher oder mißgestalteter Verzerrung der Gesichter tadeln. Oder letztens, (derartige Verliebte) sollen wenigstens in schwierigen Angelegenheiten und zerstreuenden Ämtern beschäftigt werden.

In Wahrheit, wie der tierische Mensch durch derartige Mittel geheilt wird, so stellen sie auch den inneren Menschen wieder her, wenn man das einzeln auf den geistigen Menschen bezieht. Man gehorche dem Gesetze des Geistes mehr als dem der Natur; richte seine Liebe auf die ewigen Freuden; bedenke, wie vergänglich das ist, was entzückt, und wie ewig, was peinigt; suche Freuden in jenem Leben, wo sie so begonnen werden, daß sie nicht endigen; wer dieses (Lebens) Liebhaber nicht hat sein wollen, wird auch das hier verlieren und jenes nicht finden und den ewigen Feuern überantwortet werden. Siehe, drei unheilbare Schäden, die aus der Liebesraserei hervorgehen!

Bezüglich des Liebeswahnsinnes aber infolge von Behexung können die im vorhergehenden Kapitel berührten Heilmittel nicht unpassend auch hier angewendet werden; besonders aber die Exorzisation durch heilige Worte, die ein derart Behexter an sich selbst vornehmen kann. Täglich rufe er den heiligen Engel an, der ihm zum Schutze von Gott abgeordnet ist; mit reiner Beichte besuche er die Schwellen der Heiligen, besonders aber der glückseligsten Jungfrau, und er wird ohne Zweifel befreit werden.

Aber wie tadelnswert ist es, daß bärtige Männer die natürlichen Gaben und die Waffen der Tugenden wegwerfen und sich selbst zu töten ablehnen, während Mädchen sehr oft bei unbesiegter Schwachheit derartige Behexungen mit diesen Waffen abgeschlagen haben! Zu deren Empfehlung wollen wir einen (Fall) von vielen vorbringen.

Es war in einem ländlichen Gute nahe bei Lindau, in der Diözese Konstanz, eine erwachsene Jungfrau von schönem Gesichte und gar feinem Benehmen; bei deren Anblick ward ein Mann von leichten Sitten, ein Geistlicher schier bloß dem Namen nach – o wenn doch kein Priester! – (von Liebe) gefangen. Da er die Wunde seiner Seele nicht weiter verheimlichen konnte, kam er in die Arbeitsstube besagter Jungfrau, und indem er sich in ehrbaren Worten als ein Netz des Dämons darbot, wagte er endlich zuerst nur mit Worten die Jungfrau zur Liebe zu ihm zu verlocken, und zwar ihren Geist. Als sie das durch himmlische Eingebung erfaßte, antwortete sie mannhaft, unberührt an Körper und Seele: »Herr, wollet mit solchen Worten mein Haus nicht aufsuchen; sonst werdet ihr eine Zurückweisung erfahren, dank der Ehrfurcht«. Ihr entgegnete jener: »Wenn du es auch eben abschlägst, mich zu lieben, nachdem du mit süßen Worten ermahnt worden bist, wirst du nun in Bälde durch Taten gezwungen, mich zu lieben; das verspreche ich dir«. – Jener Mann war als Beschwörer und der Hexerei verdächtig. Aber die Jungfrau hielt diese Worte für Wind und fühlte nicht ein Fünkchen fleischlicher Liebe zu dem Manne in sich für jetzt; aber als nicht viel Zeit verflossen war, begann sie, verliebte Vorstellungen von jenem erwähnten Manne zu haben. Als sie das bemerkte, nahm sie, von Gott aus inspiriert, ihre Zuflucht zur Mutter des Erbarmens, und flehte sie inbrünstig um Erlangung von Hilfe von ihrem Sohne an; und indem sie sich eine ehrbare Gesellschaft aussuchte, begann sie eine Wallfahrt nach der Stätte der Einsiedler zu unternehmen: so heißt nämlich eine Kirche in der vorgenannten Diözese, die zu Ehren der wundertätigen Mutter Gottes selbst geweiht ist. Dort beichtete sie sakramentaler Weise, damit der böse Geist nichts in ihr finden könnte; und indem sie an die Mutter der Liebe selbst ihre Bitten richtete, hörte sofort alle Machenschaft des Feindes auf, so daß er sie späterhin niemals mehr berührte.

Doch sind auch bis heute noch bärtige Männer vorhanden, die von Hexenweibern in lästiger Weise auf derlei Gebiete beunruhigt wurden, so daß sie sich gleichsam auf keine Art und Weise der Raserei der Liebe zu ihnen erwehren konnten; sie widerstanden jedoch mannhaft, wenn sie merkten, daß sie weiter in Unruhe versetzt wurden durch Lockungen der Einbildungskraft, und überwanden doch auch durch die vorerwähnten Schutzmittel alle Machenschaften des Teufels. Und wahrlich ein Spiegel dieser Schlacht ist ein gewisser sehr reicher Jüngling in Innsbruck: wie der von den Hexen gestoßen worden ist, kann man nicht mit dem Griffel niederschreiben. Er zeigte aber immer mannhaften Mut und kam kraft der vorerwähnten Mittel unberührt davon.

Daher wird auch mit Recht geschlossen, daß die vorerwähnten Mittel gegen eine derartige Krankheit die sichersten sind, so daß ganz sicher auf diese Weise befreit wird, wer immer sich dieser Waffen bedient.

Und was von der ungewöhnlichen Liebe gilt, muß auch vom ungewöhnlichen Haß verstanden werden, da für Gegensätze dieselbe Regel gilt. Da aber doch ein Unterschied besteht, mag auch Gleichheit in der Art der Behexung vorliegen, so muß auch die Person, welche verhaßt ist, ein anderes Mittel suchen. Er selbst, welcher sie haßt, und im Herzen Haß hegt, wird nicht leicht, wenn er ein Ehebrecher ist, zur Liebe zur Gattin auch durch irgend welche Wallfahrten geneigt gemacht.

Und weil man aus dem Berichte der Hexen erfahren hat. daß durch Schlangen derartige Behexungen zu Haß besorgt werden, darum weil sie das erste Werkzeug des Teufels waren und als ihren Fluch die Feindschaft zwischen sich und dem Weibe erhielt, deshalb befleißigen sich auch (die Hexen), derartige Feindschaften dadurch zu besorgen, daß sie die Haut oder den Kopf einer Schlange unter die Schwelle der

Kammer- oder Haustür legen, weshalb man auch alle Winkel des Hauses zu durchsuchen und soweit möglich bezüglich der Bewohnung zu erneuern hat; oder man muß andere Häuser beziehen.

Und wenn nun gesagt worden ist, daß die Behexten sich selbst zu exorzisieren imstande seien, so wird das so verstanden, daß sie heilige Worte, Segen und Sprüche bei sich am Halse tragen können, falls sie nicht zu lesen oder sich selbst zu besprechen wissen. Wie das aber zu machen sei, wird sich im Folgenden ergeben.

Kapitel IV

Heilmittel für die, denen durch Gaukelkunst die männlichen Glieder genommen werden; auch wenn Menschen bisweilen in Tiergestalten verwandelt werden

Bezüglich derjenigen, welche durch Gaukelkunst gefoppt werden, so daß sie des männlichen Gliedes zu entbehren oder in Tiergestalten verwandelt zu sein glauben, wird aus dem Vorausgeschickten klar genug entnommen, durch welche Heilmittel sie Erleichterung finden können. Denn wenn solche von der göttlichen Gnade gänzlich verlassen werden, was das Hauptfundament bei den Behexten bildet, so ist es nicht möglich, ein heilendes Pflaster aufzulegen, während das Eisen in der Wunde bleibt. Es frommt also, daß sie vor allem durch wahre Buße mit Gott versöhnt werden. Endlich werden, wie oben im zweiten Teile des Werkes, im siebenten Kapitel berührt worden ist, solche Glieder niemals in Wirklichkeit aus dem Körper herausgerissen oder davon getrennt, sondern nur durch Gaukelkunst vor dem Gefühls- und Gesichtssinne verborgen. Es hat sich auch ergeben, daß solche Illusionen den in der Gnade Befindlichen nicht so leicht zustoßen, weder aktiv noch passiv, d. h., daß ihnen die Glieder genommen werden oder daß sie in ihrer Sehkraft getäuscht werden, daß es ihnen vorkommt, als wären sie anderen genommen. Daher wird auch in demselben Kapitel mit der Krankheit zugleich auch das Heilmittel zum Ausdruck gebracht, daß man sich nämlich soviel als möglich mit der Hexe selbst im Guten auseinandersetzt. Bezüglich derer endlich, die in Tiergestalten verwandelt zu sein glauben, muß man wissen, daß diese Art Behexung in den westlichen Reichen nicht so (häufig) geübt wird als wie in den östlichen, wohlverstanden, was zweite Personen anlangt; mag man auch, was die eigene Person der Hexen angeht, bei uns das häufiger gesehen haben, daß sich nämlich die Hexen unter den Bildnissen von Tieren den Augen der Zuschauer dargeboten haben; wie oben im achten Kapitel hergeleitet worden ist; weshalb auch die

Heilmittel, die im dritten Teile des Werkes hergeleitet werden, nämlich bezüglich der Ausrottung der Hexen durch den weltlichen Arm, anzuwenden wären. Und auf welche Weise die Orientalen solche Illusionen zu heilen pflegen, wird so hergeleitet – wir haben nämlich von den streitbaren Brüdern des Ordens des heiligen Johannes von Jerusalem nach wahrheitsgetreuer Erzählung mehreres erfahren, besonders aber, daß in der Stadt Salamis im Königreich Cypern sich folgender Fall ereignet hat –: Weil nämlich dort ein Seehafen ist, landete ein mit Waren beladenes Schiff, und da die Fremden ausstiegen, um sich ein jeder mit Lebensmitteln zu versehen, trat ein gewisser kräftiger Jüngling unter ihnen an das außerhalb der Stadt am Gestade des Meeres gelegene Haus einer Frau heran und fragte sie, ob sie Eier zu verkaufen hätte. Als aber die Frau den kräftigen, auswärtigen, vom Vaterlande fernen Jüngling erblickte, woher auch bezüglich seiner Verderbung weniger Verdacht bei den Einheimischen entstehen konnte, sagte sie: »Warte ein wenig, du sollst alles nach Wunsch bekommen!« Und als sie säumte und auch der innere Teil des Hauses verschlossen war, fing der Jüngling von draußen zu rufen an, damit sie ihm um so schneller aushülfe, um nicht zu erleben, daß das Schiff ihn sitzen ließ. Da brachte die Frau einige Eier, gab sie dem Jüngling und stellte ihm anheim, zu ihr zurückzukehren, falls das Schiff ihn habe sitzen lassen. In schnellem Lauf eilte er also nach dem Schiffe, welches am Gestade des Meeres lag, und bevor er einstieg, beschloß er, da die anderen Gefährten noch nicht alle zusammen waren, die Eier zu verzehren und sich zu stärken. Und siehe, nach einer Stunde wurde er stumm und gleichsam des Verstandes beraubt: wie er später selbst zu erzählen pflegte, wunderte er sich über sich selbst und konnte nicht herausbekommen, was ihm zugestoßen war. Er wollte also das Schiff betreten, wurde aber von der Bemannung mit Stöcken geschlagen und zurückgetrieben, indem alle riefen: »Seht, seht! Was ist denn mit dem Esel los? Verflucht sollst du sein, Bestie; willst du etwa auch das Schiff betreten?« Also zurückgetrieben überlegte der Jüngling, der ihre Worte, die ihn für einen Esel erklärten, verstand, bei sich und begann zu glauben, daß er durch eine Behexung seitens der Frau infiziert sei; besonders darin, daß er kein Wort bilden konnte, während er selbst doch alle verstand. Als er nochmals das Schiff zu besteigen versuchte, wurde er mit noch schlimmeren Schlägen verprügelt, so daß er mit bitterem Herzen zurückbleiben und die Abfahrt des Schiffes mitansehen mußte. Während er nun hierhin und dorthin lief, und ihn alle für einen Esel hielten, wurde er notwendigerweise auch von allen wie ein Tier behandelt. Notgedrungen kehrte er also nach dem Hause der Frau zurück und diente ihr nach ihrem Gefallen um der Erhaltung seines Lebens willen über drei Jahre, wobei er keine Arbeit mit den Händen verrichtete, außer daß er die Bedürfnisse des Hauses an Holz und Getreide herbeitrug und auch das, was hinauszuschaffen war, wie ein Lasttier hinaustrug, wobei ihm nur der Trost blieb, daß, wenn er auch von allen anderen für ein Lasttier erachtet wurde, er von den Hexen selbst, die zusammen oder einzeln vorsprachen, als wahrer Mensch in Gang, Stand und Haltung anerkannt wurde, indem sie sich nach Menschenart mit ihm unterhielten.

Wenn gefragt wird, auf welche Weise ihm wie einem Lasttiere Lasten aufgeladen wurden, so ist zu sagen, daß, wie Augustinus, De civ. dei XVIII, 17 von den Stallmägden erzählt, die die Gäste in Lasten tragende Zugtiere verwandelten, und vom Vater des Praestantius, der erzählte, er sei ein Klepper oder Pferd gewesen und habe mit anderen Tieren Säcke getragen – daß wir durchaus auf Grund dieser Geschehnisse über das gegenwärtige urteilen: daß nämlich durch Gaukelkunst eine dreifache Täuschung geschah. Erstens bezüglich der Menschen, welche den Jüngling nicht als Menschen, sondern als Esel sahen. Wie die Dämonen das leicht bewirken können, hat sich oben im achten Kapitel ergeben. Zweitens, daß jene Lasten nicht illusorisch waren, sondern, wo sie die Kräfte des Jünglings überstiegen, der Dämon sie unsichtbar trug. Drittens daß der Jüngling, während er mit anderen verkehrte, sich selbst auch als Lasttier erschien, wenigstens in der Vorstellung und in der Schätzungskraft, die körperlichen Organen angeheftet sind; nicht aber in der Vernunft, die nicht so sehr gebunden war, daß er sich nicht als Menschen gekannt hätte. Er wußte sich aber durch Zauberkunst getäuscht, daß er für ein Vieh gehalten wurde, wie auch ebendort das Beispiel von Nebukadnezar gegeben wird.

Nachdem also in dieser Weise drei Jahre verflossen waren, traf es sich im vierten, daß, als er eines Tages am Vormittag in die vorerwähnte Stadt gegangen war und die Frau von weitem folgte, der also behexte Jüngling an einer Kirche vorbeikam, in der Gottesdienst abgehalten wurde. Als er den Schall der Glocke zur Erhebung des Leibes des Herrn hörte – in jenem Lande wird nämlich der Gottesdienst nach Art der Lateiner und nicht der Griechen abgehalten – wandte er sich zur Kirche, und weil er hineinzugehen aus Furcht, Schläge zu bekommen und hinausgetrieben zu werden, nicht wagte, kniete er draußen mit Knieen und Hinterschenkeln nieder und blickte, indem er die gefalteten Vorderfüße, d. h. die Hände, zugleich in die Höhe hob, das Sakrament in der Erhebung, wie er meinte, aus einem Eselskopfe, an. Dieses Wunder sahen einige genuesische Kaufleute; voll Verwunderung folgen sie dem Esel, und während sie sich über das wunderbare Ereignis besprachen, siehe, da setzt die Hexe dem Esel mit dem Stocke nach. Weil nun, wie vorausgeschickt ist, derartige Behexungen in jenen Landen sehr viel ausgeführt werden, wird der Esel samt der Hexe auf Drängen der Kaufleute durch den Richter verhaftet; verhört und den Fragen ausgesetzt, gesteht sie das Verbrechen und verspricht, dem Jüngling seine frühere Gestalt wiederzugeben, damit er imstande sei, nach Hause zurückzukehren. Sie wird entlassen und kehrt nach Hause zurück; der Jüngling wird in seine alte Gestalt zurückversetzt. Sie selbst wurde von neuem verhaftet und empfing die gebührende Strafe für ihre Vergehungen; der Jüngling kehrte mit Freuden in seine Heimat zurück.

Kapitel V

Heilmittel für die infolge von Behexung besessen Gemachten

Daß bisweilen infolge von Behexung die Dämonen manche Menschen substanziell bewohnen, hat sich oben in Kapitel 9 und 10 hinreichend ergeben; auch aus was für Ursachen: nicht nur wegen schwerer eigener Verbrechen, sondern im Gegenteil bisweilen wegen seines eigenen größeren Verdienstes, manchmal wegen eines leichten fremden Vergehens, manchmal wegen seiner eigenen verzeihlichen Sünde, manchmal wegen einer schweren fremden Sünde, und manchmal wegen einer fremden Schandtat; im Verhältnis zu denen die verschiedenen (Menschen) auch in verschiedener Weise besessen gehalten werden, die einen mehr, andere weniger, wie auch Nider in seinem Formicarius erzählt: Es ist nicht wunderbar, wenn infolge von Behexung oder auf Drängen einer Hexe der Dämon mit Gottes Zulassung den Menschen substanziell bewohnt; in der Weise, wie es dort erklärt wird: was man nämlich unter Substanz zu verstehen habe.

Durch welche Heilmittel sie aber befreit werden können, nämlich durch die Exorzismen der Kirche und zu dem durch wahre Zerknirschung oder auch Beichte, wenn jemand um einer Todsünde willen besessen ist, das hat sich aus dem ebendaselbst Hergeleiteten und aus der Befreiung jenes böhmischen Priesters ergeben. Daß aber über diese beiden Heilmittel hinaus auch noch drei andere imstande sind zu wirken, nämlich die Kommunion des heiligen Abendmahles, der Besuch heiliger Stätten oder das Gebet der Guten und die Lösung der Exkommunikation, (ergibt sich) aus der Erörterung des vorerwähnten Gelehrten, die auch herzusetzen frommt, da nicht alle einen Vorrat von nötigen Abhandlungen haben.

Denn von der heiligen Kommunion spricht Cassianus, Collat. abbat. am ersten in folgenden Worten: »Wir erinnern uns nicht, daß die für die Nichtswürdigkeit der Dämonen von unseren Vorfahren überlieferte hochheilige Kommunion jemals verboten worden sei; nein, vielmehr im Gegenteil hielten sie dafür, sie, wenn es möglich wäre, sogar täglich ihnen zu teil werden zu lassen, die wie man glauben muß, zur Läuterung und zum Schutze von Leib und Seele dient. Vom Menschen genommen schlägt sie, gewissermaßen mit Feuer ausbrennend, jenen Geist in die Flucht, der in seinen Gliedern lauert oder sich darin zu verbergen sucht. Auf diese Weise sahen wir neulich den Abt Andronicus geheilt werden. Er wird dem zu Schaden Gekommenen nachstellen, wenn er sieht, daß er von der himmlischen Arznei entfremdet ist; denn um so härter und häufiger wird er ihn zu treffen suchen, je weiter er ihn von dem geistigen Heilmittel entfernt sieht«. Soweit Cassianus. Und wiederum sagt er ebendort ebendarüber: »Zweierlei muß man hier unerschütterlich glauben. Erstens, daß ohne Gottes Zulassung niemand von diesen Geistern überhaupt versucht wird; zweitens, daß alles, was uns von Gott geschickt wird, mag es nun für den Augenblick als Traurigkeit oder freudebringend scheinen, wie vom liebevollsten Vater und gnädigsten Arzte zu unserem Nutzen verhängt wird; und deshalb sind sie gleichsam als Zuchtmeister zur Demütigung (den Menschen) beigegeben, damit sie beim Abscheiden aus dieser Welt Läuterungen zum anderen Leben mitnehmen oder von der Stärke der Strafe gebüßt werden, die nach dem Apostel für jetzt dem Satan zum Untergang des Fleisches übergeben sind, damit der Geist gesund werde am Tage unseres Herrn Jesu Christi«.

Aber hier entsteht ein Zweifel, da der Apostel sagt: »Der Mensch prüfe sich selbst und esse so von jenem Brote«. Wie können also Besessene, die den Gebrauch der Vernunft nicht haben, kommunizieren? Es antwortet S. Thomas im dritten Teile, qu. 80 darauf, man müsse bezüglich aller Sinnlosen so unterscheiden: Einige, sagt er, haben den Gebrauch der Vernunft, wie es heißt, in zweifacher Weise nicht: das eine Mal, weil sie nur einen schwachen Gebrauch der Vernunft haben, so wie man einen nicht sehend nennt, der schlecht sieht; und weil solche eine gewisse Ehrfurcht vor dem Sakrament fassen können, ist ihnen dieses Sakrament nicht zu verweigern. Anderseits sagt man von gewissen Leuten, daß sie den Gebrauch der Vernunft nicht haben, die von Geburt an so geblieben sind; und so ist solchen dieses Sakrament nicht zu reichen, weil sich in ihnen auf keine Weise Ehrfurcht von diesem Sakrament herausgebildet hat. Oder sie haben nicht immer des Gebrauches der Vernunft entbehrt: und dann, wenn sich in ihnen früher, als sie ihrer Sinne mächtig waren, Ehrfurcht vor diesem Sakramente gezeigt hat, darf ihnen im Augenblick des Todes dieses Sakrament geboten werden, außer wenn man die Gefahr des Erbrechens oder Ausspeiens fürchtet. Daher liest man auch entsprechend dem Concil. Carthagin., und zwar steht es XXVI, qu. 6: »Wenn derjenige, welcher in der Krankheit nach Buße verlangt, zufällig, wenn der eingeladene Priester zu ihm kommt, von der Krankheit überwältigt die Sprache verloren hat, oder in Gehirnlähmung verfallen ist, sollten diejenigen für ihn Zeugnis ablegen, die ihn gehört haben; und wenn man glaubt, daß er jeden Augenblick sterben kann, möge er durch Auflegen der Hände versöhnt und die Eucharistie ihm in den Mund eingeflößt werden«. – Bezüglich der Getauften, welche körperlich von unsauberen Geistern beunruhigt werden, gilt dieselbe Regel wie von den anderen Sinnlosen. Soweit Thomas. Er fügt jedoch IV, dist. 9 hinzu, daß den von Dämonen Besessenen die Kommunion nicht zu verweigern sei, außer wenn es zufällig gewiß sei, daß sie vom Teufel wegen irgend eines Verbrechens gepeinigt werden. Dem fügt Petrus de Palude hinzu: »In diesem Falle sind sie für zu Exkommunizierende zu halten, die Satan übergeben sind«.

Daraus kann man schließen, daß, wenn manche vom Dämon, auch wegen ihrer eigenen Verbrechen, besessen sind, aber doch lichte Augenblicke und den Gebrauch der Vernunft haben und dann um ihrer Sünde willen zerknirscht sind oder in gebührender Weise beichten, solche auf keinen Fall von der Kommunion des allerheiligsten Sakramentes der Eucharistie auszuschließen sind, da sie vor Gott absolviert sind. –

Von der Verwendung der Heiligen oder dem frommen Gebete, wie dadurch die Besessenen auch befreit werden können, sind die Legenden der Heiligen voll. Denn die Verdienste der Heiligen, Märtyrer, Bekenner und Jungfrauen verlangen, daß diese nichtsnutzigen Geister durch das Gebet und Eingreifen der im Vaterhause weilenden Heiligen besiegt werden, die von den Heiligen auf ihrem

Wege besiegt worden sind. In ähnlicher Weise liest man, daß die frommen Gebete der (Erden-)Wanderer oft die Befreiung von Besessenen erzielt haben. Daher ermahnt dazu Cassianus a. a. O.: »Wenn wir«, sagt er, »diese Meinung, oder vielmehr den Glauben hätten, den ich weiter oben beschrieben habe, daß alles durch den Herrn zum Nutzen der Seelen geschieht und insgesamt dafür bestimmt ist, so würden wir jene nicht nur keineswegs verachten, sondern wir werden auch für sie wie für unsere Glieder unaufhörlich beten und mit ihnen aus ganzem Herzen und vollem Gefühl mitfühlen«.

Bezüglich der letzten Art, der Lösung jemandes von der Exkommunikation, muß man wissen, daß diese weder allgemein gebräuchlich noch auch vielleicht erlaubt ist, außer wenn man Befugnis und besondere Offenbarung der Wahrscheinlichkeit hat, daß jemand wegen der Exkommunikation der Kirche besessen ist, so wie der Apostel, I. Korinther 5, den von ihm exkommunizierten Hurer und zwar vor dem korinthischen Volke dem Satan zur Vernichtung des Fleisches übergab, damit der Geist gesund werde am Tage unseres Herrn Jesu Christi, d. h., wie die Glosse sagt, bis zur Erleuchtung durch die Gnade der Zerknirschung oder bis zum Gericht. Und die Lügengelehrten, die den Glauben verderbt hatten, nämlich Hymenaeus und Alexander, übergab er dem Satan, damit sie lernten, nicht gotteslästerlich zu reden, I. Timotheus 1. Denn so große Macht besaß der Apostel, sagt die Glosse, und so große Gnade fand er vor Gott, daß er die vom Glauben Abfallenden durch ein bloßes Wort dem Teufel übergab.

Daher erklärt S. Thomas IV, dist. 18, wo der Magister die drei Wirkungen der Exkommunikation lehrt, diese folgendermaßen: »Schon allein dadurch,« sagt er, daß jemand des Stimmrechtes der Kirche beraubt wird, trifft ihn ein dreifacher Nachteil nach den drei Dingen, die jemand nach den Stimmen der Kirche erlangt. Denn sie dienen zur Mehrung der Gnade denen, die sie besitzen, und zur Trauer dem, der sie nicht besitzt. Und was das anlangt, so sagt der Magister, daß durch die Exkommunikation die Gnade entzogen wird. Sie dienen auch für die Wache der Tugend; und was das betrifft, so sagt er darüber, daß der Schutz entzogen wird; nicht daß sie gänzlich von Gottes Vorsehung ausgeschlossen werden, sondern nur von der, mit welcher Gott die Söhne der Kirche in besonderer Weise bewacht. Sie dienen auch zur Verteidigung gegen den Feind, und was das anlangt, so sagt er, daß dem Teufel mehr Macht gegeben wird, gegen einen solchen körperlich und geistig zu wüten. In der ursprünglichen Kirche also, wo es nötig war, die Menschen durch Zeichen zum Glauben einzuladen, wurde ein Exkommunizierter, so wie der heilige Geist unter einem sichtbaren Zeichen sich offenbarte, an der körperlichen Beunruhigung durch den Teufel erkennbar. Und es ist nicht unpassend, wenn derjenige, an dem man noch nicht verzweifelt, dem Feinde übergeben wird; denn er wird ihm nicht zur Verdammnis, sondern zur Besserung übergeben, da es in der Macht der Kirche liegt, ihn jenem aus der Hand zu reißen, sobald sie will. – Soweit Thomas.

Wenn jedoch der Exorzist den Besessenen unter Vorsichtsmaßregeln absolviert, so scheint das nicht unpassend. Aber Nider gibt zu verstehen, daß der Exorzist sich sehr hüten müsse, es bezüglich seiner Kräfte zu leicht zu nehmen oder dem ernsten Gotteswerke einen Witz oder Scherz beizumischen oder etwas Abergläubisches oder als Hexenwerkzeug Verdächtiges anzubringen; sonst wird er kaum der Strafe entgehen, wie es durch Beispiele erklärt wird. Bezüglich des ersten nämlich berichtet der selige Gregorius in den Dialogen von einer Frau, die gegen ihr Gewissen von ihrem Gatten, der sie darum bat, in der Vigilie der Weihe der Kirche des S. Sebastian die Gewährung des Schuldigen empfing[6], und weil sie gegen das Gewissen sich unter die Kirchenprozession mischte, besessen wurde und auf offener Straße raste. Als das der Priester jener Kirche sah, nahm er die Decke vom Altar und bedeckte sie damit: aber auch in diesen Priester fuhr der Teufel plötzlich gleichfalls hinein; und weil er über seine Kräfte hinaus etwas vornehmen wollte, wurde er in seiner Beunruhigung dahin gebracht, zu erkennen, wer er wäre. – Soweit Gregorius.

Bezüglich des zweiten, daß keiner vom Amte der Exorzisten einen Witz machen solle, wenn er die heilige Verordnung wahrnimmt, berichtet Nider, er habe im Kölner Sprengel einen Bruder gesehen, der in Worten recht witzig, aber in der Gnadengabe der Austreibung der

6 Das ist geraten! Der Text hat: quae contra conscientiam suam a marito petente (et) obtinenti debiti redditionem in viglia ... et quia etc.

Dämonen berühmt war. Als dieser im Gebiete des Kölner Sprengels einen Dämon in einem besessenen Körper hart bedrängte, bat der Dämon den Bruder um eine Stätte, wohin er sich zurückziehen könnte. Erfreut darüber sagte der Bruder im Scherz: »Geh in meine Kloake!« Der Dämon fuhr also aus, und als der Bruder in der Nacht seinen Leib entleeren wollte, folterte ihn der Dämon so hart an der Kloake, daß er nur mit Schwierigkeit sein Leben rettete.

Aber auch davor muß man sich besonders hüten, daß die Besessenen, auch die durch Hexen (besessen Gemachten), in den Schutz von Hexen gestellt werden. Daher schaltet auch betreffs der vorerwähnten Frau Gregorius ein: »Als ihre Nächsten,« sagt er, »welche sie fleischlich liebten und sie mit ihrer Liebe verfolgten, sie zur Erlangung eines Heilmittels den Hexen überliefert hatten und sie von diesen an den Fluß geführt, in das Wasser getaucht und mit vielen Beschwörungen umgetrieben worden war, fuhr eine Legion von Dämonen in sie hinein, während doch nur ein einziger ausgetrieben werden sollte. Daher brachten die Verwandten, die endlich gestanden und darüber Schmerz empfanden, sie dem heiligen Bischof Fortunatus, der sie durch tägliche Gebete und Fasten ganz und gar wiederherstellte«.

Aber weil gesagt worden ist, die Exorzisten müßten sich hüten, etwas Abergläubisches oder als Hexenmittel Verdächtiges anzuwenden, so könnte ein Exorzist zweifeln, ob er gewisse Kräuter oder Steine, auch nicht geweihte, anwenden könnte. Antwort. Wenn die Kräuter geweiht sind, um so besser; wenn aber nicht, wie z. B. ein gewisses Kraut, welches sonst Dämonenflucht genannt wird, oder auch wenn jemand die Naturen der Steine anwendet, wird es nicht abergläubisch sein, wenn er nur glaubt, daß sie die Dämonen nicht direkt, aus ihrer eigenen Natur, vertreiben, weil er dann in den Irrtum verfiele, daß sie in ähnlicher Weise auch durch andere Kräuter oder Worte gezwungen werden können, wie es der Irrtum der Nigromantiker bekennt, welche glauben, sie hätten Erfolge durch die natürlichen und anhaftenden Eigenschaften solcher Dinge. Daher sagt S. Thomas IV, dist. 7, im letzten Artikel: »Man muß nicht glauben, daß die Dämonen irgend welchen körperlichen Eigenschaften unterliegen. Daher werden sie auch nicht durch Beschwörungen und gewisse Hexentaten gezwungen, außer insofern dadurch ein Bündnis mit ihnen geschlossen wird; nach dem, was Jesaias XVIII gesagt wird: ›Wir haben ein Bündnis mit dem Tod geschlagen und mit der Hölle einen Pakt gemacht‹«. Und jene Stelle Job XL: ›Kannst du den Leviathan mit dem Hamen herausziehen und die folgenden Worte legt er schließlich so aus, indem er über Job sagt: »Wenn man es recht betrachtet, scheint alles Vorausgeschickte auf die Widerlegung der Anmaßung der Nigromantiker hinauszulaufen, welche sich bemühen, mit den Dämonen einen Pakt einzugehen und sie sich zu unterwerfen oder sonst auf eine Weise zu binden«. Nachdem er also gezeigt hat, daß der Mensch durch seine Kraft den Teufel nicht überwältigen kann, schließt er mit den Worten (Job XL, 27): »Lege deine Hand auf ihn«; ergänze: wenn du kannst; weil du es auf keine Weise durch deine Kraft vermagst, so wird er durch göttliche Kraft überwunden. Daher heißt es weiter (Job XL, 28): »Gedenke des Krieges«, den ich nämlich gegen ihn führe und – da das Praesens für das Futurum gesetzt wird, kann man sagen – führen werde im Kreuze, wo der Leviathan mit dem Hamen gefangen werden wird, nämlich durch die verborgene Göttlichkeit mit dem Köder der Menschheit, worunter der Heiland, der reine Mensch, verstanden wird. Daher heißt es auch später (Job XLI): ›Es ist keine Macht auf Erden, die ihm verglichen werden kann‹. Dadurch, sagt (S. Thomas), wird angezeigt, daß keine körperliche Eigenschaft der Macht des Dämons gleichgestellt werden kann, weil diese eine rein geistige Macht ist«. – Soweit S. Thomas.

Aber weil indirekt ein vom Dämon Besessener durch die Kraft einer Melodie, wie z. B. Saul durch die Harfe Davids, oder eines Krautes oder einer anderen körperlichen Sache Erleichterung finden kann, welche Kraft als natürliche Wesenheit darinwohnt, daher können sie also angewendet werden; und zwar wird dies, daß es geschehen könne, mit Autoritäten und Gründen hergeleitet. Denn XXVI, qu. 7, daemonium sustinenti, heißt es: »Es ist erlaubt, Steine oder Kräuter ohne Beschwörung anzuwenden«, und zwar sind es die Worte des Hieronymus. Desgleichen sagt der Magister, Hist., wo er jene Stelle Tobias VI behandelt, wo Raphael zu Tobias sagt: »Wenn du ein Stückchen vom Herzen (nämlich des Fisches, den du gefangen hast,) auf Kohlen legst, wird der Rauch davon jede Art von Dämonen, sei es von einem

Manne, sei es von einer Frau, derart verscheuchen, daß keiner wieder an sie herangehen wird‹: »Wir dürfen uns darüber nicht wundern, da der Rauch jedes beliebigen angezündeten Baumes dieselbe Gewalt zu haben scheint; wiewohl (die Stelle) auch noch einen geistigen Sinn in sich enthält, nämlich vom Rauche des geistigen Gebetes«. – Mit Bezug hierauf hat Albertus zu Lukas IX und Nicolaus de Lyra zu Könige I, 16, ja auch Paulus Burdegalensis über Könige I, 16 den Schluß, daß es nicht nur zuzugeben scheint, daß durch irgend welche fühlbare Dinge von den Dämonen Bedrängte erleichtert werden, sondern auch, daß sie durch (solche) fühlbaren Dinge bisweilen völlig befreit werden können, nämlich wohlverstanden, wenn sie nicht in schrecklicher Weise bedrängt werden. Das beweist er durch einen Grund. Da nämlich die Dämonen die körperliche Materie nicht nach ihrem Willen verändern können, sondern nur durch Verbindung der gehörigen Aktiven mit den gehörigen Passiven, wie Nicolaus sagt, so kann aus demselben Gründe durch irgend eine fühlbare Sache im menschlichen Körper eine Disposition verursacht werden, wodurch er zur Aufnahme der Tätigkeit des Dämons geeignet wird. Der Wahnsinn z. B. ist nach den Ärzten am meisten disponiert zur Entfremdung des Geistes und folglich zur Aufnahme der dämonischen Bedrängnis. Wenn nun das dämonische Leiden von Grund aus geheilt wird, würde auch die aktive Bedrängnis durch den Dämon, bei Aufhören der passiven, von Grund aus aufhören. Dasselbe könnte man sagen von der Leber des Fisches; ebenso von der Melodie Davids, um derentwillen Saul zwar zuerst gekräftigt wurde und sich leichter fühlte, durch die jedoch (der Dämon) gänzlich vertrieben ward, wie die Schrift sagt: »Der böse Geist wich von ihm«; und zwar ist es nicht der Schrift gemäß, zu sagen, daß dies infolge des Verdienstes Davids geschah oder durch seine Gebete, weil es nicht wahrscheinlich ist, daß die Schrift dies verschweigen würde, da es zu seinem Ruhme deutlich gesagt worden wäre. – So weit vom vorerwähnten Paulus; mögen wir auch oben in der fünften Frage des ersten Teiles festgestellt haben, daß Saul deshalb befreit wurde, weil die Kraft des Kreuzes durch die Ausspannung der Adern des Leibes Christi (durch Davids Harfe) sinnbildlich dargestellt wurde. Dort ist noch mehr enthalten, was der gegenwärtigen Untersuchung dienen kann. Doch schließen wir: die Anwendung fühlbarer Dinge bei erlaubten Exorzismen ist nicht abergläubisch. Nun aber frommt es, über die Exorzismen selbst einiges zu erörtern.

Kapitel VI

Heilmittel in Form von erlaubten Exorzismen gegen alle beliebigen von Hexen angetanen Krankheiten, und von der Art, Behexte zu exorzisieren

Weil, wie im Vorausgehenden berührt worden ist, die Hexen jede Art von körperlicher Krankheit antun können, weshalb man auch unter einer allgemeinen Regel schliessen muß, daß jedes beliebige Heilmittel in Worten oder Werken, welches bei den anderen oben erwähnten Krankheiten angewandt werden kann, dieses auch bei allen anderen beliebigen, im Vorhergehenden nicht ausdrücklich vermerkten Krankheiten passen kann, wie z.B. wenn Epilepsie oder Aussatz angehext wäre; und weil unter die Heilmittel in Worten die erlaubten Exorzismen gerechnet werden, davon selbst auch häufig, gleichsam als von einem allgemein giltigen Heilmittel, Erwähnung geschehen ist: so sind drei Hauptpunkte darüber zu verhandeln: erstens, ob jemand, der nicht zur Zunft der Exorzisten gehört, wie z.B. ein Laie oder eine weltliche Person, imstande sei, erlaubterweise die Dämonen oder deren Behexungen zu exorzisieren; wo drei weitere (Fragen) angeknüpft werden, wieso sie nämlich erlaubt sind, und (zweitens) von den sieben Bedingungen, welche für Sprüche und Segen erforderlich sind, daß jemand imstande sei, derlei bei sich zu tragen; und drittens, wie die Krankheit zu exorzisieren und der Dämon zu beschwören sei; zweite Hauptfrage, was zu tun sei, wenn die Gunst der Gesundung durch Exorzismen nicht erreicht wird, und drittens, bezüglich der Heilmittel nicht sowohl in Worten, als in Werken; mit den Lösungen gewisser Argumente.

Zum ersten ist die Meinung des Doktor Thomas, IV, dist. 23, (zu hören): »In der Zunft der Exorzisten«, sagt er, »und in allen anderen geringeren Ständen wird, wenn sie verliehen werden, die Befugnis übernommen, daß der und der das und das von Amts wegen tun könne (nämlich exorzisieren). Ebenso kann das auch erlaubterweise von solchen ausgeführt werden, die nicht zur Zunft gehören, wiewohl sie das nicht von Amts wegen haben; so wie auch in einem nicht geweihten Hause die Messe abgehalten werden kann, wiewohl die Weihe der Kirche dazu eingesetzt ist, daß man dort die Messe abhalte. Aber dies fällt dann mehr unter die gratis verliehene Gnade als unter die Gnade des Sakramentes.« – Auf Grund dieser Worte kann man sagen: wenn es auch zur Befreiung eines Behexten gut ist, daß ein Exorzist mitwirkt, der die Macht hat, angehexte Krankheiten zu exorzisieren, so können doch bisweilen auch fromme Personen ohne Exorzismen oder mit ihnen derartige Krankheiten verscheuchen. Man berichtet nämlich von einer ganz armen und darum überaus frommen Jungfrau, deren Freund am Fuße durch Behexung gar gewaltig verletzt worden war, wie sich aus dem Urteil der Ärzte und auch daraus ergab, daß er durch keine Arzneien geheilt werden konnte. Es traf sich, daß die Jungfrau den Kranken besuchte, der sie auch sofort bat, für den Fuß irgend einen Segen zu verwenden. Sie erklärte sich bereit und verwendete nur schweigend das Gebet des Herrn und das apostolische Symbol samt dem Doppelzeichen des lebendig machenden Kreuzes. Da fühlte der Kranke sogleich, daß er geheilt war, und wollte zur Heilung in künftigen Fällen wissen, was für eine Besprechung die Jungfrau angewendet hätte. Sie antwortete: »Ihr mit Eurem schwachen Glauben haltet nichts von den göttlichen und anerkannten Übungen der Kirche und verwendet häufig verbotene Sprüche und Heilmittel bei Euren Krankheiten. Daher werdet Ihr selten am Körper geheilt, weil Ihr immer an der Seele verletzt werdet. Aber wenn Ihr auf die Wirksamkeit der Gebete und der erlaubten Zeichen hofftet, würdet Ihr sehr oft mit Leichtigkeit geheilt werden. Ich habe nämlich bei Euch nichts weiter angewendet als das Gebet des Herrn und das apostolische Symbol, und schon seid Ihr gesund!«

Um dieses Beispiels willen wird gefragt, ob nicht andere Segen und Besprechungen oder auch Beschwörungen vermittelst Exorzismen Wirkung haben, da sie hier zurückgewiesen zu werden scheinen? Es wird geantwortet, daß diese Jungfrau nur die unerlaubten Sprüche samt den unerlaubten Beschwörungen und Exorzismen zurückgewiesen hat. Um das zu verstehen, muß man bedenken, woher derartige

(Mittel) ihren Ursprung genommen haben und wie sie zum Mißbrauch geworden sind. Ihr Ursprung war ja ein gar heiliger; aber wie alles auf Betreiben des Dämons unter Vermittlung der Dämonen und böser Menschen ins Schlechte verkehrt wird, so auch die göttlichen Namen. Die Apostel nämlich und heiligen Männer besuchten nach jenem Worte Marcus am letzten: »In meinem Namen werden sie Teufel austreiben« die Kranken und ließen über sie Gebete mit heiligen Worten aus ihren Munde strömen. Danach haben im Verlaufe der Zeit fromme Priester ähnliches in rechter Weise vollbracht, weshalb man auch die frömmsten Gebete und heiligen Exorzismen in den alten Kirchen bei allem, was Menschen tun oder dulden konnten, durch fromme Männer einst ohne allen Aberglauben angewendet findet, so wie auch heutigen Tages Gelehrte und Doktoren der heiligen Theologie gefunden werden, die bei Krankenbesuchen ähnliche Worte bei den Kranken anwenden, und zwar nicht bloß bei Dämonischen. Aber ach, die abergläubischen Menschen haben von sich aus viel Eitles und Unerlaubtes nach dem Bilde jener (erlaubten Mittel) erfunden, deren sie sich heute bei Kranken und Haustieren bedienen; und der Klerus bedient sich infolge seiner Trägheit nicht mehr erlaubter Worte, indem sie die Kranken besuchen. Daher sagt Guilelmus, genannt Durandus, der Glossator des Raymundus, daß derlei vorerwähnte (Mittel) ein Priester, oder auch ein religiöser, diskreter Laie, oder auch eine Frau von ausgezeichnetem Lebenswandel und erprobter Diskretion anwenden kann, wobei man ein erlaubtes Gebet über den Kranken aus dem Munde ausströmen läßt; nicht über einen Apfel oder einen Gürtel oder so etwas, sondern über die Erkrankten, nach jenem Worte des Evangelisten: »Sie werden die Hände auf die Kranken legen« etc. Derartige Personen sind an solchem (Tun) nicht zu hindern, außer wenn man vielleicht fürchtet, daß nach ihrem Beispiele indiskrete und abergläubige Leute sich den Mißbrauch einer anderen Besprechung anmaßen, indem sie sich mit dem Beispiele jener schützen.

Diese abergläubischen Besprecher also werden von der vorerwähnten Jungfrau getadelt, und zwar sagte sie, sie hätten schwachen, ja schlechten Glauben, die solche Leute um Rat fragten.

Ferner aber wird um dieser Erklärung willen gefragt, durch welche

Worte die Sprüche und Segen für erlaubt oder für abergläubisch gelten; auf welche Weise sie angewendet werden müssen, und ob der Dämon zu beschwören und die Krankheit zu exorzisieren sei.

Zum ersten, weil im Klerus der christlichen Kirche das erlaubt genannt wird, was nicht abergläubisch ist, und abergläubisch heißt (wie aus der Glosse über Kolosser II: »Welches seine Begründung hat im Aberglauben« bemerkt wird), was über das Maß der Religion hinausbeachtet wird, weshalb es auch dort heißt, Aberglaube ist über das Maß hinaus beachtete Religion, d. h. mit schlechten und mangelhaften Weisen und Umständen ausgeübte Religion – so ist auch abergläubisch, was immer nach menschlicher Überlieferung, ohne Autorität eines Höheren, den Namen der Religion beansprucht, wie z. B. Hymnen an die Totenmesse fügen, die Eingangsworte unterbrechen, das bei der Messe zu singende Glaubensbekenntnis abkürzen oder auf der Orgel und nicht im Chore absingen, bei der Messe keinen Respondenten haben, und dem ähnliches. Doch jetzt zu unserer Sache: Wenn irgend eine Handlung kraft der christlichen Religion geschieht, z. B. wenn jemand einem Kranken mit irgend einem Gebete oder Segen mit heiligen Worten zu Hilfe kommen wollte, auf welchen Stoff wir jetzt unsere Aufmerksamkeit richten, so hat ein solcher sieben Bedingungen zu beachten; wenn sie vorhanden sind, gilt ein solcher Segen für erlaubt, auch wenn sie nach Art einer Beschwörung, durch die Kraft des göttlichen Namens und durch die Kraft der Werke Christi geschehen, die aus seiner Geburt, seinem Leiden, kostbaren Tode etc., bekannt sind, wodurch auch der Teufel besiegt und vertrieben worden ist; dann heißen solche Segen, Sprüche und Exorzismen erlaubt, und diejenigen, welche sie anwenden, könnten erlaubte Exorzisten oder Besprecher genannt werden; nach Isidorus, Etym. VIII: »Besprecher heißen diejenigen, welche eine Kunst mit Worten ausüben.«

Die erste Bedingung, die zu bedenken ist, besteht, wie sich aus der Lehre des heiligen Thomas II, 2, qu. 93, ergibt, darin, daß die Worte nichts enthalten, was auf eine ausdrückliche oder schweigende Anrufung der Dämonen hinausläuft. Was eine ausdrückliche ist, ist klar; was eine schweigende sei, wird erwogen nach der Absicht und dem Werke: nach der Absicht, wenn z. B. einer bei seiner Handlung sich nicht darum kümmert, ob er von Gott oder vom Teufel den Anstoß zu seinem Werke bekommt, wenn er nur das gewünschte Ziel durch sein Werk erreicht; (nach dem Werke,) wenn z. B. das Werk, welches er vollbringt, von Natur keinerlei Eigenschaft zur Hervorbringung einer solchen Wirkung hat, worüber nicht nur die Ärzte und Astrologen, sondern auch die Theologen zu urteilen haben. Auf diese Weise machen die Nigromantiker künstliche Bilder, Ringe und Steine, die durchaus keine natürliche Neigung zu den Wirkungen haben, die sie selbst sehr häufig erwarten; daher sich auch in deren Werke der Teufel einzumischen hat.

Zweitens ist zu beachten, daß die Segen oder Sprüche keinerlei unbekannte Namen enthalten, weil nach Chrysostomus bei derlei zu befürchten ist, es möchte darin irgend ein Aberglaube verborgen sein.

Drittens, daß der Wortschatz keine Fälschung enthält, weil man so von Gott keine Wirkung erwarten kann, da er selbst kein Zeuge der Falschheit ist. So bedienen sich gewisse alte Weiber in ihren Sprüchen des Reimes: Die heilige Jungfrau ist über den Jordan gegangen, und da ist der heilige Stephanus entgegengekommen, der hat sie in Frage genommen«7 und viele andere Albernheiten.

Viertens, daß da nichts Eitles und eingetragene Charaktere enthalten sind, ausgenommen das Zeichen des Kreuzes; weshalb auch die Breve's getadelt werden, die die Soldaten tragen.

Fünftens, daß man keine Hoffnung auf die Art der Schrift oder Ligatur oder auf sonst eine derartige Äußerlichkeit setze, die nicht zur Ehrfurcht vor Gott gehört; weil es sonst durchaus für abergläubisch erachtet werden wird.

Sechstens, daß in der Zurüstung und Vorbringung göttlicher Worte oder der heiligen Schrift Acht gegeben werde nur auf die heiligen Worte selbst, ihren Sinn und die Ehrfurcht vor Gott oder auf die göttliche Kraft, von welcher die Wirkung erwartet wird; oder auf die Reliquien der Heiligen, von denen das Vorerwähnte auch erwartet wird, aber erst in zweiter Linie; von Gott aber in erster Linie.

Siebentens, daß der Erfolg, den man erwartet, dem göttlichen Wil-

7 Meine reime sind so schlecht wie die des Originals: transivit - obviavit - interrogavit

len überlassen werde, welcher weiß, ob Gesundheit oder Heimsuchung dem Anrufenden mehr oder weniger nütze oder schade; und zwar stellt diese Bedingung Thomas II, 1 in dem Stoffe von der Gnade auf und IV, dist. 15.

Daher schließen wir, daß, wenn keine der genannten Bedingungen (durch ihr Fehlen) das Werk beeinträchtigt, es erlaubt sein wird. Das beweist Thomas bezüglich jenes Wortes Marcus am letzten: »Die Zeichen aber, die da folgen werden denen, die da glauben« und weiterhin: »In meinem Namen werden sie Teufel austreiben... und Schlangen vertreiben«; woraus entnommen wird, daß es unter Beachtung der vorerwähnten Bedingungen erlaubt ist, durch göttliche Worte Schlangen zu bändigen. Ebenso beweist er das Vorausgeschickte fernerhin: Von nicht geringerer Heiligkeit sind die Worte Gottes als die Reliquien der Heiligen, nach Augustinus' Ausspruch: Das Wort Gottes ist nicht weniger als der Leib Christi; aber nach Allen ist es erlaubt, Reliquien der Heiligen bei sich voll Ehrfurcht zu tragen: folglich: wie auch immer der Name Gottes in gehöriger Form angerufen wird – durch das Gebet des Herrn, durch den Engelsgruß, bei Christi Geburt, bei seinem Leiden bei den fünf Wunden, bei den sieben Worten, die er am Kreuze sprach, bei seinem Ruhmestitel, bei den drei Nägeln und den übrigen Waffen des Kriegsdienstes Christi, gegen den Teufel und seine Werke – es wird durchaus erlaubt sein, und man darf seine Hoffnung darauf setzen, wenn man den Erfolg dem göttlichen Willen anheimgibt.

Und was von der Bändigung der Schlangen gesagt ist, dasselbe verstehe man auch von anderen Tieren, wenn nur Acht gegeben wird auf die heiligen Worte und auf die göttliche Kraft. Betreffs der Besprechungen selbst jedoch muß man vorsichtig handeln, weil, wie der Doktor sagt, solche Besprecher oft unerlaubte Observanzen haben und durch die Dämonen ihre Wirkungen erzielen; besonders bei den Schlangen, weil die Schlange das erste Werkzeug des Dämons bei der Verführung des Menschen war. In der Stadt Salzburg nämlich war ein gewisser Besprecher; der wollte eines Tages zum Schauspiel für die anderen alle Schlangen nach einer Grube besprechen und umbringen, wie es heißt, im Umkreis einer Meile. Als nun also von allen Seiten die Schlangen versammelt waren, während er selbst oberhalb der Grube stand, machte ganz zuletzt eine ungeheure, grausige Schlange Schwierigkeiten in die Grube zu gehen, und gab ihm durch ihre Bewegungen oft zu verstehen, daß er sie weggehen und ungehindert dahinkriechen lassen sollte, wohin sie wollte. Aber als jener von ihrer Besprechung nicht ablassen wollte, nachdem alle anderen in der Grube umgekommen waren, weil sie dort sofort starben und jene grausige auch hineingehen mußte, da machte die dem Besprecher gegenüber befindliche Schlange einen Sprung über die Grube weg, stürzte sich auf den Beschwörer, umschlang seinen Leib wie ein Gürtel, zog ihn mit sich in die Grube und tötete ihn. Hieraus entnimmt man, daß derartiges nur zum Nutzen, nämlich nur zur Verscheuchung (der Schlangen) von den Wohnungen der Menschen, durch die göttliche Kraft, mit Gottesfurcht und Ehrerbietung auszuführen ist.

Was das zweite anlangt, nämlich in welcher Weise derartige Exorzismen oder Sprüche zu tragen und am Halse anzuhängen oder in die Sachen einzunähen seien, so scheint es doch, daß derlei unerlaubt ist. Denn Augustinus, De doctrina christiana II sagt: »Zum Aberglauben gehören tausend magische Künste, Ligaturen und Heilmittel, die auch die Schule der Ärzte verurteilt; sei es in (Form von) Bezauberungen oder gewissen Marken, die man Charaktere nennt, oder in gewissen Dingen, die man anhängt oder zeichnet.« Ebenso Chrysostomus zu Matthäus: »Manche tragen einen Teil des Evangeliums geschrieben am Halse; aber wird das Evangelium nicht täglich in der Kirche gelesen und von allen gehört? Wenn also die in die Ohren gelegten Evangelien nichts nützen, wie können sie den retten, wenn sie an seinem Halse hängen? Wo ist denn auch die Kraft des Evangeliums, in den Figuren der Buchstaben oder im Verständnis seiner Bedeutungen? Wenn in den Figuren, dann hängst du (die Evangelien) mit Fug an den Hals; wenn im Verständnis, dann nützen sie mehr in die Herzen gelegt als an den Hals gehängt.«

Aber hier ist die Antwort der Gelehrten, besonders des heiligen Thomas a.a.O. art. 4, wo er fragt, ob es unerlaubt sei, Gottes Wort an den Hals zu hängen: daß man sich bei allen Besprechungen und Anhängen von Schriften, wie es scheint, vor zweierlei zu hüten habe: erstens nämlich, wie es sich mit dem Geschriebenen verhält, ob es zu

Anrufungen der Dämonen dient: offenbar wird es dann nicht nur für abergläubisch, sondern auch für unerlaubt und Abfall vom Glauben erachtet; wie oben oft berührt worden ist. In ähnlicher Weise muß man sich auch hüten, daß (derlei) keine unbekannten Worte enthält etc. Dazu nehme man die oben aufgestellten Bedingungen, und wie es erlaubt ist, derartiges über Kranke mit dem Munde auszusprechen, ebenso ist es dann erlaubt, das bei sich zu tragen. Die vorgenannten Doktoren aber haben Respekt und verurteilen es, wenn jemand für Figuren und geschriebene Buchstaben größere Obacht und Respekt hat als für den Sinn der Worte; und wenn gesagt wird, daß ein Laie, der die Worte nicht versteht, keinen Respekt vor ihrem Sinn haben kann, so wird geantwortet, er habe Respekt vor der göttlichen Kraft und überlasse es dem göttlichen Willen, damit er tut, was seiner Liebe wohlgefällig ist.

Bezüglich des Dritten, ob zugleich der Dämon zu beschwören und die Krankheit zu exorzisieren sei, oder umgekehrt, oder das eine ohne das andere, so lautet die Antwort: Hier ist mehreres zu bemerken: erstens, ob der Dämon immer dabei sei, wenn ein Behexter heimgesucht wird; zweitens, welcherlei Dinge exorzisiert und beschworen werden können; drittens von der Art, wie exorzisiert wird. Zum ersten scheint der Dämon dem Behexten immer gegenwärtig zu sein, wenn er ihn heimsucht, da er nach Damascenus dort ist, wo er wirkt. Ebenso in der Legende vom seligen Bartholomaeus: da scheint er zu heilen, wenn der Dämon von der Schädigung abläßt.

Antwort: Daß der Dämon bei dem Behexten und Heimgesuchten anwesend ist, kann auf zweifache Art verstanden werden, entweder bezüglich seines Seins oder bezüglich seines Wirkens. Auf die erste Weise ist er gegenwärtig im Anfang, während er die Behexung überträgt; auf die zweite Weise heißt er an sich nicht gegenwärtig in seinem Wirken, so wie auch die Doktoren, wenn sie fragen, ob der Teufel mit jeder beliebigen Todschuld den Menschen substanziell bewohne, sagen, nicht an sich, sondern in seinem Wirken, wie man auch von einem Herrn sagt, daß er den Knecht bewohne hinsichtlich seiner Oberhoheit. Anders jedoch bezüglich der Besessenen.

Was das zweite anlangt, welcherlei Dinge exorzisiert werden können, so ist bezüglich der Ansicht des Doktor Thomas IV, dist. 6 (einiges) zu bemerken, wo er sagt, daß, weil wegen der Sünde des Menschen der Teufel über den Menschen und alles, was dem Menschen zum Gebrauche dient, zu seinem Schaden Macht gewonnen hat, und da keine Gemeinschaft zwischen Christus und Belial besteht, deshalb, wann immer etwas zum Gottesdienste zu heiligen ist, es erst exorzisiert wird, damit es, frei von der Macht des Teufels, mit der er es zum Schaden der Menschen ergreifen konnte, Gott geweiht werde; und zwar zeigt sich das in der Segnung des Wassers, in der Weihe des Tempels und in allen derartigen Dingen. Da die erste Heiligung, mit der der Mensch Gott geweiht wird, in der Taufe besteht, ist es also nötig, daß der Mensch auch erst exorzisiert wird, ehe er getauft wird, aus einem viel gewichtigeren Grunde als andere Dinge: wie in dem Menschen selbst die Ursache liegt, weshalb der Teufel über das andere, was um des Menschen willen da ist, Macht gewonnen hat: nämlich die Erbsünde oder wirkliche Sünde, und das bedeutet dasjenige, was im Exorzismus gesagt wird; wie wenn es z. B. heißt: »Weiche von ihm, Satanas« und dergl., und ähnlich das, was dabei geschieht.

Wenn also zur Sache gefragt wird, ob die Krankheit zu exorzisieren und der Dämon zu beschwören sei, und was davon zuerst, so wird geantwortet: die Krankheit wird nicht exorzisiert, sondern der erkrankte und behexte Mensch selbst, sowie bei einem Kinde nicht die Infektion durch den (Sünden-) Zunder exorzisiert wird, sondern das infizierte Kind. Ebenso wie ein Kind erst exorzisiert und dann der Teufel beschworen wird, daß er weiche, so wird der Behexte erst exorzisiert und dann dem Teufel und seiner Machenschaft befohlen, daß erweiche. Ebenso wie Salz und Wasser exorzisiert werden, so frommt es dem Behexten gar sehr, alles, was zu seinem Gebrauch verwendet werden kann, wie Speisen und Getränke, zu exorzisieren und zu segnen. Item, mag der Ritus des Exorzismus bei Täuflingen daran festhalten, daß (zuerst) ein Anblasen nach Westen zu stattfindet und die Lossagung (vom Tode), zweitens die Erhebung der Hände zum Himmel unter dem heiligen Bekenntnis des Glaubens und dem Geständnis der christlichen Religion; drittens Gebet, Segen, Auflegen der Hand; viertens Entkleidung und Salben mit heiligem Öl, dann nach der Taufe

Kommunion und Bekleidung mit einem ganz weißen Gewande: so ist es doch nicht nötig, daß dies (alles) mit dem zu exorzisierenden Behexten geschehe; sondern er beichte zuerst rein und gebührend, halte, wenn er kann, eine angezündete Kerze und empfange die heilige Kommunion; anstelle des weißen Gewandes tritt eine geweihte Kerze von der Länge des Leibes Christi oder des Holzes des Kreuzes, und so verharre er mit entblößtem Körper, gegürtet. Daher kann man sagen: »Ich exorzisiere dich, Peter (oder Barbara), der du krank, aber durch den heiligen Bronnen der Taufe wiedergeboren bist, bei Gott dem Lebendigen †, bei Gott dem Wahren †, bei Gott dem Heiligen †, bei dem Gotte, der dich durch sein kostbares Blut losgekauft hat, daß du werdest ein exorzisierter Mensch; daß entfliehe und entweiche von dir jede Verstellung und Nichtsnutzigkeit teuflischen Betruges und jeder unsaubere Geist, beschworen durch den, der da kommen wird, zu richten die Lebendigen und die Toten und das Weltliche durch Feuer, Amen. Laßt uns beten. Gott der Barmherzigkeit, gnädiger Gott, der du nach der Menge deiner Erbarmungen die verdirbst, die du liebst, und die du in Liebe aufnimmst, zur Besserung züchtigst, dich rufen wir an, Herr, daß du dem Knechte, der am Leibe die Schwachheit der Glieder erduldet, deine Gnade zu spenden geruhen möchtest, daß du, was immer durch irdische Gebrechlichkeit verderbt, was immer durch teuflischen Betrug geschädigt ist, der Einheit des Leibes der Kirche als Glied der Loskaufung anfügest. Erbarme dich, Herr, der Seufzer, erbarme dich der Tränen dieses, der nur Vertrauen hat zu deiner Barmherzigkeit; laß ihn zu zum Sakramente der Versöhnung mit dir, durch Christum, unsern Herrn, Amen. Also, verfluchter Teufel, erkenne deinen Urteilsspruch an und gib Gott die Ehre, dem wahren und lebendigen, gib dem Herrn Jesus Christus die Ehre, daß du weichst von diesem Knechte mit deiner Machenschaft, den unser Herr Jesus Christus mit seinem kostbaren Blute losgekauft hat.« Danach exorzisiere man zum zweiten und dritten Male wiederum wie oben mit Gebeten: »Laßt uns beten. Gott, der du immer mit liebevoller Huld über deine Geschöpfe herrschst, neige dein Ohr unseren Bitten her; blicke gnädig auf deinen Knecht, der an gestörter Gesundheit des Körpers leidet, und besuche ihn mit deinem Heilbringer und gewähre ihm die Arznei der himmlischen Gnade, durch Christum, unsern Herrn, Amen. Also, verfluchter Teufel« etc. wie oben. – Gebet für den dritten Exorzismus: »Gott, einziger Schutz der menschlichen Schwäche, zeige die Kraft deiner Hilfe an unserem Kranken, daß er (oder sie), durch die Fülle deiner Barmherzigkeit gestützt, deiner heiligen Kirche als unversehrt vorgestellt zu werden verdient, durch Christum, unsern Herrn, Amen«. – Immer besprenge man (den Kranken) mit Weihwasser. Man beachte auch, daß diese Weise vorgeschrieben wird nicht weil es durchaus so gemacht werden muß oder weil andere Exorzismen nicht von größerer Wirksamkeit sind, sondern damit man eine Weise habe, wie man exorzisieren und beschwören muß. In den alten Geschichten nämlich und Büchern der Kirchen findet man bisweilen frömmere und wirksamere Exorzismen; aber weil man in allem die Ehrfurcht vor Gott voranstellen muß, handele ein jeder nach dem, so weit es zuträglich ist.

Schließlich aus dem Vorausgeschickten den Schluß ziehend (sagen wir noch einmal) um der Einfältigen willen: Diese Art den Behexten zu exorzisieren soll darin bestehen, daß dieser zuerst eine reine Beichte ablegt, nach dem oft angezogenen Canon »Si per sortiarias«. Dann nehme man eine sorgfältige Durchsuchung (des Hauses) in den einzelnen Winkeln, ebenso in den Betten, Polstern und unter der Hausschwelle vor, ob man vielleicht Werkzeuge der Behexung versteckt finden könnte; die gefundenen sind sofort ins Feuer zu werfen. Auch wäre es zuträglich, daß in den Betten und Sachen alles erneuert würde und man auch die Wohnung und das Haus wechselte. In dem Falle aber, daß sich nichts gefunden hat, soll dann der zu Exorzisierende, wenn er kann, in der Frühe in die Kirche gehen; je heiliger der Tag ist, wie es z. B. das Fest der heiligen Jungfrau oder die Vigilien sind, desto besser; auch der Priester, der gebeichtet hat und in guter Verfassung ist, wird dann um so mehr Erfolg haben. Es halte also der zu Exorzisierende eine geweihte Kerze in der Hand, besser sitzend, wenn er kann, oder die Kniee beugend und die Anwesenden sollen für seine Befreiung fromme Gebete hersagen. Der Priester beginne die Litanei mit deren Anfang: »Unsere Hilfe steht im Namen des Herrn«, wobei er einen Respondenten habe; er besprenge jenen mit Weihwasser, lege ihm die Stola um den Hals und füge den Psalm hinzu: »Hilf mir, Gott«; er folge der Litanei, wie es Sitte ist bei Kranken, indem er sie hersagt bis zur Anrufung der Heiligen: »Bitte (oder: bittet) für ihn und sei geneigt; befreie ihn, Herr«, indem er die einzelnen Teile durchgeht bis zum Ende, wo die Gebete zu sagen sind; dann beginne er anstatt der Gebete den Exorzismus und fahre damit fort in der oben beschriebenen Weise oder auf eine andere, bessere, wie es ihm gut scheint. Es könnten auch derartige Exorzismen zum mindesten dreimal in der Woche wiederholt werden, um so, wenn die Vermittler vervielfacht werden, die Gnade der Gesundung zu erlangen. Aber ganz zuletzt muß (der Exorzisand) des Sakramentes des Abendmahles teilhaftig gemacht werden, wiewohl manche glauben, man müsse das vor dem Exorzismus tun. Bei der Beichte achte der Beichtiger darauf, ob er durch irgend ein Band der Exkommunikation verschnürt ist, oder ob er, einst unbedacht verschnürt, von seinem Richter keine Absolution bekommen hat: denn dann mag ihn (der Beichtvater) zwar unter Vorbehalt absolvieren, frage aber nach wiedergegebener Unbescholtenheit den Richter, der ihn gebunden hatte.

Es ist zu beachten, daß, wenn der Exorzist dem Stande der Exorzisten nicht angehört, er dann mit Gebeten vorgehen kann; und wenn er Schriften zu lesen versteht, lese er die vier ersten Evangelien der Evangelisten, ebenso das Evangelium: »Missus est angelus« und die Leidensgeschichte des Herrn, was alles große Kraft zur Austreibung der Werke des Teufels hat. Ebenso schreibe man das Evangelium S. Johannis: »Am Anfang war das Wort« auf und hänge es dem Kranken an den Hals und erwarte so die Gnade der Gesundung von Gott.

Aber wenn jemand nach dem Unterschied zwischen der Besprengung mit Weihwasser und dem Exorzismus fragen sollte, während doch beides als wirksam gegen die Belästigung durch den Dämon verordnet wird, so antwortet der heilige Thomas a. a. O. dist. VI: »Der Teufel bestürmt von außen und innen«. Das Weihwasser wird also gegen die Bestürmung seitens des Teufels verordnet, die von außen kommt, aber der Exorzismus gegen die Bestürmung seitens des Teufels, die von innen kommt, weshalb auch die, gegen welche er angeordnet wird, energumeni (ἐνεργούμενοι) heißen, von en, innen, und ergon, Mühe; also gleichsam im Innern sich abmühend. Bei einem Behexten also, der exorzisiert werden soll, wird beides angewendet, da er von beiden Seiten belästigt wird.

*

Aber mit Bezug auf die zweite Hauptfrage, was zu tun sei, wenn die Gnade der Gesundung durch Exorzismen nicht erlangt wird, lautet die Antwort: Mag das aus sechs Ursachen geschehen können, so gibt es doch noch eine siebente, über die wir unser Urteil aufsparen. Daß nämlich jemand nicht befreit wird, das geschieht entweder wegen der Verkehrtheit des Glaubens der Umstehenden, die den Kranken selbst herbringen oder wegen einer Sünde eine Behexung zu ertragen haben oder die passenden Heilmittel anzuwenden versäumen, oder wegen irgend eines Fehlers im Glauben auf Seiten des Exorzisten, oder wegen der Ehrfurcht vor den Vorzügen, die sich an einem anderen finden, oder wegen der Läuterung oder des Verdienstes der unter einer Behexung Leidenden.

Über die vier ersten (Gründe) belehrt die evangelische Kraft, Matthaeus VII und Marcus IX, in Gegenwart des Vaters des Mondsüchtigen, seines einzigen Sohnes, und der Jünger Christi; denn erstens entbehrte der (den Kranken) Darbringende und sein Gefolge des Glaubens, weshalb auch der Vater unter Tränen bat: »Ich glaube, Herr; hilf meinem Unglauben!« und zur Menge sagte Jesus: »0 du ungläubiges und verkehrtes Geschlecht, wie lange werde ich noch bei euch sein?«

Was das zweite, nämlich denjenigen betrifft, der den Dämon aushält, so schalt Jesus ihn, nämlich den Sohn, weil er nämlich, wie der selige Hieronymus dort sagt, wegen seiner Sünden vom Dämon bedrückt worden war.

Drittens, bezüglich der Vernachlässigung der gebührenden Heilmittel, ist Klarheit, weil gute und vollkommene Männer nicht gegenwärtig waren. Daher sagt Chrysostomus (zu der Stelle) dort: »Die Säulen des Glaubens, nämlich Petrus, Jacobus und Johannes, waren nicht dabei, so wie sie bei der Verklärung Christi gegenwärtig waren«. Auch Gebete und Fasten waren nicht dabei, ohne welche, wie Christus sagt, diese

Art von Dämonen nicht ausgetrieben wird. Daher sagt auch Origenes dazu: »Wenn es bisweilen nötig sein wird, bei der Heilung irgend welcher Patienten zurückzubleiben, so wollen wir uns nicht wundern, noch fragen, noch sprechen, indem der unsaubere Geist gleichsam hört; sondern wir wollen die bösen Geister wegtreiben durch unsere Fasten und Gebete«. Und die Glosse sagt: »Diese Art von Dämonen, d. h. diese Wandelbarkeit der fleischlichen Lüste, zu welcher nämlich jener Geist neigte, wird nicht besiegt, wenn nicht der Geist durch Gebet gestärkt und das Fleisch durch Fasten geschwächt wird«.

Viertens, bezüglich eines Fehlers der Exorzisten, besonders im Glauben, ergibt sich Klarheit ebendort bezüglich der gegenwärtigen Jünger Christi. Als die Jünger später insgeheim nach dem Grunde ihrer Ohnmacht fragen, antwortet (Jesus) daher: »Wegen Eures Unglaubens! Wahrlich, ich sage euch, wenn ihr Glauben habt wie ein Senfkorn, so könnt ihr zum Berge sagen: Hebe dich weg von hier' etc., wozu Hilarius bemerkt: »Die Apostel glaubten zwar, waren aber im Glauben noch nicht vollkommen. Denn als der Herr auf dem Berge mit drei anderen verweilte und jene unter der Menge saßen, hatte eine gewisse Lauheit ihren Glauben erschlaffen lassen.«

Bezüglich des fünften ergibt sich Klarheit in den Lebensbeschreibungen der Väter, wo wir lesen, daß bisweilen die Besessenen nicht durch S. Antonius, sondern durch seinen Schüler Paulus befreit worden seien.

Bezüglich des sechsten hat sich oben Klarheit ergeben, weil, wenn jemand von der Schuld befreit wird, er nicht immer von der Strafe befreit wird; sondern es bleibt bisweilen die Strafe zur Sühne und Genugtuung für das vorhergehende Delikt.

Und nun noch ein anderes Mittel, von dem es heißt, daß mehrere (dadurch) befreit worden sind, nämlich indem die Behexten von neuem getauft wurden, wenn auch nur bedingungsweise. Darüber aber wagen wir, wie ich vorausgeschickt habe, nichts zu bestimmen; jedoch ist es klar, wenn jemand vor der Taufe nicht gebührend exorzisiert worden ist, der Teufel mit göttlicher Zulassung auf jeden Fall gegen einen solchen immer eine größere Macht bekommt. Es ist klar aus dem Vorausgeschickten; und es ist auch nicht zweifelhaft, daß mehrfach

Nachlässigkeiten begangen werden, sei es von nicht gut veranlagten Priestern, wo denn das oben erwähnte vierte Hindernis berührt wird, nämlich Fehler des Exorzisten, sei es von den Weibern, die zur Zeit wo es nötig wäre, die gebührende Art der Taufe nicht beachten. Ich will jedoch nicht behaupten, daß die Sakramente von Bösen nicht gereicht werden könnten; daß im Gegenteil ein auch noch so Schlechter tauft und vollendet, wenn er nur in gebührender Weise, unter gebührender Form, Stoff der Worte und mit Absicht, als Ordinierter tauft und zu vollenden strebt. So kann (ein solcher) in ähnlicher Weise beim Exorzisieren rite vorgehen: nicht verlegen oder frech; daher man sich auch ohne aktuelle oder habituelle Absicht ohne Straucheln und Auslassen notwendiger Worte mit derlei heiligen Ämtern nicht befassen soll. Wie tatsächlich zur Vollendung vier wesentliche Punkte dienen, nämlich Stoff, Form, Absicht und Amt, jedoch in den vorher berührten Weisen, und, wenn eins fehlt, man nicht vollenden kann, so muß man es betreffs der Exorzismen in ihrer Art aussagen.

Der Einwand gilt nicht, daß in der Urkirche (die Leute) ohne Exorzismen getauft wurden, oder auch daß jetzt der Getaufte imstande sei, ohne sie den Taufcharakter zu übernehmen; weil dann Gregorius die Exorzismen unnützerweise eingerichtet hätte und die Kirche in ihren Zeremonien vielmehr irren würde. Darum habe ich es nicht gewagt, diejenigen überhaupt zu tadeln, die die Behexten bedingungsweise wiedertaufen und das Versäumte vielleicht wieder gut machen wollten. Man erzählt auch von solchen, die zur Nachtzeit im Schlafe über hohe Gebäude ohne Verletzung hinzugehen pflegen, was mehrere, die solche Leute behandeln, durchaus als das Werk des bösen Geistes ansprechen. Wenn diese wiedergetauft werden, merkt man, daß es mit ihnen besser geht; und es ist wunderbar, daß, wenn sie bei ihrem Namen angerufen werden, sie plötzlich auf die Erde stürzen, gerade als ob vielleicht jener Name nicht gehörig bei der Taufe beigelegt worden sei.

Es frommt auch dem Leser, auf jene sechs Hindernisse zu achten; denn mögen sie auch für die Energumeni oder Besessenen und nicht für die Behexten bestimmt sein, so kann man doch sagen, da die gleiche göttliche Kraft überall erforderlich ist, daß es im Gegenteil von größerer Schwierigkeit ist, einen Behexten zu heilen als einen Energumenus oder Besessenen. Wenn also jene Hindernisse dort eine Stätte haben können, dann auch bezüglich der Behexten, was durch folgenden Grund erwiesen wird. Wie sich nämlich oben im zehnten Kapitel ergeben hat, werden manche bisweilen besessen gemacht nicht um eines eigenen Deliktes willen, sondern wegen eines leichten fremden oder aus verschiedenen anderen Ursachen. Bei der Behexung aber, wenn Erwachsene behext werden, wie es ihnen sehr viel zustößt, weil sie zur Tötung der Seele aufs schwerste vom Dämon innen besessen gehalten werden, ist daher bei den Behexten doppelte Mühe, während bei den Besessenen nur eine einfache, von außen, erfordert wird. Über diese sehr schwere Besessenheit sagt Cassianus, Collat. abbat. Sereni: »Das sind die wahrhaft Elenden und Erbarmungswürdigen, die sich mit allen möglichen Verbrechen und Schandtaten beflecken, und dabei zeigt sich bei ihnen wahrlich nicht nur kein Zeichen teuflischer Anstiftung, sondern auch keine ihren Werken würdige Versuchung, noch wird ihnen irgend eine Geißel des Tadels aufgelegt. Denn sie verdienen nicht die schnelle und handbereite Medizin dieser Zeit, deren Härte und unbußfertiges Herz über die Strafe des gegenwärtigen Lebens hinwegschreitend sich selbst Zorn und Unwillen am Tage des Zornes und der Offenbarung des gerechten Urteils Gottes ansammeln, an welchem ihr Wurm nicht ausgetilgt werden wird«. Und ferner sagt derselbe Cassianus kurz vorher, indem er die körperliche Besessenheit mit der der Seele um einer Sünde willen vergleicht: »Es steht fest, daß diejenigen viel schwerer und heftiger beunruhigt werden, die, während sie körperlich von ihnen gar nicht belästigt zu werden scheinen, in der Seele jedoch um so verderblicher besessen gehalten werden, indem sie nämlich in ihre Laster und Lüste verwickelt sind. Nach der Meinung des Apostels nämlich wird man dessen Knecht, von dem man überwunden wird; nur daß jene hieran ganz besonders verzweifelt kranken; und da sie ihre Sklaven sind, merken sie nicht, daß sie von jenen bestürzt werden und sie ihre Hoheit tragen«.

Hieraus entnimmt man, daß a fortiori die am Körper Behexten, nicht jedoch die vom Dämon von außen, sondern von innen, zur Tötung der Seele, Besessenen wegen der mehreren Hindernisse schwer zu heilen sind.

*

Bezüglich der dritten Hauptfrage, nämlich bezüglich der Heilmittel nicht mehr in Worten, sondern in Werken, ist über derartige Heilmittel zu bemerken, daß diese Werke zweifach sind: durchaus erlaubt und nicht verdächtig oder verdächtig und nicht durchaus erlaubt. Von den ersteren ist oben unmittelbar (vorher) im fünften Kapitel gegen Ende die Rede, wo der Zweifel bezüglich der Kräuter oder Steine erhoben wird, wie es erlaubt sei, daß sie Behexungen vertreiben. Von der zweiten Art von Mitteln aber, die verdächtig, jedoch nicht gänzlich unerlaubt zu sein scheinen, ist jetzt zu handeln, und zwar muß man das beachten, was in der zweiten Hauptfrage dieses zweiten Teiles des Werkes berührt worden ist von den vier Mitteln, davon drei für erlaubt erachtet werden, das vierte aber nicht für gänzlich unerlaubt, aber für eitel, worüber auch die Kanonisten reden, daß es erlaubt ist, Eitles mit Eitlem zu zerstoßen. Aber weil wir Inquisitoren der Meinung mit den heiligen Doktoren sind, daß, im Falle Heilmittel vermittelst heiliger Worte und erlaubter Exorzismen nicht genügen, und zwar wegen der weiter oben berührten Hindernisse, sechs oder sieben an der Zahl, daß dann solche Behexten zur Geduld zu ermahnen sind, zur gleichmütigen Ertragung der Übel des gegenwärtigen Lebens zur Läuterung ihrer Vergehen, und nicht weiter auf irgend welche Art nach abergläubigen und eitlen Heilmitteln zu suchen. Wenn also jemand, mit den vorerwähnten erlaubten Exorzismen nicht zufrieden, sich zu derartigen, zum mindesten eitlen Mitteln, von denen oben die Rede gewesen ist, wenden will, so möge er wissen, daß dies nicht mit unserer Billigung oder Zulassung geschieht. Aber daß ebendort solche Heilmittel angegeben und entwickelt worden sind, ist geschehen, damit die Aussprüche so großer Gelehrten wie Scotus und Hostiensis etc. einerseits und anderer, der Theologen, andererseits auf jede Weise in Einklang gebracht würden. Wir bekennen also mit dem heiligen Augustinus in einer Predigt gegen die Wahrsager und Seher, und zwar heißt sie »sermo de auguriis«, wo es heißt: »Brüder, ihr wißt, daß ich häufiger gebeten habe, ihr möchtet die Gewohnheiten der Heiden und Hexer gar nicht beobachten; aber das nützt bei manchen nur wenig. Und weil ich, wenn ich es euch nicht sage, für mich und für euch am Tage des

Gerichtes Rechenschaft ablegen werde und es nötig sein wird, daß ich mit euch ewige Strafen aushalte, daher löse ich mich bei Gott, indem ich euch immer wieder ermahne und beschwöre, es möchte keiner von euch Seher oder Wahrsager aufsuchen noch sie wegen irgend einer Angelegenheit oder Sache der Krankheit befragen, weil in dem, der so etwas böses tut, sofort das Sakrament der Taufe verloren geht und er sogleich zum Gotteslästerer und Heiden wird und, wenn nicht Reue sich einstellt, er sofort für ewig verloren geht«. Und danach gibt er zu verstehen: »Keiner beobachtet Tage beim Ausgehen und Heimkehren, denn Gott hat alles sehr gut gemacht und den einen Tag wie den anderen eingesetzt. Aber so oft die Notwendigkeit drängt, etwas zu tun oder auszugehn, zeichnet euch im Namen Christi, und indem ihr das Glaubensbekenntnis oder das Gebet des Herrn gläubig hersagt, handelt sorglos in Gottes Hilfe«.

Damit aber nicht zufrieden versuchen gewisse Abergläubische und allzusehr Söhne dieser Zeitlichkeit, indem sie Irrtümer häufen wollen, über den Sinn und die Absicht des Scotus und der Kanonisten hinaus mit folgenden Argumenten sich zu verteidigen. Weil nämlich die natürlichen Dinge gewisse verborgene Eigenschaften haben, deren Bedeutung vom Menschen nicht bezeichnet werden kann, so wie z. B. der Magnet8 das Eisen anzieht, und vieles andere, was Augustinus de civitate dei XXI aufzählt, daher wird es nicht unerlaubt sein, nach solchen Dingen zur Erlangung der Gesundheit zu forschen, wenn Exorzismen und die natürlichen Arzneien versagen: mag es auch eitel erscheinen. Das würde aber geschehen, wenn jemand durch keine nigromantischen, sondern astrologische Bilder oder durch Ringe und dergl. die Gesundheit an sich oder an einem anderen herstellen wollte.

Item argumentieren sie: So wie die natürlichen Körper den Himmelskörpern Untertan sind, so werden auch künstliche Körper, z. B. Bilder, gewisser verborgener Kräfte teilhaftig, die ihr Wesen je nach dem Eindruck der Himmelskörper bekommen. Also werden auch künstliche Körper, z. B. Bilder, einer gewissen verborgenen Kraft von

8 Alle mir zu Gebot stehenden Ausgaben haben hier adamas, was freilich nicht Magnet bedeutet, aber ich habe nie gehört oder gelesen, dass der Diamant magnetische Kraft ausübe, wenigstens nicht auf Eisen

den Himmelskörpern teilhaftig zur Verursachung gewisser Wirkungen. Also sich ihrer und anderer derartiger Dinge zu bedienen ist nicht unerlaubt.

Außerdem können die Dämonen auf vielfache Weise Körper verändern, wie Augustinus de trinitate III sagt und sich an den Behexten zeigt. Also ist es auch erlaubt, sich ihrer Kraft zur Behebung jener zu bedienen.

Aber in Wahrheit sind die Aussagen aller heiligen Doktoren im entgegengesetzten Sinne gehalten, wie sich hinreichend, hier und da verstreut, gezeigt hat. Daher wird zum ersten gesagt, daß, wenn natürliche Dinge einfach zur Erzielung gewisser Wirkungen angewendet werden, für die sie, wie man glaubt, eine natürliche Kraft haben, das nicht unerlaubt ist. Wenn aber entweder irgend welche Charaktere oder was immer für unbekannte Sachen oder eitle Observanzen hinzugefügt werden, welche offenbar keine natürliche Wirksamkeit dabei haben, so wird das abergläubisch und unerlaubt sein. Daher sagt S. Thomas II, 2, qu. 96, art. 2, der den Stoff hier am Fuße der Frage behandelt, man müsse in dem, was zur Herbeiführung irgend welcher körperlichen Wirkungen, wie z. B. Gesundung oder etwas derartigem geschehe, erwägen, ob es von Natur derartige Wirkungen verursachen zu können scheint; und weil es erlaubt ist, die natürlichen Ursachen zu ihren Wirkungen anzuwenden, deshalb ist so etwas nicht erlaubt. Wenn (solche Dinge) aber von Natur derartige Wirkungen nicht verursachen zu können scheinen, so folgt, daß sie zur Verursachung solcher Wirkungen nicht als Ursachen, sondern nur als Zeichen angewendet werden; und so gehören sie zu den mit dem Dämonen eingegangenen Pakten mit Merkzeichen. Daher sagt Augustinus de civitate dei XXI: »Es werden die Dämonen angelockt durch Kreaturen, die nicht sie selbst, sondern Gott geschaffen hat; nicht, wie die Tiere, durch ergötzende, je nach ihrer Verschiedenheit verschiedene Speisen, sondern als Geister, durch Zeichen; durch verschiedene Arten Steine, Hölzer, Tiere, Sprüche, Riten.«

Zum zweiten sagt derselbe Doktor: »Die natürlichen Eigenschaften der natürlichen Körper folgen ihren substanziellen Formen, deren sie auf grund des Eindrucks der Himmelskörper teilhaftig werden;

und folglich werden sie auf grund des Eindrucks ebendieser gewisser aktiver Eigenschaften teilhaftig. Aber die Formen der künstlichen Körper gehen hervor aus der Konzeption des Künstlers, und da sie nichts weiter sind als Zusammensetzung, Ordnung und Figur, wie es Physika I heißt, können sie keine natürliche Eigenschaft zum Handeln haben; und daher kommt es, daß sie auf grund des Eindruckes der Himmelskörper keiner Eigenschaft teilhaftig werden, insofern sie künstlich sind, sondern nur gemäß ihres natürlichen Stoffes. Falsch ist es also, wenn Porphyrius, wie Augustinus de civitate dei X sagt, glaubte, durch Kräuter, Steine, beseelte Wesen, bestimmte Töne, auch gewisse Stimmen, bildliche Darstellungen und auch gewisse Bildnisse, würden durch die Beobachtung der Bewegungen der Gestirne bei der Abkehr (?) des Himmels auf Erden von den Menschen Kräfte fabriziert, geeignet zur Ausführung mannigfaltiger Wirkungen der Gestirne; als wenn die Wirkungen magischer Künste aus der Eigenschaft der Himmelskörper hervorgingen. Aber wie Augustinus dort zu verstehen gibt, geht das alles auf die Dämonen zurück, die Fopper der ihnen Untertanen Seelen. Daher haben auch die sogenannten astronomischen Bildnisse (ihre Wirksamkeit) aus der Betätigung der Dämonen, deren Merkmal es ist, daß gewisse Charaktere darauf eingetragen werden müssen, die von Natur wegen nichts bewirken. Denn eine Figur ist nicht der Anfang einer natürlichen Handlung. Aber darin unterscheiden sich die astronomischen Bildnisse von den nigromantischen, daß bei den nigromantischen ausdrückliche Anrufungen stattfinden, weshalb sie auch zu den ausdrücklichen, mit den Dämonen eingegangenen Pakten gehören; die astronomischen zu den schweigenden; wegen der Zeichen in Gestalt der Figuren und Charaktere.

Zum dritten: Dem Menschen ist keine Macht über die Dämonen gegeben, daß er diese erlaubterweise benutzen könnte, wozu immer er will. Sondern ihm ist der Krieg mit dem Dämon erklärt worden, weshalb es dem Menschen auf keinen Fall erlaubt ist, sich der Hilfe der Dämonen auf grund schweigender oder ausdrücklicher Pakte zu bedienen. – Soweit Thomas.

Zur Sache. Weil er sagt »auf keinen Fall«, also auch nicht vermittelst irgend welcher eitler Mittel, in die sich nämlich der Dämon auf irgend eine Weise einmischen könnte. Wenn sie jedoch so eitel sind, daß auch die menschliche Gebrechlichkeit sie zur Wiedererlangung der Gesundheit in Angriff nimmt, so sei (der Betreffende) bekümmert wegen der Vergangenheit, sei auf der Hut wegen der Zukunft und bete, daß ihm die Schuld erlassen und er nicht weiter in Versuchung geführt werde. So sagt Augustinus am Ende der Regel.

Kapitel VII

Heilmittel gegen Hagelschlag und bei behexten Haustieren

Wie endlich behexte Haustiere geheilt werden können, ingleichen auch die Stürme der Luft, da sind zuerst gewisse unerlaubte Mittel zu vermerken, die von gewissen Leuten gebraucht werden, nämlich mit gewissen abergläubischen Worten oder Taten, wie z. B. diejenigen, welche die Würmer in den Fingern durch gewisse unerlaubte Worte und Sprüche heilen; über welche Sprüche im vorhergehenden Kapitel gehandelt ist, wie man sie als erlaubt oder nicht (erlaubt) erkennt. Andere gibt es, die über das behexte Vieh das Weihwasser nicht aussprengen, sondern in das Maul gießen. Daß das erste Heilmittel mit Worten unerlaubt sei, beweist außer dem Vorausgeschickten der oft zitierte Guilelmus folgendermaßen: Wenn nämlich den Worten eine solche Kraft innewohnte, und zwar sagen wir »Worten« als Worten, dann wäre von fünf Arten die eine, auf Grund des Stoffes, d. h. der Luft; oder auf Grund der Form, d. h. des Lautes; oder auf Grund der Bedeutung; oder wegen aller dieser zusammen. Nicht das erste, weil Luft nicht tötet; ausgenommen vergiftete. Auch der Ton nicht, weil ein ausgezeichneter Widerstand seine Macht bricht. Das dritte nicht, weil dann der bloße Name Teufel, Tod oder Hölle immer schadeten und (Worte wie) Gesundheit oder Gutheit immer nützten. Desgleichen nicht alle zusammen: weil ein Ganzes, aus schwachen Teilen zusammengesetzt, auch als Ganzes schwach ist.

Es gilt auch nicht, wenn eingewendet wird: Gott hat den Worten die Kraft übertragen wie den Kräutern und Steinen. Denn wenn gewissen Worten oder Sakramentalien oder anderen Segen und erlaubten Sprüchen gewisse Eigenschaften innewohnen, so haben sie diese nicht in sich, als Worte, sondern infolge der göttlichen Einsetzung und Verordnung und infolge eines Paktes mit Gott; so wie wenn Gott sagte: »Wer das tut, dem werde ich Dank wissen«; und so bewirken die Worte in den Sakramenten, was sie bedeuten. Freilich anderen zufolge haben sie auch noch eine innerliche Kraft; aber die erste Ansicht wird deshalb angenommen, weil sie schon ausreicht.

Betreffs anderer Worte und Sprüche aber ist es nach dem Vorausgeschickten klar, daß sie als Worte, und zwar sind es (in Gedanken) zusammengefügte oder ausgesprochene oder in Figuren dargestellte Worte, nichts ausrichten; daß dagegen die Anrufung des göttlichen Namens und die Beschwörung, welche ist eine gewisse Bezeugung, daß die Wirkung dem göttlichen Willen anheimzugeben sei, nützen. Ebenso die Heilmittel, welche unerlaubt scheinen, wie oben berührt worden ist.

Auch wenn es im Gebiete von Schwaben vielfach Brauch ist, daß am ersten Tage im Mai vor Sonnenaufgang die Bauernweiber ausgehen und aus den Wäldern oder von den Bäumen Zweige von Weiden oder anderes Laubwerk holen, es zu einem Reifen flechten und am Stalleingang aufhängen, wobei sie behaupten, daß dadurch alles Vieh das ganze Jahr hindurch unverletzt von Hexen bleibt und bewahrt wird. Dieses Mittel wäre freilich nach der Meinung derer, welche sagen, man könne Eitles mit Eitlem zerstoßen, nicht unerlaubt; ebenso auch, wenn jemand durch bekannte Worte Krankheiten vertriebe. Aber ohne Anstoß zu erregen vorgehend wollen wir sagen: wenn am ersten oder zweiten Tage ein Weib oder wer immer auch ausgeht, ohne auf den Aufgang oder Untergang der Sonne zu achten, Kräuter, Laubwerk oder Zweige sammelt und sie unter (Herbeten) des Gebetes des Herrn oder des Glaubenssymbols über die Stalltür aufhängt und im guten Glauben an die Wirkung (in Form) des Schutzes dem göttlichen Willen anheimgibt, so wird ein solcher nicht tadelnswert sein, wie sich oben im vorhergehenden Kapitel aus den Worten des Hieronymus ergeben hat, und zwar stehen sie XXVI, letzte Frage: es ist erlaubt, ohne Anrufung (der Dämonen) Kräuter und Steine anzuwenden bei einem, der von einem Dämon zu leiden hat.

Eben dahin gehören diejenigen, welche in die Weinberge oder Saatfelder das Zeichen des Kreuzes und geweihte Zweige oder Blumen am Palmsonntag aufbewahren und errichten und behaupten, während allenthalben die Früchte durch Hagelschlag beschädigt worden wären, wären die Saaten auf ihren Äckern unbeschädigt geblieben. Über diese, scheint es, ist gemäß der besprochenen Unterscheidung zu entscheiden.

Eben dahin gehören die (Frauen), welche zur Erhaltung der Milch, damit nämlich die Kühe derselben nicht durch Behexungen beraubt werden, die ganze Milchflüssigkeit, die sie am Sonnabend sammeln, an die Armen um Gottes willen umsonst verteilen und behaupten, durch derartige Almosen würden die Kühe, bei gesteigertem Milchertrage, vor Behexungen bewahrt. In diesem Werke, urteilt man, ist nichts Abergläubisches, wenn sie sich nur vornehmen, als Ursache der Liebe, die sie den Armen erweisen, auch die göttliche Liebe zur Bewahrung des Viehs in der Weise anzuflehen, daß sie den Erfolg (in Form) des Schutzes der göttlichen Vorsehung nach ihrem Wohlgefallen überlassen. Außerdem sagt Nider in seinem Praeceptorium, Praeceptum I, 11, daß es auch erlaubt ist, durch geschriebene heilige Sprüche und Worte das Vieh ebenso wie kranke Menschen zu segnen; auch durch das, was das Aussehen einer Besprechung zu haben scheint, wenn nur die sieben vorausgeschickten Bedingungen beachtet werden. Er sagt auch, daß er von frommen Personen, auch Jungfrauen, in Erfahrung gebracht habe, daß nach Anwendung des Zeichens des Kreuzes und des Gebetes des Herrn samt dem Engelsgruße bei der Kuh nach drei Tagen oder so ungefähr, das Werk des Teufels aufhört, wenn es eine Behexung ist; und in seinem Formicarius stellt er fest, daß die Hexer gestehen, ihre Behexungen würden bei Verehrung und Beachtung der Riten der Kirche gehindert, wie z.B. durch die Besprengung mit Weihwasser, das Nehmen von geweihtem Salz, durch den erlaubten Gebrauch von Kerzen, die am Tage der Reinigung oder Palmarum geweiht sind, und ähnliches, weil die Kirche derartiges zu dem Zwecke exorzisiert, daß es die Kräfte des Dämons vermindere.

Weil außerdem die Hexen, wenn sie das Vieh der Milchflüssigkeit berauben wollen, aus dem Hause, in welchem das Vieh steht, um ein wenig Milch oder von (der Milch) jenes Tieres gewonnene Butter zu bitten pflegen, um folglich so imstande zu sein, durch ihre Kunst das Vieh zu behexen, so seien die Weiber vorsichtig, von denen Verdächtige derlei erbitten, daß sie ihnen nicht im geringsten gewähren oder schenken.

Außerdem gibt es gewisse Weiber, welche, wenn sie merken, daß sie beim Buttern nicht vorwärts kommen, sowie sie dabei in länglichen, dazu geeigneten Gefäßen zu arbeiten pflegen, dann, wenn sie sogleich aus dem Hause einer verdächtigen Hexe ein wenig Butter haben können, drei Stückchen oder Kugeln aus dieser Butter machen und unter Anrufung der heiligsten Dreieinigkeit, des Vaters und des Sohnes und des heiligen Geistes jene Stückchen in das Gefäß werfen, wodurch jede Behexung verscheucht wird. Da liegt wieder der Fall vor, Eitles mit Eitlem zerstoßen, nur daß man darin eine Änderung hat, daß sie die Butter von einer verdächtigen Hexe hat. Wenn es ohne dies geschieht, unter Anrufung der heiligsten Dreieinigkeit, mit Hinzufügung des Gebetes des Herrn; auch wenn sie von der eigenen Butter oder von fremder, wenn sie eigene nicht haben sollte, drei Stücke hineintät, wobei sie den Erfolg dem göttlichen Willen anheimstellte, würde sie untadelig bleiben, wenn sie auch nicht zu empfehlen ist, nämlich wegen der drei hineingetanen Butterstückchen. Sie wäre aber empfehlenswert, wenn sie durch Besprengung mit Weihwasser oder durch Hineintun von geweihtem Salz unter Beten wie oben die Behexung verscheuchte.

Außerdem, weil oft alle Haustiere durch Behexungen getötet werden, müssen die, denen so etwas zustößt, darauf achten, daß unter der Schwelle der Stalltür oder der Krippe oder wo (die Tiere) zur Tränke gehen, die Erde beseitigt und andere Erde unter Besprengung mit Weihwasser an diese Stelle geschafft werde, weil die Hexen oft gestanden haben, daß sie gewisse Werkzeuge der Behexung an diesen Stellen verborgen hätten, mit dem Geständnis, daß sie auf Geheiß der Dämonen nur eine Grube zu machen hatten, der Dämon aber das Hexenzeug hineingelegt hätte. Dies Hexenzeug war eine ganz unbedeutende Sache, z. B. ein Stein, Holz, eine Maus oder irgend eine Schlange. Es steht nämlich fest, daß der Teufel die Behexungen für sich ausführt und bei diesen Dingen nicht der Zustimmung der Hexe bedarf; oder auch er sucht das Verderben dieser, weshalb er sie auch zwingt, in gewisser Weise mitzuwirken.

Gegen Hagelschlag und Gewitter wird außerdem, was oben von der Errichtung des Zeichens des Kreuzes (gesagt ist), folgendes Mittel gebraucht. Drei Körner von dem Hagel werden nämlich unter der Anrufung der heiligsten Dreieinigkeit ins Feuer geworfen; das Gebet des Herrn samt dem Engelsgruße wird zwei- oder dreimal hinzugefügt und das Evangelium Johannis »Am Anfang war das Wort« mit dem Zeichen des Kreuzes überall hin gegen das Gewitter, vorn und hinten und nach jeder Seite des Landes vorgetragen; und dann, wenn (die betreffende Person) am Ende dreimal wiederholt: »Das Wort ward Fleisch« und dreimal danach gesagt hat: »Bei den Worten des Evangeliums, dies Gewitter soll weichen«, wird das Gewitter sofort aufhören, wenigstens wenn es infolge von Behexung hervorgebracht worden ist. Das wird als durchaus wahrer und nicht verdächtiger Versuch beurteilt; denn gerade der Umstand, daß die (drei) Körner ins Feuer geworfen werden, würde, wenn es ohne Anrufung des göttlichen Namens geschähe, für abergläubisch erachtet werden. Wenn also gesagt wird, ob denn das Gewitter ohne diese (drei) Körner zum Stillstand gebracht werden könne, so wird geantwortet: ganz gewiß; durch das andere, die heiligen Worte. Indem (der Betreffende) sie ins Feuer wirft, ist er bestrebt, den Teufel zu belästigen, während er versucht, dessen Machenschaft durch die Anrufung der heiligsten Dreieinigkeit zu zerstören. Er wirft sie lieber ins Feuer als ins Wasser, weil, wenn sie schneller aufgelöst werden, auch um so schneller jenes Machenschaft zerstört wird. Den Erfolg jedoch (in Form) des Schutzes überläßt er dem göttlichen Willen. Es gehört hierher, daß eine gewisse Hexe, vom Richter befragt, ob sie auf irgend eine Art die von Hexen erregten Gewitter zum Stillstand bringen könnten, antwortete: »Sie können es. Nämlich dadurch: »Ich beschwöre euch Hagelkörner und Winde bei den fünf Wunden Christi, bei den drei Nägeln, die seine Hände und Füße durchbohrten, und bei den vier heiligen Evangelisten Matthäus, Markus, Lukas und Johannes, daß ihr, in Wasser aufgelöst, herabfallt.«

Es gestehen auch viele, zwar die einen freiwillig, die anderen auf der Folter und ungern, daß es fünf Punkte gibt, durch die sie sehr gehindert werden; manchmal im Ganzen, manchmal zum Teil, manchmal, daß gegen die Person eines Menschen, manchmal, daß an ihren Freunden keine (Behexungen) geschehen; und die sind: Leute, welche unversehrten Glauben haben oder Gottes Wort halten, die sich mit dem Zeichen des Kreuzes und dem Gebet schützen; die die Riten und Zeremonien der Kirche pflegen; die die öffentliche Gerichtsbarkeit gut ausüben, und die Christi Leidensgeschichte in Worten und Gedanken wiederholen. Daher (sagt) auch Nider a. a. O.: »Aus diesem Grunde werden im ganzen Lande oder in der Gemeinde die Glocken in der Kirche gegen die Luft geläutet, einmal, damit die Dämonen wie vor den Gott geweihten Posaunen fliehen und von ihren Behexungen abstehen, dann auch, damit das Volk angeregt werde und Gott gegen das Gewitter anrufe. Und aus demselben Grunde wird auch von Gemeinde wegen mit dem Sakrament des Altars und heiligen Worten zur Beruhigung der Luft ausgezogen, nach einer sehr alten Gewohnheit der Kirchen in Frankreich und Deutschland.« Aber weil diese Art bezüglich des Herumtragens des Sakramentes zur Beruhigung der Luft vielen als etwas abergläubisches erscheint, die nicht die Regeln wissen, an denen man erkennt, ob etwas abergläubisch ist oder nicht, deshalb ist zu erwägen, daß fünf Regeln oder Erwägungen gegeben werden, an denen jedermann erkennen kann, ob ein Gott dargebrachtes Werk abergläubisch, d. h. über das Maß der christlichen Religion hinaus beobachtet ist oder zum schuldigen Kult und Ehre gehört, die man Gott in den Handlungen sowohl des Herzens als auch des Körpers darbringen muß, und aus der wahren Kraft der Religion hervorgeht. Das entnimmt man nämlich aus der Glosse zu jenem Worte des Apostels an die Kolosser II: »Welche haben einen Schein von Weisheit im Aberglauben«, welche besagt: »Aberglauben ist über das Maß hinaus beobachtete Religion«, wie auch oben berührt worden ist. Die erste Regel ist, daß, weil in allen unseren Werken der Ruhm Gottes unser Hauptziel sein soll, nach dem Worte: »Ob ihr kaut oder trinkt oder sonst etwas macht, macht alles zum Ruhme Gottes« – deshalb in jedem Werke, wenn man zur christlichen Religion gehört, darauf geachtet werde, ob das Werk zum Ruhme Gottes sei und der Mensch in seinem Werke hauptsächlich Gott die Ehre gebe, so daß durch das Werk selbst auch die Seele des Menschen Gott unterworfen werde. Nun werden zwar wegen dieser Regel die Zeremonialien oder auch Judizialien des alten Testamentes im Neuen nicht mehr geübt, da wir wissen, daß jene figürlich, diese aber in Wahrheit jetzt geoffenbart sind; trotzdem aber scheint das Herumtragen des Sakramentes oder der Reliquien zur Beruhigung der Luft nicht gegen diese Regel zu streiten.

Desgleichen, da die zweite Regel lautet, man müsse darauf achten, ob das Werk, welches getan wird, zur Übung des Körpers diene oder eine Zügelung der Begehrlichkeit sei oder körperlicher Enthaltsamkeit diene, jedoch in der der Tugend gebührenden Weise, d. h. gemäß dem Ritus der Kirche oder gemäß der Sittenlehre, weil der Apostel sagt, Römer XII: »Euere Willfährigkeit sei vernünftig«, und weil wegen dieser zweiten Regel diejenigen albern handeln, welche das Gelübde tun, am Sonnabend den Kopf nicht zu kämmen oder am Sonntag, als einem besseren Tage zu fasten, und ähnliches, so scheint es wiederum, daß das Herumtragen des Sakramentes etc. nichts Abergläubisches ist.

Desgleichen, da die dritte Regel lautet, man müsse darauf achten, ob ein Wort gemäß der Satzung der allgemeinen Kirche sei, oder gemäß dem Zeugnis der heiligen Schrift, oder wenigstens gemäß einem besonderen Ritus der Kirche oder allgemeinen Gewohnheit entsprechend, die nach Augustinus als Gesetz zu halten ist, weshalb auch der selige Gregorius dem Bischof von England auf seine Klage, daß es verschiedene Gewohnheiten der Kirche gebe, die Messen zu feiern, schreibt und antwortet: »Es gefällt, daß du angelegentlich auswählst, was du in der römischen oder gallischen Kirche gefunden hast, was dem allmächtigen Gott mehr gefallen könnte. Denn die verschiedenen Gewohnheiten der Kirche im Gottesdienste widerstreiten in keinem der Wahrheit. Daher sind sie zu behalten, und sie zu übergehen ist unerlaubt;« daher wird es nicht unerlaubt sein, wenn die ganz alten Gewohnheiten der Kirchen in Frankreich und gewisser in Deutschland beschlossen haben, die Eucharistie an die Luft zu tragen, nur daß es nicht offen, sondern im verhüllten und verschlossenen Schreine geschieht.

Desgleichen, da die vierte Regel lautet, man solle darauf sehen, daß das Werk, welches getan wird, von Natur zu der Wirkung, die man erwartet, geeignet sei; – sonst nämlich, wenn es das nicht hat, wird es für abergläubisch erachtet, aus welcher Erwägung heraus die unbekannten Charaktere und verdächtigen Namen, auch die astronomischen und nigromantischen Bilder zurückgewiesen werden, alle gleichsam als verdächtig – deshalb und aus dieser Erwägung heraus können wir nicht sagen, daß das Herumtragen der Reliquien oder der Eucharistie gegen teuflische Heimsuchungen etwas Abergläubisches sei; im Gegenteil: es ist etwas sehr Religiöses, da darin unser ganzes Heil gegenüber dem Widersacher enthalten ist.

Desgleichen, da die fünfte Regel lautet, man müsse darauf achten, daß das Werk, welches getan wird, keine Gelegenheit zum Ärgernis oder Verderben biete – weil es dann, wenn es auch nicht abergläubisch wäre, um des Ärgernisses willen zu unterlassen oder aufzuschieben oder insgeheim ohne Ärgernis zu tun wäre – deshalb ist eine solche Herumtragung, wenn sie ohne Ärgernis oder wenigstens insgeheim geschehen kann, nicht zu unterlassen. Auf Grund dieser Regel nämlich werden oft Segen mit frommen Worten, sei es (daß sie) über Kranke (ausgesprochen) oder um den Hals gebunden werden, unterlassen; und zwar werden sie von weltlichen Personen unterlassen. Ich sage auch, daß (solche Werke) wenigstens nicht öffentlich geschehen sollten, wenn sie Gelegenheit zum Verderben bei anderen Einfältigen geben könnten.

Das mag genügen bezüglich der Heilmittel gegen Hagelschlag mit unerlaubten Worten und Werken.

Kapitel VIII

Gewisse geheime Mittel gegen gewisse geheime Anfechtungen seitens der Dämonen

Aber jetzt wird wiederum das Urteil ausgesetzt, wenn wir die Heilmittel niederschreiben gegen gewisse Beschädigungen der Früchte des Feldes, die bisweilen durch Würmer, Ameisen und (Heuschrecken-)Schwärme angetan werden, die über sehr weite Landstrecken in der Luft fliegen, so daß sie die Oberfläche der Erde zu bedecken scheinen, und alles Grüne in den Weinbergen sowohl wie in den Saatfeldern und Gräsern bis auf die Wurzel aufzehren. Desgleichen die Heilmittel gegen die mit Hilfe der Dämonen vertauschten Kinder.

Zum ersten jedoch ist nach S. Thomas II, 2, qu. 90 zu sprechen, wo er fragt, ob es erlaubt sei, eine unvernünftige Kreatur zu beschwören, und mit ja antwortet; jedoch vermittelst der Weise des Zwanges, der dann auf den Teufel bezogen werden soll, der sich zu unserem Schaden unvernünftiger Kreaturen bedient. Das ist die Art der Beschwörung in den Exorzismen der Kirche, durch welche die Macht der Dämonen von den unvernünftigen Kreaturen ausgeschlossen wird. Wenn sich nämlich die Absicht dabei auf die unvernünftige Kreatur an sich bezieht, die nichts versteht, so wäre sie eitel. Auf Grund dessen wird zu verstehen gegeben, daß (jene Schädlinge) durch erlaubte Exorzismen und Beschwörungen, jedoch unter dem Beistande der göttlichen Gnade, in der Weise vertrieben werden können, daß zuerst dem Volke Fasten, Prozessionen und andere fromme Übungen auferlegt werden; wegen der Hurerei nämlich und der Mannigfaltigkeit der Verbrechen werden solche Übel gesandt; daher auch die Leute zur Beichte anzuleiten sind.

In einigen Provinzen werden auch Exkommunikationen herabgedonnert; aber dann bekommen sie die Gewalt einer Beschwörung gegen die Dämonen.

Es gibt noch eine andere, schreckliche Zulassung Gottes gegenüber den Menschen, indem bisweilen den Frauen die eigenen Söhne und Kinder weggezogen und fremde von den Dämonen untergeschoben werden; und diese Kinder werden gewöhnlich als campsores, zu Deutsch Wechselkinder, bezeichnet und sind dreifach verschieden. Einige nämlich sind immer mager und heulen, während doch vier Frauen mit keinem (noch so großen) Milchreichtum (auch nur) eins zu nähren genügen würden. Andere aber sind mit Hilfe der Incubus-Dämonen hervorgebracht; sie sind jedoch nicht eigentlich deren Söhne, sondern des Menschen und Mannes, dessen Samen sie als Succubi oder indem sie im Schlafe die Männer beflecken empfangen haben. Diese Kinder nämlich schieben sie bisweilen nach Wegnahme der eigenen Söhne mit göttlicher Zulassung unter. Es gibt auch noch eine dritte Art, wenn die Dämonen bisweilen in der Gestalt der Kleinen erscheinen und sich mit den Ammen vereinigen. Gemeinsam bei allen drei ist, daß sie sehr schwer und mager sind, nicht wachsen können, und, wie vorausgeschickt ist, durch keinen Milchreichtum gestillt werden können; sie sollen auch oft verschwunden sein.

Weshalb aber die göttliche Liebe derlei zuläßt? Man kann sagen, aus einem zweifachen Grunde. Einmal, weil die Eltern die Kinder zu sehr lieben; daher um deren Nutzen willen derlei zugelassen wird. Zweitens muß man annehmen, daß derartige Frauen, denen so etwas zustößt, meistens abergläubisch sind und in vielen anderen Fällen von den Dämonen verführt werden. Daher auch der Herr, ein wahrer Eiferer, gemäß seinem rechten Eifer, welcher ist die heftige Liebe gegen die eigene Gattin, aus dem heraus er nicht nur einen Fremden nicht herankommen läßt, sondern auch die Anzeichen des Ehebruchs oder des Verdachtes wie ein eifernder Gatte an der Seele, die er mit seinem kostbaren Blute gekauft und sich durch den Glauben vermählt hat, nicht ertragen kann, im Berühren, Unterhalten und Annähern mit dem Feinde, dem Teufel, und Widersacher des Heiles, auf welche Weise es auch sei[9], und wenn ein eifernder Gatte die Anzeichen des Ehebruchs nicht duldet, wie wird er dann bestürzt, wenn (die Frau) den Ehebruch begeht! Daher ist es nicht verwunderlich, wenn (solchen

9 Der Nachsatz fehlt im Originale

Frauen) die eigenen Söhne weggenommen und im Ehebruch erzeugte untergeschoben werden.

Damit dies nun recht stark eingeprägt werde, ergibt sich aus dem alten Gesetz, wie sehr Gott über der Seele eifert und auch nicht Verdacht erweckende Zeichen dulden will, da er, um sein Volk von Grund aus dem Götzendienste zu entfernen, nicht nur den Götzendienst, sondern noch vieles andere verbot, was Gelegenheit zum Götzendienst geben konnte. Das scheint auch an sich diesen Nutzen nicht zu haben; bewahrt ihn jedoch in wunderbarer Weise in seinem mystischen Sinne. Daher hat auch Gott nicht nur gesagt, Exodus XXII: »Die Hexer sollst du nicht im Lande leben lassen«, sondern er hat auch dies hinzugefügt: »Sie soll(en) nicht in seinem Lande wohnen, damit sie dich nicht sündigen machen«, so wie die Kupplerin getötet wird und ihr nicht gestattet ist, unter den Menschen umherzuschweifen. Man beachte den Eifer Gottes, der Deuteronom. XXII. vorgeschrieben hat, man solle ein Nest mit Eiern oder Jungen und die darauf sitzende Mutter nicht zugleich wegnehmen, sondern die Mutter wegfliegen lassen, weil dies die Heiden zur Unfruchtbarkeit wandten: Der eifernde Gott wollte in seinem Volke ein solches Zeichen der Hurerei nicht dulden. So halten jetzt die alten Weiber den Fund eines Zehners für das Zeichen eines großen Vermögens, und wenn sie von einem Schatze träumen, für das Gegenteil. Desgleichen befahl er, alle Gefäße zu bedecken und jedes Gefäß, welches keinen Deckel hat, für unrein zu erachten. Es war der Irrtum, daß, wenn nachts die Dämonen kämen, oder, wie die alten Weiber sagen, die Seligen – es sind aber Hexen oder Dämonen in ihrer Gestalt – sie alles verzehren müßten, damit sie später um so reichlicher zuteilten. Man beschönigt es und sagt, es seien Schrettel, gegen die Bestimmung der Gelehrten, daß außer den Menschen und Engeln keine vernunftbegabten Kreaturen existieren; sie sind also nichts weiter als Dämonen.

Desgleichen Leviticus XIX: »Ihr sollt euer Haupthaar nicht rund abscheeren noch den Bart rasieren«. Das taten nämlich die Götzendiener zur Vermehrung der Götzen. –

Desgleichen Deuteronom. XXII: die Männer sollen nicht Weibergewänder anlegen und umgekehrt, weil das die einen zur Verehrung der Göttin Venus taten, die anderen zur Verehrung des Gottes Mars und Priapus. – Desgleichen befahl er aus demselben Grunde die Altäre der Götzen zu zerstören, und Ezechias zerstörte eine eherne Schlange, die das Volk ihm darbringen wollte, indem es sagte, es sei Kupfer. Und aus demselben Grunde verbot (Gott), Träume und Vogelflug zu beachten, und schrieb vor, daß ein Mann oder Weib, in dem ein pythonischer Geist wäre, getötet würde, so wie sie jetzt vorhanden sind und Wahrsager(in) geheißen werden. Dies alles hat Gott, da es den Verdacht auf geistige Hurerei erzeugt, wie gesagt aus seinem Eifer heraus, den er um die ihm vermählten Seelen zeigt, wie der Gatte um die Gattin, verboten.

So müssen auch wir Prediger und Seelsorger darauf hinweisen, daß kein Opfer Gott angenehmer ist als der Eifer um die Seelen, wie Hieronymus zu Ezechiel bezeugt.

Daher wird auch folgerichtig im dritten Teile des Werkes, über die Ausrottung der Hexen, mit Bezug auf die letzten Mittel zu handeln sein. Denn das ist die letzte Zuflucht der Kirche, wozu sie auch nach dem göttlichen Gebote verpflichtet wird; wie gesagt ist: »Die Hexer sollst du nicht im Lande leben lassen«, worin auch die Mittel gegen die Bogenschützen-Hexer einbeschlossen sind, da auch gerade diese Art nur durch den weltlichen Arm wird ausgerottet werden können.

Heilmittel, wenn sich Leute im Hinblick auf zeitlichen Vorteil gänzlich dem Dämon geweiht haben: Wie es die Erfahrung oft gelehrt hat, wurden sie durch wahre Buße von der Gewalt des Teufels zwar befreit, jedoch wurden sie lange danach aufs schwerste belästigt, besonders zur Nachtzeit; und zwar ließ das Gott zu ihrer Strafe zu. Das Zeichen aber, daß sie befreit waren, erkannte man daran, daß das Geld in ihren Börsen oder Schatullen nach der Beichte fehlte. Darüber könnten sehr viele Geschehnisse hergeleitet werden, sie werden aber um der Kürze willen weggelassen.

*

Ende des zweiten Teiles.